U0111552

大展好書　好書大展
品嘗好書　冠群可期

大展好書　好書大展
品嘗好書　冠群可期

武學釋典 40

# 尊師重道　正本清源

## 太極拳研究之匡正源流〈上〉

李萬斌、羅名花｜著

大展出版社有限公司

# 作者簡介

李萬斌簡介

李萬斌 男 1959 年 1 月生，陝西永壽人，武術家、太極拳研究專家。1981 年畢業於西安體育學院運動系武術專業班，國家武術套路、散打一級裁判，武術六段。

師從著名武術家王繼武、馬賢達、劉會峙先生，長期從事體育教學和武術科研工作，高級教師，曾被評為長安大學雙十佳體育工作者。

1989 年以來，先後在《中華武術》、《武當》、《武術健身》、《武林》、《精武》、《搏擊》、《中國太極拳》、《武魂》、《少林與太極》、《太極》等雜誌發表論文 50 多篇，其《武術概念之研究》、《陳氏「新架」與「趙堡架」太極拳源流研究》、《太極拳史研究的最新突破——明代山西王宗岳家族譜系被發現》都是很有影響的論文。著作有《太極拳技擊實踐》、《武當張三豐承架太極拳》、《太極拳技擊研究》、《武當趙堡太極拳技擊秘訣》、《武當趙堡承架太極拳闡秘》、《太極拳研究之匡正源流》及與他人合著《武術》、《太極拳源流與發展研究》、陝西省高級中學課本《體育》、《體育與健康》多部。2013 年 8 月 29 日被中國（武漢）刊博會評聘為「中華武當內家拳史論專家」。

尊師重道 正本清源 ｜ 太極拳研究之匡正源流〈上〉

## 羅名花簡介

羅名花 女 1960 年 9 月生，河南滑縣人。武術家、太極拳研究專家。師從著名武術家張桐和馬賢達先生。

現任長安大學體育部副教授，陝西省及西安市武術協會委員、國家武術一級裁判，六段。多次榮獲長安大學教學優秀獎，多次被評為優秀教師，曾任西安神州武術院常務副院長，2006 年 5 月被世界武林聯盟授予教授團教授稱號。其事蹟被收錄於《中國當代武林人物誌》一書。曾長期擔任長安大學武術俱樂部主任、被陝西省及河南省多家武術名校聘為客座教練。

1967 年入西安市體育場武術隊開始訓練，1968 年正式拜著名武術家張桐為師，從事系統的專業武術學習，先後獲得 1974-1976 年西安市武術比賽全能冠軍，1974-1978 年陝西省武術比賽全能亞軍、季軍及單項冠軍。1978 年 2 月考入西安體育學院運動系武術班，1981 年 12 月以優秀的成績畢業，獲體育教學學士學位。

曾先後發表論文 30 多篇，著作 7 部，著有專著《太極拳技擊實踐》、《武當趙堡承架太極拳闡秘》、《太極拳研究之匡正源流》。主編出版長安大學《武術》精品課程及教材一部。其「探究特徵 定義武術」一文，在 2005 年 5 月榮獲北京大學首屆「中華武術國際論壇優秀論文

獎」。她的武術課，被評為校級精品課程。

　　2010 年 11 月，被教育部直屬綜合大學體育協會授予
「高等學校體育教育工作突出貢獻獎」。

# 李師融序

## 太極拳史　正本清源

——祝賀李萬斌、羅名花《太極拳研究之匡正源流》面世

　　李萬斌、羅名花的新著《太極拳研究之匡正源流》（簡稱「匡正源流」），是一本總結「80 餘年太極拳源流研究」的「大全」。史料豐富、立場正確、觀點鮮明，說服力強。是目前研究太極拳史的最新「成果」。

　　今年上半年以來，發生了幾件太極拳有關事。

　　一是：《河南太極拳學院落戶太極拳發源地，計劃總投資 6.7 億元》。2019 年 3 月 30 日，由鄭州大學體育學院、溫縣人民政府共同主持的全國第一所太極拳專業高等院校——河南太極拳學院項目，開工儀式在溫縣陳家溝舉行（《少林與太極》雜誌 2019 年第 4 期亦有相關報導）。

　　二是：《人民太極平台正式啟動　弘揚傳統文化、助力健康中國》報導，2019 年 3 月 31 日，「人民太極」平台啟動儀式在北京首都師範大學國際報告廳舉行。首都師範大學文化研究院常務副院長李煥喜代表太極文化研究學者表態：「我們廣大太極文化研究者和實踐者也肩負著如何把太極文化研究好、普及好、傳承好的重要任務，肩負著如何把太極文化所蘊含的中華優秀思想、傳統美德和健身價值挖掘出來、傳播開來、傳承下去的光榮使命。」太

極拳是中華民族傳統文化的一部分，是中國武術的傑出代表。太極拳的健身養生價值和高雅的文化品位，已使很多人把其作為終生的健身方法和手段。無論從武術文化傳播、太極文化傳承，還是從太極推進健康中國建設的角度出發，研究太極拳的起源刻不容緩。

三是：新浪網 2019 年 05 月 15 日（15:45 作者 新民晚報新民網）以《中國武術全史》編撰啟動 康戈武任總主編為題報導：日前，為期兩天的《中國武術全史》項目啟動與編寫研討會在瀋陽落幕……，《中國武術全史》共分 12 冊，由康戈武研究員擔任總主編，該系列叢書預計於 2021 年由遼寧教育出版社出版。此外，《中華武術》雜誌 2019 年第 7 期，亦有此報導。這裡提到的康戈武先生，是虛假的太極拳發源地陳家溝、陳王廷創拳說的支持者！本書《匡正源流》，恰好指的就是這部分內容，匡正可謂及時、準確！

太極拳從明初創始至今，已有六百餘年，目前的形勢已是「席捲全國，風靡世界」。趙堡太極拳就是其中的代表，是古傳太極拳的「活化石」。尊明代「張三豐、王宗岳、蔣發」為祖師，無論是傳承的拳譜和論著與傳承譜系，都是鐵證如山，成了虛假的「太極拳創始人」、「太極拳發源地」的剋星。故而，被一些不良用心的人極力造謠、污衊和打壓。如：為了移花接木，造謠陳清平贅婿趙堡鎮、並在那裡教授所謂的陳氏新架。其實，陳清平不但祖輩早已定居趙堡鎮，而且在趙堡鎮早已是富豪大戶人家，田產無數，妻室多房，何來「贅婿」？陳清平的太極拳學自太極神手張彥（陳家溝的權威陳子明也承認），都

是盡人皆知。張彥之前，太極拳在本鎮仍有蔣發、邢喜懷、張楚臣、陳敬柏、張宗禹等五代的傳承，分明早於陳家溝，而且是蔣發學自山西，這都是禿子頭上的蝨子「明擺著」！不管是王海洲先生的調研，還是陳清平先生的墓碑被發現，都證明了這一點！

再如，為了拉大旗當虎皮，以明朝河北人陳王庭（文官）的功名，張冠李戴與陳家溝陳王廷身上，被人揭發，鬧出笑話！

還有，捕風捉影說洪洞通背拳就是陳家溝已失傳的太極長拳 108 勢，是什麼陳有孚傳過去的，而且還有陳立清一行裝模作樣的，曾親自前往山西想把它再弄回來。只可惜，人家現存《通背拳譜》上，其實對該拳的傳承有明確的記載。《拳譜》載：「余自束髮受書，即從吉賢習拳業，先生臨汾苗屯人也，諱書升，號少令，字俊先。其為人平和端方，善於誘人，文章而外，又精通一百單八勢，長於授課之暇，領吾等三四人，習學拳棒，越十餘載，天下號為『神拳』。得之異人傳授者，有河南郭永福也，親得其傳」。從記載不難看出，此應是吉（書升）之後人（傳人）郭（永福）之同門所載，言之臨汾早已傳有此拳，明確了河南人郭永福從學於吉書升，非郭從河南帶來此藝。據斯拳第六代傳人樊一魁拳師著《忠義拳圖稿本》（抗戰時期，為激發國人抵禦外侮，向社會公開介紹此拳，取名「忠義救國拳」）云：「郭永福，河南鏢師，在少林曾受藝於異人」，不管哪種說法，都證明郭永福是洪洞通背（此前應為通背纏拳）的第一傳人，推廣者、發揚者，將其與陳有孚合為一談，可算是空穴來風（見《武

魂》雜誌 2005 年第 10 期 崔雙軍「站不住腳的考證——讀《武魂》第 7 期魏海宏的『考證』」)。

　　還有，2002 年有關機構在「旨在對我國陳式太極拳的歷史淵源……整理和研究」的思想指導下，特此設立了「太極拳源流與發展研究」課題。並且此課題還交由河南師範大學體育學院張志勇教授來主持。可想而知的是，沒有任何證據支撐，無法結題。張教授的研究結果，是事與願違（恰恰相反），結論是：

　　20 世紀 30 年代初唐豪和陳子明等人錯誤提出「陳王廷創太極拳說」；

　　唐豪由於缺乏資料和文獻依據在 1958 年《太極拳考原》一文中，曾推斷明末清初陳家溝人陳王廷「採取戚繼光拳經二十九個勢編入長拳，採取十三勢編入十三勢」，這種提法顯然是錯誤的。

　　（見《體育學刊》第 24 卷第 1 期 2017 年 1 月張志勇「陳鑫《太極拳圖畫講義》的文獻價值及學術地位」）

　　陳鑫遺著《講義》中從未提到過「陳王廷」，也更談不上所謂「陳王廷創拳」。反而陳鑫在《太極拳論》一文中卻明確指出「我陳氏始祖諱卜在元時即為名手。及明初洪武鼎定自山西平陽洪洞遷河南懷慶溫邑即以拳藝傳之子孫。」的觀點，獨見陳鑫強調「元時陳卜」曾傳拳於子孫，而並未提到「陳卜」或者「陳王廷」創太極拳的問題。《圖說》顯然背離了陳鑫的觀點，在資料和文獻上做了手腳。目的是附和唐豪和陳子明「陳王廷創太極拳說」，並藉助陳鑫繼續製造虛假證據。

　　（見《安陽師範學院學報》2016 年第 5 期張志勇

「陳鑫太極拳學思想研究」）

　　調查研究發現，在陳家溝《拳譜》中晚清拳家陳季甡以及後輩陳鑫、陳子明等拳抄本最為珍貴、可信。基本可以證實，在晚清時期，陳家溝以「炮捶」為主要傳承的拳法；

　　陳家溝拳譜中拳法基本以「捶」為名的現象，亦或證實從長拳結合少林拳而形成了當地「炮捶」的事實；

　　徐震在《太極拳考信錄》書中根據陳家溝拳抄和相關文獻提出了「陳氏所傳者，本為炮捶，非太極也。」的觀點，直接將清朝中、後期陳家溝所傳播的主要拳法指定為「炮捶」技術，本研究考證以為是符合實際的；

　　唐豪將太極拳創始歸功於陳家溝九世「陳王廷」的觀點顯然違背了客觀歷史；

　　（見《體育學刊》第 20 卷 第 1 期 2013 年 1 月張志勇「從太極拳技術演變的歷史談太極拳的起源與發展」）

　　最後，只剩下，行政干預，強制掛牌命名，這就有了 2007 年「掛牌」鬧劇的顯現！

　　正是基於陳家溝《拳譜》中晚清拳家陳季甡以及後輩陳鑫等拳抄本「最為珍貴、可信」。本書作者力求回到原點，重新以此對照和全面梳理，結果不難發現：

　　季甡抄本會說話　炮捶通背是一家……與太極拳無涉；

　　陳鑫原著被發現　長短句造拳未見……說明陳氏後人編輯的《圖說》被強行塞進了「私貨」；

　　子明續甫陳鑫傳　為何說教不一般……「長短句詞」出自陳子明；

並非太極代名詞　實則多拳顯陳溝……陳譜抄本顯示「炮捶陳家」名不虛傳；

盜名欺世套功名　剽竊拳經裝門面……虛榮心作祟！

這，可謂本書的最大亮點！

此外，本書首次對唐豪及其太極拳源流之說進行了全面的梳理工作，內容豐富，極其罕見。但「糾正錯誤　還原真實　學習精神　多做貢獻」的思想，還是很中肯的。

總而言之，「得道者多助，失道者寡助」，趙堡太極拳發展壯大的過程，就是有力的說明。筆者是楊式太極拳第六代弟子，曾於 2001 年 6 月，到趙堡鎮考察明代太極拳歷史，深信太極拳的歷史真相。《匡正源流》就是順應形勢，把被顛倒了的太極拳歷史，匡正為太極拳歷史的真面目。勢必起到「一石激起千層浪」、「野草燒不盡，春風吹又生」的效果。筆者衷心祝願此書成為「太極拳源流正本清源」的「中流砥柱」。

九旬翁　**李師融**敬賀

2020 年 3 月 18 日於海南島

---

註：李師融先生出生於 1930 年 7 月，現年 90 歲，高級工程師。著名太極拳研究和武當內家拳史論專家，曾受聘擔任《太極》雜誌特約編委、武當山武當拳法研究會特聘研究員。幾十年筆耕不輟，著述頗豐，代表作有《北派太極拳源流揭秘》、《古今太極拳譜及源流闡秘》、《太極拳源流與發展研究》等著作出版發行。

# 自　序

　　記得小時候，我們在武術隊裡訓練，是把簡化太極拳用來練腿功的。姿勢下的很低、動作又慢、拉的時間又長，重心長時間在一個腿上，又要維持好平衡，開始練是比較困難，但時間長了，這種練法上功很快，效果很好；二是常常把簡化太極拳套路進行集體練習，可以隨時應付比賽時必須要上的「集體項目」，不用怎麼排練就能基本整齊；三是常常下基層，到廠礦、企事業單位做宣傳和健身輔導，發放「簡化太極拳掛圖」的同時，還教大家練習簡化太極拳，這可以算作是與太極拳的初步結緣吧！

　　上了體院，進了武術專業班，再學習太極拳，就屬於我們必學的專業課程了。我們的老師是周稔豐教授，他是學醫出身，太極拳研究很有成就，威望很高，名氣很大，對我們學生也和藹可親，教學很認真。他幾乎教了我們陳、楊、武、吳、孫各流派的太極拳，甚至還在帶領我們實習期間教企事業單位的職工學練自己創編的「太極拳六段選」和「吐納氣功」，取得了很好的效果。

　　此期間又跟隨周教授身邊查閱資料、編寫文稿、學習、演練和助教，確實學到了很多的東西。記得有一次翻閱資料時偶爾看到了那時的筆記、手稿，以及合影，感覺都是那麼的親切，似乎還是昨天的事……

　　馬賢達教授是我們專業課的主課教師，他除了教我們長拳、散打、短兵、拳擊、八極、劈掛、戳腳、翻子拳，主要教授他的家傳通備武藝。如：通備的基本功、十趟彈

腿、拳擊操、十二大趟子、盤招、一路劈掛拳、二路青龍拳、三路飛虎拳、四路太淑拳，以及通備劍、通備刀、扭絲棍、鞭桿五陰七手十三法等器械方法。他的武藝很全面，還教過我們四正四隅太極推手，也使我們受益匪淺。

理論課大家也最愛聽馬教授的，他是一位最高段位的著名的武術家，文通武備，全國聞名。《少林寺》電影的武打總設計和武術總指導就是他，據說電影《大刀王五》的劇本也是他寫的，解放後第一本《中國武術大辭典》就是他主編的。他講起課來動手踏足、形象逼真、聲情並茂、風趣優雅，吸引得同學們如醉如痴……

有關太極拳的歷史知識，也是從馬教授的理論課上開始獲知的。馬教授擅長戚繼光及其《拳經》的研究，對唐豪尊稱老師，也很是崇拜。曾記得他在講台上，時不時的更換眼鏡、時不時的講一講、動一動、時不時的看看資料

卡片……，有關陳家溝、太極拳、陳王廷等等的情況，就是從這兒得到的。

由此對太極拳漸漸有了興趣，到了圖書館、資料室就會主動查找、學習。記得那時的武術、太極拳圖書資料還是比較少的。體院用的武術教材（講義），大多還是手工蠟版刻寫油印的，是一個薄薄的小冊子，太極拳的內容更少。我被太極拳較為完備的理論體系所吸引，努力蒐集，對有些東西更是愛不釋手，甚至全文、全書抄寫，以期很好的學習。譬如唐豪發表在一個薄薄的小冊子——《武術運動論文選》（中華人民共和國體育運動委員會運動司武術科編 人民體育出版社 1958 年 11 月版）中的「太極拳的發展及其源流」一文，全文就是那個時候抄寫的。畢業後離開體院研究太極拳源流，重新看到這篇文章時，由於當時的疏忽沒有記錄落款出處，不知道從哪兒來的，為此還費了不少周折，最後終於在網上查到了。

現在估計能看到這個東西原件的人已不多，因為當時體院圖書館這本小冊子已很破爛，不久即查不到，也不知去向了（近來再次翻閱此文，我們才發現，其中有一個顯著地特點，就是唐豪不再堅持陳王廷創拳，而是一再強調陳王廷是在根據戚繼光《拳經》編拳。他說：「從太極拳的具體內容考出，它的一部分採自戚繼光《拳經》，證明王廷不是『造』拳而是『編』拳。」而且在短短的百十乃字裡說陳王廷編拳的「編」字，出現多達 9 處之多，可見他在臨終前的確認識到了之前立論的不妥！）還有一本書，就是 1963 年版的、由沈家楨、顧留馨編著的《陳式太極拳》，我是非常喜愛，不但全書抄寫，連幾百幅的圖

片都照畫……

出了校門，走入社會，對太極拳的熱愛還是初心不改。恰好接觸到了西安普遍存在的趙堡太極拳，更是為她的原汁原味所吸引，隨著學習的深入，瞭解了跟多的實際內容，特別是太極拳的歷史源流，再參閱除陳氏以外的楊、武、吳、孫各派的說法，發現唐豪的源流學說確實存在諸多的問題。

首先是他把「炮捶」當「太極」來研究，這就犯了拳種性質上的錯誤！在這一點上陳鑫也怕「啟人疑惑」，而在自己欲弘揚陳家拳的著作《陳氏太極拳圖畫講義》（出版時被定名為《陳氏太極拳圖說》）時，都未敢收錄家傳拳譜（即 1843 年陳季甡抄本或 1928 年陳鑫抄本），卻盡量套用眾所周知的王宗岳太極拳論（這一點李師融先生是做過研究的）；

二是趙堡太極拳在陳清平之前已有多達六代之傳承，他卻不查不究，不知從哪道聽塗說陳清平因贅婿趙堡鎮而在那裡教拳，遂有了趙堡太極拳。這簡直不像一個正直學者的作為，說「贅婿」得有證據的啊？而證據卻無！贅婿到了誰家？陳姓為什麼也未改？顯然不符合邏輯！事實是陳清平在他祖、父輩時即由王圪壋村遷居趙堡鎮經商，在陳家溝一天都沒呆過。他在趙堡鎮是遠近聞名的富裕大戶，有多房妻室，田產、房屋不計其數，「贅婿」一說肯定是無中生有。近來在互聯網搜索引擎輸入「陳清平 墓碑」關鍵詞，可以發現一個醒目的大標題「**趙堡鎮趙堡村發現陳清平墓與清朝同治年所立墓碑……證明陳清平趙堡人世居趙堡鎮不是贅婿**」，並配有墓碑原件照片和發現經

過說明文字，證明歷史事實，使慌說「贅婿」者「慘遭打臉」！事實無情的證明陳清平學太極拳於（趙堡人稱「神手」）張彥大師，這在 1932 年版的陳子明著《陳氏世傳太極拳術》裡，早已得到證明的；

三是製造一個北京廠肆地攤上得到的拳譜合抄本和所謂的王先生的《陰符槍譜》，而給王宗岳設套，被做成「學了陳家拳」而且還「獨得其全」；

四是不顧當時北京太極拳界大佬、權威如紀子修、吳鑑泉、許禹生、劉彩臣、劉恩綬、姜殿臣、吳圖南等對宋書銘太極拳的鑑別（他們多人曾一起造訪宋書銘，待到和宋一接觸，方知古稀之年的宋書銘身手不凡、武技高深莫測，沾接瞬間，紀、吳等人無不跌出丈外，於是欽佩之至，磕頭請為弟子……）；說宋書銘太極拳必定學了楊澄甫大架，卻又拿不出證據（跟楊家誰學的？楊家怎麼不知？）等等，問題太多了……

透過幾十年來的不斷探討和研究，也漸漸地收穫了不少的成果，特別是經過近年來的研究，「全面梳理陳家溝拳術」和「全面梳理唐豪及其太極拳研究」這兩個主題，並聯繫幾年前有關主管部門曾在沒有完成**「旨在對我國陳式太極拳的歷史淵源、思想內涵、理論與技術體系、健身特點以及各個時期的主要代表人物的生平業績進行深入、客觀的挖掘、論證、整理和研究」**的**《太極拳源流與發展研究》**課題的情況下，在沒有任何證據的情況下，以行政命令的方式，強行為陳家溝掛牌（不正是此地無銀三百兩嗎？），恰好說明我們的研究結果是準確無誤的。

本書的研究，以無數事實證明：太極拳陳家溝淵源說

是站不住腳的！是別有用心的人蓄意製造的！其手法是：由你情我願、互有所需、投懷送抱而演唱的雙簧戲；隨後恰巧又有其崇拜者（師友兄弟）權高位重的推崇和後學（專業的）教授、導師的盲從，及其政府體育主管部門個別權威人士代表國家意識的推波助瀾，而形成錯誤導向的結果！

本研究解決了許許多多的太極拳源流焦點問題，特別是透過對陳家溝最早的權威「抄本」，即：《陳季甡抄本》《陳鑫抄本》原件，以及陳鑫原著《陳氏太極拳圖說》的對比，無情的揪住了造假者的狐狸尾巴……，使許多問題迎刃而解！

太極拳史的研究是一個很嚴肅的學術問題，不能以「源流之爭」或「據唐豪考證」而敷衍。應該為太極拳史正本清源，糾正唐豪顧留馨著《太極拳研究》和《中國武術史‧太極拳》條的錯誤。對學術問題，太極拳的主管部門最好不要干預。要消除不良影響，為太極拳的健康發展做出應有的貢獻。

當然，我們的研究水準有限，這樣那樣的錯誤也在所難免，希望大家批評指正！

作者

2020.03.30

# 目　錄

# 引 言

## 驕縱輕慢 眼空無物
## 視而不見 充耳不聞
——令太極拳蒙羞的「《中國武術史》『太極拳』條」

　　要說 1964 年版唐豪、顧留馨著《太極拳研究》因急功近利，心急如焚要樹立陳王廷為太極拳創始人，而不惜錯拉明朝的一位河北的歷史名人（文官）陳王庭之大旗，為自己封功並套取生平。後被人揭發，不得不於 1982 年認錯（見顧留馨著《太極拳術》），鬧出大笑話，而有情可原的話，那麼 1997 年版《中國武術史》的「太極拳」條，就是不可理喻！是弄虛作假、故意顛倒是非！

　　《中國武術史》由國家體委武術研究院編纂，人民體育出版社出版。是一部很有權威的武術史之巨著，它由二十餘位知名專家集體編著而成，對國內外的武術界都有深遠的影響，是武術界一部重要的歷史文獻。

　　但這本書讀後卻令人非常遺憾，特別是其「太極拳」條，仍然堅持過去的一些錯誤觀，不顧近幾十年來眾多學者們發表於《武當》、《武林》、《武魂》、《中國太極拳》、《中華武術》、《精武》、《搏擊》、《少林與太極》、《武術健身》、《體育文史》等眾多刊物上的大量的駁斥唐豪、顧留馨關於「太極拳源流」的謬論，以及《太極拳源流辨析》《中國太極拳史》《太極拳源流與發

展研究》等研究專著所顯示的研究成果，而對錯誤的東西就是死拖不予糾正，一錯再錯，到了「死豬不怕開水燙」的麻木境地，的確到了令人難以想像的程度。

這種坐視不理的現象，正如武術史學家馬明達先生批評「令武術蒙羞的段位制《理論教程》」時指出的那樣：「……也反映了某些人長期形成的驕縱輕慢心理。某些實際上對武術所知甚淺的人物長期居於武術運動的領導或指導位置，他們對武術界內外的科研成果視而不見，對各方面的批評意見充耳不聞，始終堅持一些早已被證明是失誤了的東西，並繼續把這類東西稍加裝扮後拋出來，基層部門和民間武術界只能從之順之。久之，這些人養成一種『眼空無物』的心態，才有可能毫無顧忌地將《理論》這樣水準低下的東西昭布天下，公然要求海內外萬千武術愛好者奉為『必讀教材』，這種明顯帶有霸蠻氣息的做法，在科學昌明的今天，是其他任何一個學科，任何一個別的運動項目所不能想像的。」都是一樣的作派。

《中國武術史》第八章第三節《哲理化拳派的出現》所介紹的太極拳史，就是較為典型的一例，因為其基本上還是在傳述過去的一些錯誤的源流觀。

為了對歷史負責，應該對該書所宣傳的歪曲太極拳源流的主要論點進行糾正，以正視聽。現把該書的有關論述原文抄引如下：

「清代武術門派林立，名目繁雜，出現了以傳統哲學名詞命名並以哲理闡發拳理的拳術和拳派。清晚期，以太極學說立論的太極拳，……轟動武壇。」

「據唐豪、顧留馨考證，陳氏拳械創自明末清初陳家

溝九世陳王廷。陳氏拳械，歷代傳承，不乏名手。但陳氏後裔從何時起採用『太極拳』名稱尚待考。咸豐二年（1852年），曾從楊露禪和陳青萍學得陳氏拳械的儒塾師武禹襄（1812-1880），自言得閱一篇署名王宗岳的《太極拳論》……這篇論文開章明義說：『太極者無極而生，陰陽之母也，動之則分靜之則合。』顯然是來源於北宋周敦頤《太極圖說》。隨後，禹襄甥李亦畬手抄禹襄作品益以已作，輯為一冊，冊中首錄王宗岳《太極拳論》。此冊依太極之理論總結陳氏拳械，輾轉傳抄，宣示了太極拳的哲理。此後，陳家溝十六世陳鑫（1849-1929）著《陳氏太極拳圖說》，明言太極拳的命名是『理根太極，故名太極拳』。他在書中進一步揭示了太極拳的哲理性。」（引自該書第296頁）

「關於太極拳起源，有幾種不同的說法，據武術史家唐豪等考證，現傳各式太極拳，均源自河南溫縣陳家溝陳氏族人傳習的拳法。陳氏拳技始自陳王廷，陳王廷所編拳套七路，另有專門練習周身皮膚觸覺的肉體感覺靈敏性的雙人推手和雙人粘槍方法。這些拳械在陳家溝五傳至陳長興（1771-1853）時，始傳外姓楊露禪，此後，太極拳從一地一族的小範圍傳向全國，並逐步衍生出了趙堡架、楊式、武式、孫式、吳式等多種太極拳支派。趙堡太極拳早期傳人陳氏十五世拳師陳青萍（1798-1868），師承於其族叔有本，有本所傳陳氏太極新架，架式與老架一樣寬大，逐漸揚棄了某些高難度動作。青萍得後，創編了一套巧小緊湊動作緩慢的套路，傳於陳家溝鄰鎮趙堡，後人稱之趙堡架或趙堡太極拳。」（引自該書318-319頁）

以上所述源流，經查實核準可靠史料，我們認為應該明確以下幾點：

## 一 所謂「清晚期，以太極學說創立的太極拳」和「創自明末清初」的「陳王廷」不但說法矛盾，而且是錯誤的。

1、多年的挖掘研究表明，明初之張三豐早已創「太極十三勢」，經數傳至明朝嘉靖年間，到王宗岳得以真傳，王註釋其拳經，成為後人奉為經典的拳論。王宗岳著有多篇精湛的拳論，是各派太極拳均尊的太極拳宗師、理論家，而陳家溝或陳王廷連一篇文字都沒有！

2、陳王廷是明末清初人（約為 1600～1680 年），王宗岳出生年約於明嘉靖之初期（約 1530 年前後），活動年代從嘉靖至明萬曆年間，於 1596 年左右，收蔣發為徒，其拳技與拳譜均靠蔣發傳之於後世。蔣發於明萬曆三十二年（公元 1605 年）收趙堡邢喜懷為徒，其後七傳而至張應昌與陳清平（或「青萍」）等，中間的幾代傳人是張楚臣、陳敬伯、張宗禹、張彥，從而形成趙堡太極拳派。

3、從蔣發傳邢喜懷算起，趙堡派的創建就比唐、顧所說陳王廷於清初「創拳」早六十餘年。王宗岳作為太極拳理論的奠基人，也比陳王廷「創拳」早百年左右，怎能說陳王廷是最早的太極拳創始人呢？

4、唐豪的考證，把明初之張三豐創「十三勢」說成是楊門弟子的「附會」，把清乾隆年間的《陰符槍譜》作者冒充明朝之王宗岳，把王宗岳的光輝著作說是闡發陳王

廷所創的拳理；而顧留馨所宣揚的陳王廷《拳經總歌》，經于志鈞先生考證，是抄襲戚繼光《紀效新書・拳經捷要歌》之作，其拳理屬少林拳系，非太極拳理。〔見《武當》1995 年第 4 期（評陳家溝三個時期的三種拳譜 一）〕

5、蔣發向王宗岳學太極拳於公元 1596 年～1603 年，也比陳王廷的太極拳資格老得多，只因明亡前參加登封縣以李際遇為首的農民起義，李際遇兵敗被戮，蔣發隱入陳溝，投靠陳王廷匿名為僕。蔣在陳溝也指導過陳王廷以家傳之炮捶頭套改造為陳氏太極拳一路。故三百年後，陳溝之村人多說蔣發為陳王廷之師，陳氏之拳（太極拳）源於蔣氏（參閱唐、顧合著《太極拳研究》第 148 頁）。陳鑫為了給陳氏祖宗爭光，1928 於陳氏的《文修堂抄本》中插入短句告誡村人，不要再說蔣為陳師之事，藉口說蔣發乾隆人，陳王廷明朝人，人不同時焉能為師。但陳鑫去世後，1931 年初唐豪赴陳溝調查拳史，村人仍實事求是，直言蔣發是陳王廷之師。

## 二　趙堡拳派自有其源流

《中國武術史》中所述的趙堡拳史，完全是引用顧留馨《太極拳術》的說法。顧氏之論發表後，引起趙堡傳人紛紛的反駁，也有楊氏傳人說些公道話。近幾年，《武當》、《武魂》等武術刊物發表了許多批駁文章。

1、《陳氏家譜》沒有陳清平之名，說明陳清平不是陳家溝的十五世孫，他世居王圪墰村，後遷趙堡經商，從趙堡拳師張彥學藝，張彥是其獲得真傳之業師，故稱趙堡派之第七代傳人。這一點也已得到了陳式傳人的承認，陳

清平確實又從張彥學拳，陳鑫的弟子陳子明在其著作《陳氏世傳太極拳術》（1932 年）中的《太極拳家列傳》有曰：陳清平「為陳有本、張彥門徒，得太極拳理……」。顧留馨也承認陳清平所傳為另一種緊湊、緩慢之新架。其實，這就是趙堡派傳統的拳架。所以，把陳清平作為陳氏太極拳的十五代孫而傳拳於趙堡是沒有事實依據的。

2、陳清平以前，趙堡拳派有無六代傳人的拳史呢？據考證，陳家溝對趙堡是很瞭解的，對趙堡歷代的傳人，至少已經承認有蔣發、邢西懷、張宗禹、陳敬伯（柏）、張彥、牛發虎等多人的存在及其作用。張彥為陳清平之師，陳子明已經承認，並寫在其書中。蔣發其人，陳家溝對他後期歷史有記述，前期的活動，如師承王宗岳、創建趙堡派則沒有敘述，但有跡可尋。趙堡拳譜中也有事蹟記載，與此符合。在《武林》1986 年第 2 期黎錦忠之《太極拳起源探討》一文記有：其師宦大海家中存有趙堡歷代傳人宗譜資料，其中記有：「蔣發，祖居溫縣東鄉劉村，後遷水運村，曾至山西王宗岳處學藝十餘年。後際遇事敗，隱入陳溝，匿名為僕，傳弟子陳王廷、邢喜懷。」這一史料與《陳氏家乘》中「際遇事敗，有蔣姓僕於公，即當日所追者」相符。

3、又據徐震著《太極拳考信錄》中卷《蔣發蔣僕考》所引用 1934 年夏《北平實報》發表之《王矯宇訪問記》，王矯宇為楊班侯之學生，當年已八十餘歲，自述其曾親聆楊露禪講述王宗岳收蔣發為徒的故事。王矯宇之說，證明了楊露禪確實講過王宗岳傳蔣發的源流。這就說明，陳家溝在陳長興以前的時代，村人都瞭解本村蔣發是

王宗岳之徒，又與趙堡之記載相符。這一切說明了蔣發是趙堡拳派的第一代宗師，從而也證明趙堡太極拳這一流派存在的悠久歷史。

4、第四代掌門陳敬伯（柏）也是趙堡和陳溝公認的太極拳師。陳家溝方面在《陳氏家乘》有記載：陳敬柏字長青，乾隆時人，精太極拳；趙堡方面，據陳敬伯家譜所記的《敬伯公傳》：「陳堪，又名敬伯，字長青，生於康熙丁亥年（1707 年），卒於乾隆辛亥年（1791 年）理精太極已達妙手神化境也。」證明敬伯、敬柏為一人。在趙堡方面記述，其祖父陳文舉已遷入趙堡，陳敬伯在趙堡師承張楚臣，傳人為張宗禹（張彥之祖輩）。武術的授受關係清楚。陳家溝方面，不提出其師承何人，顧氏只能以其祖父、父親的血統關係代替武術的傳人關係，這就說明陳敬伯不是陳氏拳的傳人。陳敬伯是陳家溝的十二世孫，在他廣收門徒八百餘人之時，也傳拳給陳家溝的陳秉旺、陳公兆。這是張傑先生到趙堡調查拳史，從趙堡某傳人處看到陳鑫之《太極拳圖畫講義》手稿中有其後人在上註明的（見《精武》1997 年第 8 期）。

那麼，為什麼陳敬伯傳陳秉旺、陳公兆二人，在《陳氏家乘》中不明確寫出呢？李師融先生的研究認為，一是陳敬伯為趙堡派掌門，趙堡之歷代先師立下村規，拳藝不出村，如明確寫出？即對陳敬伯違反村規之事而不利；二則如明確寫出，日後陳敬伯的趙堡掌門身分必為人知，將來會讓人說陳家溝太極拳源於趙堡，對爭取首創太極拳的桂冠不利。這些現象都足以證明，陳敬伯是趙堡派第四代掌門而不是陳家溝十二代傳人。《陳氏家乘》寫其事蹟不

過是借其血統關係以示陳氏族人之武功而已，《陳氏家譜》根本不記也不「注」！

由以上可知，陳清平以前的六代（蔣發、邢喜懷、張楚臣、陳敬伯、張宗禹、張彥）趙堡傳人，已有三人為陳家溝所確認。張宗禹又是張彥的祖輩，也有家譜可查，確有其人其事。《武魂》1994年11期張滿宏的《也談陳清平與趙堡太極拳》一文，述及其親訪張宗禹的第八代嫡孫張全德（仍居趙堡鎮），得其告知，張家於明初從山西洪洞縣遷至河南武陟白水村，後又遷趙堡。張宗禹是從山西遷至河南的第十三代，張宗禹的太極拳傳人有其孫張寒、侄孫張彥及鄰村之原法孔，以張彥藝最精。原法孔也有後裔原寶山（趙堡派十一代傳人）均有家譜可查。還有陳鑫抄本「辨拳論」，均證實趙堡派在陳清平之前，已有六代傳人，均是確鑿無疑的史實。

### 三 陳家溝在 1858 年以後若干年月才開始有「太極拳」名稱的記載。

金仁霖先生在《武魂》1997年第4期上發表的「陳家溝何時才有『太極拳』？——河南溫縣陳家溝關於『太極拳名稱』文字記載的考證」一文中指出：「陳家溝陳家在1858年以後若干年月才開始有『太極拳』名稱的文字記載，王宗岳則早在1852年以前若干年月就有成熟的太極拳理論著作寫出。從清末到民初，甚至在武、楊、李、郝諸家傳人把王宗岳《太極拳拳譜》的內容局部到全部公開發表以後，陳家溝陳家還一點也沒有王宗岳《太極拳譜》流傳下來的痕跡發現。」

金先生的研究依據是：

1、1932 年 1 月，唐豪（1897-1959）在陳家溝陳森（槐三）處，得到封面題有「同治十二年癸酉（1873）新正，穎川氏宗派」的「陳氏家譜」，在乾隆十九年（甲戌 1754）譜序中，陳王庭名旁註「陳氏拳手」，在道光二年（壬午 1822）接修譜中十一世至十五世陳氏諸祖先名旁有的註「拳手」、「拳頭」、「拳」、「拳師」，以及陳王庭長短句遺詩中「悶來時造拳」，都沒有寫明是什麼拳。唐豪在 1935 年中國武術協會出版的《戚繼光拳經》（三）「受戚繼光拳經影響的近代拳法」一節中，承認陳溝「譜注和詩，均未說明其所造者為太極拳」。

2、唐豪 1932 年在陳家溝陳省三（1880-1942）處抄來的三省堂本《拳械譜》，在篇名「長拳譜」的式勢歌訣末後，注有「此是長拳，惟熟習者得之耳」十一字。又在篇名「十三勢」，套標題下，注有「此名大四套錘」。四套標題下，注有「此名紅拳」。歌訣最後二句還說「要知此拳出何處，名為太祖下南唐」。炮錘架子式勢名目末後，注有「十五拳十五炮，走拳用心」十字。總之，在這本三省堂本《拳械譜》中，也只提到過「長拳」和「十三勢」兩個名稱（其實，經考察，這個所謂的「長拳」和「十三勢」的字樣，是唐豪有意所加！查陳季甡 1843 年的抄本，根本沒有）。

3、直到 1934 年 9 月 29 日，徐哲東（1898-1967），在南京向陳子明借來抄錄出的陳兩儀堂記「拳械叢集」中，有篇名「頭套十三勢拳歌，三套拳，四套，五套拳歌，二套炮錘十五紅十五炮走拳」，才有篇名：「太極拳

引言　029

一名頭套拳，一名十三勢，即十三摺，亦即十三折也」的出現。徐哲東在式勢名目後的按語中說：「右（原書係直排本故云，下同）文亦據兩儀堂本，與以上所錄之五節，字出一手，紙色亦一律，然其名目之多寡，與前所錄頭套十三勢歌，小有不同。」

篇名：「二套錘太極拳」，徐哲東在式勢名目後也有按語說：「右二則亦在兩儀堂本中錄出，但與前所載太極拳及頭套、二套名目，又小有出入。考書中有四頁紙較黃而粗，字體亦與前後各頁不同，此二則即載在四頁中者，蓋四頁非兩儀堂本所原有，裝訂者誤合之也。」這四頁雖然不能肯定就是文修堂本中的東西，但至少總是同一時期所裝訂，由他人轉抄來的東西，那是無可懷疑的。

又在徐哲東向陳子明借來抄錄出的文修堂本「拳械譜」譜中，有篇名：「頭套錘拳架」的，在它的式勢名目後並有附記：「二套錘、三套錘失傳」，「右此頭套錘拳架，如能熟練純習，就能生巧，只要日夜加功，如若董（懂）內中情理使手，可為教師。」

徐哲東在按語中說：「右頭套錘拳架及附記二條，均自文修堂本中摭出，與兩儀堂本中所謂十三勢太極拳之名目，大致相同。」

查陳季甡 1843 年的抄本，根本沒有「太極拳」、「長拳」和「十三勢」的字樣或痕跡！

4、再據文修堂本中槍法自序篇後有「道光癸卯年桂月（道光二十三年八月，1843 年 9 月 24 日-10 月 22 日）張文謨號開周重抄」十五字的題記，槍棍法後更有「以上槍棍譜係河北王保（堡）村得來，道光二十三年歲在癸卯

中秋（1843 年 10 月 8 日）張開周重抄錄謹誌」三十二字的題記，結合文修堂本中有「民國十七年（1928 年戊辰）九月二十二日歲貢生縣丞年八十歲，陳鑫字品三號應五別號安愚謹誌」的附記，家譜末後，也有「我高曾祖父皆文兼拳最優，森批」的陳森批註，則可以確定，拳械譜和陳氏家譜的最後寫附記和批註的人，是陳氏十六世的陳鑫（1849-1929）和陳森。他們和楊氏第二代傳人楊健侯（1839-1917）、武氏第三代郝為真（1849-1920）都是同一時代的人。文修堂本中張開周重抄槍棍譜的時間是在1843 年 9 月 24 日至 10 月 8 日這十四天間，則陳家溝陳家的轉輾再抄進來，和陳鑫、陳森堂兄弟倆之間相互抄成，然後再裝訂成冊，時間最早肯定也要在 1843 年 10 月以後的 15 年以上，即陳鑫在年齡 10 歲以上懂事以後。

所以，陳家溝陳家在文字上明確有「太極拳」名稱出現的時間，也就要在 1858 年（清咸豐八年戊午）以後的若干年月。

5、武禹襄（1812-1880）是在 1852 年（清咸豐二年壬子）去河南舞陽縣他長兄武澄清的任所的。他在其兄任所見到乃兄在該縣鹽店得到的王宗岳《太極拳論》和《打手歌》。王宗岳《太極拳譜》的寫成、抄出，直到被發現，時間當然還要在 1852 年以前若干年月。

因此，要隨便攀牽什麼王宗岳曾學拳、學推手、學春秋刀、學槍桿於陳家溝陳家，是不符合辯證邏輯的。即使是那位編寫《陰符槍譜》的山右王先生也是不可能的。武術界哪有學成了器械再去學拳腳的道理，俗語形容得好：「六十歲學吹打」是笑話！

## 四 《中國武術史》的確是故意顛倒是非

### 1、 所謂「陳王廷創造太極拳」的説法，是心知肚明的造假，故意趁機塞進《中國武術史》，欺騙世人。

　　《中國武術史》太極拳源流執筆之人康戈武先生是唐、顧虛假的「陳王廷創拳説」的主要宣傳者，康先生為《陳氏太極拳圖説》重新出版寫序言時，曾經説，已經三讀《陳氏太極拳圖説》了。經過精讀、研讀之後，肯定對陳鑫的原話記得很清楚。陳鑫在《陳氏家乘》中説：「陳王廷，精太極拳。」沒有説過「創造太極拳」的話。陳鑫在 1928 年寫《辨拳論》，附在《和式太極拳譜》之末，也是康先生親自審閱的著作，其中也説：「陳氏之拳不知仿自何人？自陳氏遷溫帶下，就有太極拳，後攻此藝者，代不乏人，如明之奏廷（王廷）……」這裡明明説，陳王廷是「後攻此藝者」當然不是「太極拳創始人」。

　　顧留馨的話，康先生也很會引用。但是，在顧留馨的《太極拳術》（上海教育出版社，1982 年版）第 358 頁記述：「據《陳氏家譜》可知，陳王廷三子一孫拳藝一般，玄孫甲第則拳藝精到，但從此，後繼無人。」這裡説「後繼無人」表示，陳家溝的太極拳，已經不是陳王廷所傳。又怎麼能夠成為中國的「太極拳創始人」？這句話是 1982 年寫的。

　　康先生為什麼在 1997 年還把陳王廷作為「太極拳創始人」寫進《中國武術史》呢？這説明康先生不是認識不清。而是有意這麼做。

## 2、説「王宗岳的《太極拳論》是依據太極之理論總結陳氏拳械，而輾轉流傳」。也完全顛倒是非。

《太極拳聖王宗岳考》一書（劉曄挺著 台灣逸文武術文化有限公司 2012 年版）表明，王宗岳是約明代嘉靖四年（約 1525 年）出生。比陳王廷要早百年，怎麼會向陳家溝學習拳械？李亦畬在 1867 年《太極拳小序》首肯：「太極拳始自宋張三豐，其精微巧妙，王宗岳論之詳且盡矣。後傳入陳家溝陳姓，神而明著，代不數人。」明明是陳家溝學習王宗岳。李亦畬這麼說，康先生也是非常清楚的，但卻要顛倒是非，硬說王宗岳總結陳家溝的拳械，這絕對是信口開河，有意要把太極拳歷史攪混。

武禹襄獲得王宗岳拳譜是陳清平直接授予，不是從「舞陽鹽店」獲得。1994 年，武式太極拳傳人喬松茂在《中華武術》和《中國太極拳》已經發表論文，確認是陳清平的授予。已經成為社會共識，康先生在 1997 年還用錯誤的「舞陽鹽店」謊言來欺騙世人，企圖貶低王宗岳的理論影響，抬高武禹襄取代王宗岳，這不是認識問題，而是動機和出發點的問題。

## 3、《中國武術史》執筆人宗旨不正，論說虛偽

我們認為，《中國武術史》執筆人宗旨不正，論說虛偽。下面列舉事實以說明之。

（1）大力推廣虛假的「陳王廷創拳說」：1997 年，在莊嚴的《中國武術史》中，載入未經國家鑑定的「陳王廷創拳說」。

（2）為了強化「陳王廷創拳說」，推行「順之者昌，逆之者廢」，將明末創建的趙堡太極拳派，不准其在民政局註冊，扣上「非法組織」的帽子，又以幫助發展組織。封為太極拳「全國六大派之一」為誘餌，促使趙堡太極拳下屬的「和式太極拳」自動否認其明末創建的祖師，默認該門派是陳王廷的傳承。誘導和式太極拳的某些傳人不顧一切，只顧眼前利益，走向引人非議的道路。這也是「宗旨不正和弄虛作假」的典型表現。

（3）2005 年 3 月 5 日，河南省的《大河報》發表了記者報導說：焦作市已經啟動了向聯合國申報太極拳為世界級的「非物質文化遺產」工程。並且註明，中國太極拳是陳王廷創造的，這個報導的日期，比文化部在 3 月 26 日的新聞發佈，還早 21 天。值得注意的是，國家體育總局的《太極拳源流和發展研究》課題（2002 年設立，河南師大受命研究太極拳課題），還未作出「中國太極拳創始人」的結論，卻有人要越過課題鑑定，以權勢決定「太極拳創始人」的人選！要上報到聯合國，必須有國家權力機關證明「陳王廷是中國太極拳創始人」。沒有這個證明，焦作市的申報是不能出國的。顯然，有權證明「中國太極拳創始人」的權力機關是「武術管理中心」，再落實到具體部門，就必是主持的太極拳管理的機構的負責人了！將向國家、聯合國出具這種的證明就一定是偽證。

（4）值得注意的是：這一「**旨在對我國陳式太極拳的歷史淵源、思想內涵、理論與技術體系、健身特點以及各個時期的主要代表人物的生平業績進行深入、客觀的挖掘、論證、整理和研究**」的課題，終因拿不出任何證據，

無法結題而流產。但主持者張志勇教授卻於 2013 年 1 月的《體育學刊》第 20 卷第 1 期發表「從太極拳技術演變的歷史談太極拳的起源與發展」，其結論卻是與原「旨」大相逕庭：

調查研究發現，在陳家溝《拳譜》中晚清拳家陳季甡以及後輩陳鑫、陳子明等拳抄本最為珍貴、可信。基本可以證實，在晚清時期，陳家溝以「炮捶」為主要傳承的拳法。

徐震在《太極拳考信錄》書中根據陳家溝拳抄和相關文獻提出了「陳氏所傳者，本為炮捶，非太極也。」的觀點，直接將清朝中、後期陳家溝所傳播的主要拳法指定為「炮捶」技術，本研究考證以為是符合實際的。

受近代都市太極拳發展影響，「炮捶陳家」身分的改變也直接導致陳派太極拳技術的誕生。主要標誌是民國初期，以陳發科、陳績甫、陳子明等拳家先後走出鄉村，走進都市，開始了繼楊派、武派、吳派等成熟於都市的「太極盛世」時期。

有資料顯示，20 世紀 20 年代開始，北京太極拳界曾一度對「炮捶陳家」技術和聲譽產生懷疑和排斥，具體反映對陳發科起初所演示的「炮捶」快拳的牴觸和排斥。隨著陳派太極拳一路技術形式與風格的成熟，陳派太極拳開始逐步確立了自身剛柔相濟，動靜相間，並以纏絲勁為基本特徵的拳術風格。現仍以快拳為特色的陳氏「二路」（即炮捶）作為一種傳統拳法，仍然保留著原始特點。

調查得知，馮志強先生就受陳發科師傳「炮捶」的影響，而創編出了「混元太極拳炮捶71式」拳法。另據吳圖南

迴憶：1917 年，陳鑫曾向他提到過陳家溝陳氏家族「炮捶陳家」，以及當年陳長興教「炮捶」的說法，應該是可信的。

唐豪將太極拳創始歸功於陳家溝九世「陳王廷」的觀點顯然違背了客觀歷史。

然而，事實仍然是 2007 年 8 月 21 日，在一些權力機構的官員的籌劃下，卻以中國武術協會的名義，在溫縣陳家溝召開聲勢浩大的「揭牌儀式」，授予陳家溝為「中國武術太極拳發源地」的稱號和牌匾。《人民日報》海外版，也向世界廣為宣傳。影響面巨大。武術界的最高官員出面宣佈，「經過眾多專家的潛心研究，認為陳家溝是中國的太極拳發源地，並為武術界所認可。」

這不是「此地無銀三百兩」嗎？真正的「發源地」還需要命名嗎？

（5）為什麼不要《太極拳源流和發展研究》的課題結論為依據，而要眾多專家的「認為」作依據呢？原因很清楚，源流課題是堅持「要證據作結論」、陳家溝沒有「太極拳發源地」的證據，是不能通過的。武術界最高權力的官員，可以拋棄源流課題不要證據，以權勢代替學術鑑定，公然向天下人民造假。

「百花齊放、百家爭鳴」，是促進藝術發展和科學進步的方針，是促進我國的社會主義文化繁榮的方針。這些官員公然違反「雙百方針」，一手遮天。這也絕不符合國家和人民的利益，只對河南省溫縣有利。他們效忠於溫縣比效忠於國家還要得力，為了什麼呢？是不是有利益驅動？

卷一 ——

緒 論

# 太極拳各派別的歷史傳承
# 應該得到尊重

　　幾十年來發表於《武當》、《武林》、《精武》、《武魂》、《中國太極拳》、《太極》等刊物的批評性文章，已經充分證明了唐豪對太極源流的觀點是錯誤的。《中國武術史》應該全面地分析爭論中所發掘的史料，肯定並吸收已經證明了的新觀點和研究成果。

## 一　太極拳的源流傳承在各派是基本清晰的

　　實際上，太極拳源流史並不存在多大問題，只是枝節上的或斷代上的問題需要進一步研究，其主幹主流沒問題，特別是現今的六大派。按照各派太極拳的歷代傳承，太極拳的歷史比較清楚，特別是王宗岳和蔣發以後，其源流和傳遞關係都較為明確，都是代代相傳太極拳為武當派祖師張三豐所創。受王宗岳、蔣發一系之傳的趙堡派，流傳至今十多代，從未動搖過受張三豐之傳的信念，甚至稱自己的拳架為張三豐的繼承架太極拳，很為榮耀。尊張三豐為祖師，頂禮膜拜。

　　源自趙堡太極拳第七代陳清平之傳的河北永年武禹襄的武家，在遠道慕名前往趙堡學拳之後，不但尊張三豐、王宗岳為祖師，闡明太極拳傳入陳溝，更加繼承和發展了王宗岳的理論貢獻，「武禹襄起著承前啟後的主導作

用」、「繼承發展了王宗岳太極拳說」（見吳文翰「武禹襄繼承發展了王宗岳太極拳說」），這是眾所周知的。

同樣是永年同鄉人，也是武禹襄的好朋友，後來由於太極武功高超，和兒子一起（在清朝）打遍京城無敵手，人送美名「楊無敵」的楊露禪，亦學自趙堡鄰村的陳溝陳長興先生，先後三次，達十多年之久。也是毫無例外的尊張三豐為祖師，祖祖輩輩供奉張三豐像，從無間斷，這恐怕和長興之傳分不開吧！

孫祿堂的孫式，源自武式；吳全佑、吳鑑泉父子的吳式，源自楊式；都尊張三豐為祖師，以他們各自的理論著作為證，自不待言，這都是實情！

這些，正像武式太極拳家吳文翰先生所指出的：「說明張三豐見鵲蛇廝鬥創編太極拳的傳說，在楊祿禪、武禹襄時代就已經有了。」（見吳文翰「太極拳拳式名稱的一次重大變革」《武魂》1995 年 8 期）。

其實，尊重師承，歷來都是國人的傳統，也是美德。這一點，楊家就是榜樣，儘管為太極拳打出了美名，但還是實情相告，學自陳溝陳長興老師，不是別人。也不會攀附更有名的什麼人，是誠實守信的典範，不然也不會如此崇敬張三豐。

應該明確，張三豐是人不是神，只因他是一位高人，是一位德高望重的有道之人，正像有人給皇帝的奏摺裡講到的，說他「深有道法，廣具神通」。他創拳傳授後人的目的不是別的，就是為了「天下英雄豪傑，延年益壽、不老春」，多大的胸懷啊！這是一般人能說到、做到的事情嗎？人們豈有不崇拜之理，更有他傳下來的太極拳真訣真

經，這都是經過嚴格的、科學的考證過的事實（見路迪民、趙幼斌「太極拳經原貌考」《武當》1992 年第 1 期）。

## 二 太極拳源流史出現混亂與「五四運動」後捲起的一股疑古思潮氾濫有關，其代表人物就是唐豪。

太極拳源流史出現混亂，與「五四運動」中國文化思想界捲起的一股疑古思潮有很大關係。正是學術界「疑古」思潮氾濫之時。在這股思潮的影響下，一些人對古代的人和事，都要懷疑否定，不管你是儒是釋是道，不管你是孔夫子、達摩，還是張三豐，一概懷疑，猶如「文革」中的「懷疑一切」。當時的胡適先生，甚至提出「先下結論，後找根據」，還說歷史就像人身上的衣服，可以換來換去。

要說魯迅是當時這股疑古思潮中文化界的一大代表人物的話（參見《武當》雜誌 2007 年第 3 期張東寶《疑古思潮中的魯迅》）。唐豪（范生）便是當時這股疑古思潮中體育武術界的一大代表人物。在這種思想文化背景下，1930 年前後，唐豪自然受這種疑古思潮的影響，「疑古思潮」便成為了唐豪當初死心執頑否定傳統太極拳源流史的動因，難怪敢發表否定數百年來萬千弟子尊崇的太極拳祖師張三豐的欺世文章了。產生了他在太極拳源流史研究上的偏執、高傲、武斷、獨大的習性，使之能居高臨下的冷嘲、熱諷、批評、指責，乃至謾罵各家傳統太極拳門人如實宣傳太極拳祖師張三豐是在「扯謊」、宣揚「毒素」等等。

唐豪在《於「武藝叢書」的感言》中開宗明義地說：「『清算，整理』，一切理論全需要『清算』，全需要『整理』的目前，『武藝』這一門當然也沒有例外」；

在《武藝叢書·自序》中亦言道：「武術界中……以口頭或著作廣傳其荒誕的、邪魔的、神祕的謬論，毒害了中國一部分人的思想與行動」；

在《太極拳之根源》中又說「……這類拳家的著述內容，幾乎無一不含有賊人思想的毒素。」

抱著否定「賊人思想」的目的來考證太極拳，這就是唐豪最典型的例證。

為了適應「一切理論全需要『清算』，全需要『整理』的目前。」為此，他首先在 1930 年 7 月出版的《少林武當考》中，否定傳統說法，斷定張三豐「亦決不是太極拳的鼻祖」，緊接著，他的考證就開始了「捏泥人」「變魔法」（見《武當》2002 年第 10 期路迪民「『疑古』思潮與唐豪的太極拳『考證』」）。

首先，為了掩蓋事實真相，在《太極拳之根源》中串改陳氏《文修堂本》和《兩儀堂本》（《文修堂本》和《兩儀堂本》目前皆已無存？）。然而在徐震《太極拳考信錄》中的白紙黑字，卻成為難以抹殺的鐵證。

其次，拒陳氏之說於不顧（「我陳氏自山西遷溫，帶有此藝」），從一個有「森批」字樣的假《家譜》旁註上捏出了一個沒有任何著作或詩文流傳的、就連陳鑫有意編寫的《陳氏家乘》有陳王廷「悶來時造拳」都不認可的、陳家溝人從未聽說過的「陳王廷」，樹為太極拳的創始人，並「強加五派祖先」。

正像有專家指出的那樣：這真是古今考證史上的「奇蹟」，可謂之「唐老爺亂點祖宗譜」。顯然。無論從資料分析、邏輯思考，以至文風和道德上，唐豪都與「古史辨派」的大學者不可同日而語。其太極拳考證，不過是疑古思潮中的一個怪胎而已。

最後，為了捏造陳家溝為發源地、陳王廷為創始人，不惜一切掐斷和截流與陳家無關的太極拳及其人和事。

一是不管宋書銘「自神其術」的「名利思想」有多重？為了發揚光大而廣為傳授的弟子有多少？武功又有多麼的高超（當時的幾位知名的太極名流高手，都在其腕下隨其所指而不能自持），一律用一句因動作和名稱都相似於楊氏，就「必定學了楊氏大架」而搪塞過去，並不究其學與誰？怎麼學的（確是有意強而為之，可參見唐豪《太極拳的發展及其源流》）？

二是製造所謂的地攤上購得的拳譜，叫做王宗岳《陰符槍譜》，又是所謂的王宗岳的「合抄本」，沒有王宗岳的名字，卻署名「王先生」，作序者又不告訴自己的名字（試問天下有哪本書的序者不說明自己姓甚名誰？不然，序的作用在哪裡？更不提著者真名，這符合常理嗎？想必只有一個答案，那就是有意竄改原作者與序者）。然而又根據這個序言判決「王先生」就是王宗岳，進而推斷王宗岳到過洛陽、教過書，又「必定」學了陳家拳，又是不究其學與誰？怎麼學的？

三是明明透過親自去陳溝實地調查得知「正如村人所言『蔣為奏庭之師』」，卻又拒不承認，而要顛倒黑白。

**三** 同出陳發科師門的唐豪、顧留馨可謂情投意合，特別是顧，他在極左思潮的影響下，比唐更是過之而無不及，捏造歷史，弄巧成拙。

## 《太极武踪小探》读后

### 顾留馨

《体育报》四月二十八日刊出无谷同志《太极武踪小探》，全文大都写得很好。但在太极拳创造人陈家沟陈王廷的事迹上，把陈家沟陈王廷（家谱作王廷、族谱、墓碑作王廷）误作即为辽东巡按御史陈王庭。我以前也以为陈王廷与陈王庭同姓名、同时代、同为武职，同为蒙恩赐，以为是一人，在《陈式太极拳》、《太极拳研究》二书中我也持此说。一九六四年有读者于《新体育》上写文纠正，巡按御史陈王庭为卢龙县人，待罪于一六三〇年服毒死于家乡。《温县志》有《吴从海传》，记有"乡兵守备陈王廷"，于一六四三年率乡兵随县长吴从海击退攻城的"流贼"。我很感谢读者的指正，原拟于修订该二书时改正这个错误。由于林彪、"四人帮"的干扰和影响，未能修订再版。今无谷同志沿袭我过去的误会，现应澄清一个事实，陈家沟陈王廷创造了清初的太极拳，与巡按御史陈王庭无关。

读者来信

顧留馨繼唐豪之衣缽，「也是在捏泥人方面下了不少功夫」。他把《明史》中的遼東巡按御史、明末抗清戰將、河北盧龍縣人、文官陳王庭，包裝成了陳家溝的陳王廷，並以此人的功績硬往陳家溝的陳王廷臉上貼金，還以此人的生平推定陳家溝的陳王廷的生卒（現在陳溝及官方沿用的 1600～1680，就是據此推出的，參見 1964 年版唐豪、顧留馨著《太極拳研究》），後被人揭穿，不得不登報糾正（參見 1980 年 6 月 9 日《體育報》及顧留馨 1982 年著《太極拳術》附錄部分。但 1992 年再版後的《太極拳研究》，仍然沒有捨得去掉包裝），已成為眾所周知的大笑話。

顧還利用「審閱」之機，將《楊式太極拳》（傅鍾文著）、《吳式太極拳》（徐致一著）《孫式太極拳》（孫

劍雲著）中早已流傳的《張三豐太極拳經》，一律改稱《武禹襄太極拳論》。他還進一步信口開河隨意編造故事，說陳清平因贅婿於趙堡，隨在那裡教所謂的有本新架。然而又說不出贅婿於誰家？為什麼還是姓陳？甚至還有三房妻室，較多的田產？

唐、顧二人交情深厚，不但同出陳發科師門，而且是革命戰友（參見顧留馨《憶唐豪》），情投意和。顧留馨在極左思潮的影響下，繼承唐豪的思想在太極拳史的研究中，可以說達到了過之而無不及，在官方和陳溝的眼裡已成了「兩座神像」。

1935 年，《廉讓堂本太極拳譜》在山西正式出版，公佈了武派太極拳輯錄的太極拳文獻。其中的兩篇序言，及武禹襄之孫武萊緒、武延緒的附記，均持張三豐創太極拳之說。1937 年 4 月，徐震的《太極拳考信錄》出版，不承認陳王廷創太極拳。直到 1950 年，在北京市的一次太極拳研究會上，吳圖南還不承認陳氏太極拳，認為陳發科練的是炮捶，不能作為太極拳會議的正式代表。陳發科也只得自認列席（見吳圖南《太極拳之研究》，1984 年商務印書館香港分館出版）。由此可見唐豪考證的影響實際效果並不很大，把唐豪考證固化為定論的，正是顧留馨（參見《武當》雜誌 2006 年第 7～8 期路迪民《極左思潮與顧留馨的太極拳研究》）。

顧留馨趁受命「整理」五式太極拳（儘管因故未能面世）之機，編寫了源流，即 1964 年出版《太極拳研究》（唐豪、顧留馨著）的一部分，透過權威出版社出版的《太極拳研究》，給太極拳的源流、歷史定了調，這比唐

豪早年任何著作的威力都要大得多。此後的官方及院校論著，以及《中國大百科全書》的「太極拳」條，都以唐豪顧留馨的考證為準。《中國大百科全書》的「太極拳」條目，就是顧留馨本人寫的。

顧留馨的造假同樣是拙劣的，許多都是不攻自破。譬如，他在其《太極拳術》中說：「張三豐創太極拳一說，是辛亥革命（1911 年）後的一種附會而已。」（見 350 頁）在「附錄」中又說：「太極拳創始於張三豐的謊言，出現於十九世紀末到二十世紀初太極拳在北京享有盛譽之時。」（見 442 頁）但是，在《太極拳研究》133 頁（人民體育出版社 1996 年第 3 版）和《太極拳術》386 頁中，都引用了李亦畬 1867 年抄給馬印書的《太極拳小序》「太極拳始自宋張三豐……」，1867 年，楊祿禪、武禹襄都健在，這顯然和「辛亥革命後」或「十九世紀末到二十世紀初」才出現張三豐創拳的「附會」、「謊言」之說前後矛盾。

僅僅從張三豐創拳說的「謊言」出現的時間，在同一本書中就有不同敘述，又和自己引用的史料產生很大差距，這種信口開河的「考證」，還有可信度嗎？

顧留馨在《太極拳術》中把《陳氏家譜》的全部「旁註」都公佈出來，他的本意，是要證實陳王廷創拳和陳家世傳太極。唐豪考證的一個重要論據，就是《陳氏家譜》中陳王廷的「旁註」：「陳氏拳手刀槍創始之人也」，並把它作為「乾隆十九年最可信的史料」。然而，從公佈的史料可見，《陳氏家譜》的「旁註」，一直注到陳鑫（1849～1929）兄弟三人。在一個家譜的人名「旁」作

「註」，並且註到了二十世紀，這些「旁註」是何時寫的，不就昭然若揭了嗎？並且也如實的記錄了家譜「末有『我高曾祖父皆文兼拳最優。森批。』字樣」（見360頁）。這就很清楚地看出，「旁註」的編寫者，正是給唐豪提供《陳氏家譜》的陳森（1846～1935）。家譜本無「註」，故而陳森只能作「旁」註。難道乾隆十九年的人，能給二十世紀的人作註嗎？（見路迪民《陳氏家譜「旁註」考》）

《家譜》雖作了假旁註，但卻沒有「太極拳」字樣，這樣陳鑫就再次編寫《陳氏家乘》，予以增加；明明是陳溝「不肯學習外來的拳法」，唐豪卻又說陳王廷創造的太極拳吸取了戚繼光拳經三十二勢中的二十九勢，顧留馨則更有發現，指出陳氏拳架中有傳習於少林寺的「紅拳」，「羅盤棒訣」有「要知此棒出何處？羅盤流傳在邵陵（少林）」等；套用遼東巡按御史陳王庭之錯，1964年就有人揭發，直到1980年，他才在《體育報》予以更正；文修堂本中槍法自序篇後有「道光癸卯年桂月（道光二十三年八月，1843年9月24日～10月22日）張文謨號開周重抄」十五字的題記，槍棍法後更有「以上槍棍譜系河北王保（堡）村得來，道光二十三年歲在癸卯中秋（1843年10月8日）張開周重抄錄謹誌」三十二字的題記，結合文修堂本中有「民國十七年（1928年戊辰）九月二十二日歲貢生縣丞年八十歲，陳鑫字品三號應五別號安愚謹誌」的附記，家譜末後，也有「我高曾祖父皆文兼拳最優，森批」的陳森批註，則可以確定，拳械譜和陳氏家譜的最後寫附記和批註的人，是陳氏十六世的陳鑫（1849～

1929）和陳森。

　　由此可見，唐豪、顧留馨為了自圓其說，對於和陳氏創拳說有矛盾的史料，一律採取裝聾賣傻、視而不見、決不承認的態度。

### 四　武術官方代言人、唐豪、顧留馨的追隨和維護者康戈武，更是對各派傳統說法和學者們的許多研究成果，採取裝聾作啞、視而不見，甚至反對各派學者做研究，有意攪局……

　　唐豪、顧留馨造假說教的忠實追隨者康戈武，更是繼承了「對於和陳氏創拳說有矛盾的史料，一律採取裝聾賣傻、視而不見、決不承認的態度」，甚至在用詞用語詭辯方面更勝一籌。由於他出身武術泰斗張文廣先生門下，又是文革以後，改革開放以來的首批武術專業研究生畢業，對八卦掌拳史研究較有影響，後身居國家體委武術研究院（後為武術運動管理中心），集官員、專家於一身。

　　這種特殊環境和極有利的位置，加上對唐豪、顧留馨的崇拜，又代表著武術界的官方，推行起唐豪、顧留馨的論說又不遺餘力，不但使唐豪、顧留馨理論在官方更加鞏固，而且還在沒有證據和廣泛論證的情況下，達到了強行推行的地步。譬如：

　　1、趁執筆《中國武術史》太極拳條之機，將虛假的「陳王廷創拳說」載入其中。寫到：

　　「趙堡太極拳早期傳人為陳氏十五世拳師陳青萍（1798～1868 年）。青萍師承於其族叔有本。有本所傳陳氏太極新架，架式與老架一樣寬大，逐漸揚棄了某些高

難度動作。青萍得傳後創編了一套架式小巧緊湊，動作緩慢的套路，傳於陳家溝鄰鎮趙堡，後人遂稱之『趙堡架』或『趙堡太極拳』。」「陳青萍入室弟子和兆元（1811～1891年）得傳後，悉心研究，傳授子弟。後世傳習者，將此拳架稱為『和式太極拳』。」

其實，對於趙堡太極拳的傳承，杜元化的著作（《太極拳正宗》），康先生是非常清楚的，陳清平傳承的是趙堡太極拳，與陳家溝無關，在他上面還有六代傳人，姓甚名誰清清楚楚。

康先生曾親自到趙堡鎮調查過，當時接待和陪同他的就有和有祿，後來和有祿在台灣《太極拳》雜誌發表的《趙堡和式太極拳源流特點及傳人》，如實的寫到：

「太極拳傳入趙堡鎮近四百年，代代承傳：由武當山張三豐輾轉傳至山西王林貞（字宗岳），文武兼備，學識淵博的王宗岳繼承了張三豐的太極拳經典，學而後化，創作了著名的《太極拳經》等理論。到明朝萬曆中葉，由王宗岳將太極拳傳給溫縣小留村人蔣發，再由蔣發將太極拳傳給趙堡鎮的邢西懷。以後邢西懷→張諸臣→陳敬柏→張宗禹→張彥等繩繩不絕歷經近二百年。趙堡鎮王圪壋村人陳清平，久慕張彥先生「拳藝非凡」，號曰「神手」，遂遷居趙堡拜師學藝（趙堡素有非趙堡人不傳之門規）。清平勤奮好學，經張彥悉心傳授，有繼承、有發展，成為趙堡鎮一代太極拳名師。他打破舊俗，因才施教，除傳子景陽外，還教了和兆元、李景彥、李作智、任長春、武禹襄等一大批武林佼佼者，為後來太極拳的傳播和發展付出了辛勤的勞動，他的功績為後人所尊崇。」

就是最好的證明。

　　《陳氏家譜》沒有陳清平之名，說明陳清平不是陳家溝的十五世孫，他世居王圪壋村，後遷趙堡經商，從趙堡拳師張彥學藝，張彥是其獲得真傳之業師。

　　康先生在這裡繼續玩手法，以便使和氏也歸入陳溝系列，之後的事實證明，康戈武不但是這麼說的寫的，更是這麼做的。

　　《中國武術史》中所述的趙堡拳史，完全是引用顧留馨《太極拳術》的說法，是不真實的。應該認為，《中國武術史》太極拳源流執筆之人康戈武先生在繼續宣傳唐、顧虛假的「陳王廷創拳說」，是心知肚明的造假，故意趁機塞進《中國武術史》，欺騙世人。

　　康先生為《陳氏太極拳圖說》重新出版寫序言時，曾經說，已經「三讀《陳氏太極拳圖說》」了。經過精讀、研讀之後，肯定對陳鑫的原話記得很清楚。陳鑫在《陳氏家乘》中說：「陳王廷，精太極拳。」沒有說過「創造太極拳」的話。陳鑫在 1928 年寫《辨拳論》，附在《和式太極拳譜》之末，也是康先生親自審閱、作序的著作，其中也說：「陳氏之拳不知仿自何人？自陳氏遷溫帶下，就有太極拳，後攻此藝者，代不乏人，如明之奏廷（王廷）。」這裡明明說，陳王廷是「後攻此藝者」當然不是「太極拳創始人」。

　　2、2007 年 8 月 21 日，又以中國武術協會的名義，在溫縣陳家溝召開聲勢浩大的「揭牌儀式」，授予陳家溝為「中國武術太極拳發源地」的稱號和牌匾。《人民日報》海外版，也向世界廣為宣傳，影響面巨大。武術界的

最高官員甚至還出面宣佈「經過眾多專家的潛心研究，認為陳家溝是中國的太極拳發源地，並為武術界所認可。」隨後，又在《中華武術》2007年12期，發表《解讀溫縣被命名為中國武術太極拳發源地》一文，有意弄虛作假，顛倒是非，其寫道：

「太極拳發源於溫縣，是一批批學者和武術研究、教學機構經過多年的考察和研究，反覆認定的結果。在這一考察和研究過程中，雖存有早於太極拳源自溫縣的傳說，但至今未發現經得住考證的翔實論據。」

「太極拳始自宋、張三豐」一語於1867年出現後，受到了當時健在的楊露禪和武禹襄等的質疑，作者李亦畬自己也感到此說無依據，因此，在「手訂」《太極拳譜》時將此語改定為「太極拳不知始自何人」，並以「亦畬手訂」的落款形式，告知讀者以此為準。

「王宗岳是位查無其人的託名符號。」

「一而再的考察，都找不到山右王宗岳實際存在的依據。顯而易見的是，山右王宗岳僅僅是出自武禹襄一人之口的人名符號。王宗岳沒有實際存在的可能，所謂王宗岳傳蔣發，蔣再傳他人的說法，也就失去了依據。」

其實，康先生這裡的「一批批」，無非就是唐豪、顧留馨，和他本人而已，別無他人。因為這裡所指的「**武術研究**」「**教學機構**」的「**考察和研究**」，最後只落到了幾個字……據唐豪考證。正像路迪民先生講的那樣：儘管唐豪的論點並不為多數學者和陳氏以外的其他流派所接受，但無論詭辯也罷，捏造也罷，唐豪還刀對刀槍對槍地針對各種具體問題和別人辯論。如今的唐豪繼承人，只剩下

「據唐豪考證」的「專家」了，反駁者千言萬語，無須理睬，甚至連唐豪、顧留馨都不敢捏造的事實，他們敢說敢寫（見路迪民《「疑古」思潮與唐豪的太極拳「考證」》）。

難道說陳家溝還有「**經得住考證的翔實論據**」嗎？回答只能是：肯定沒有！

《陳氏家乘》及其注和陳王廷的遺詩，均出自陳鑫一人之手，並且陳鑫本人也不認為陳王廷創拳；《陳氏家譜》陳王廷名旁的註釋是「森批」，即陳森的造假；至於《拳經總歌》則更無陳王廷的署名，陳家溝人還有說是陳長興的。

其實，歸根結底，還是戚繼光的《拳經》，試想，戚繼光拳經三十二勢，陳氏就抄有二十九勢，難道不說明問題嗎？事實上，《拳經總歌》與太極拳根本不是一回事；陳王廷創造雙推手，更無從談起，根本壓根就不靠譜；陳王廷也無名無望，完全是顧留馨為了包裝陳王廷的功名，而套用明朝做大官，與皇帝都有交情的河北省盧龍縣人陳王庭的事蹟，就連生卒（1600～1680）都是照此而推測出的，被人揭發，顏面掃地；到此還不甘心，又找到《縣誌》陳王廷，可是又有人指出，自古以來，重名重姓的何止一個縣、一個鄉、一個村啊！憑什麼說就一定是陳家溝的？再說，楊露禪、武禹襄、李亦畬、乃至楊澄甫，哪個說過陳家創拳？更不知陳王廷姓甚名誰！

「太極拳始自宋、張三豐」一語於 1867 年出現，至今少說也有一百三、四十年的歷史了，比起唐豪的「臆測」、顧留馨的包裝造假，其說服力要強萬倍。再說，李

亦畬的自改前說，也並非「否定」或「已自糾其前說之無據」。

　　對此，路迪民先生問過李亦畬的曾孫李光藩先生，李肯定地說，這是李亦畬認為太極拳的創始比張三豐更早，而不是更遲，並非「糾其前說之無據」。

　　說「王宗岳是位查無其人的託名符號」，比唐、顧都狠毒，唐、顧亦不曾敢說。「一而再的考察」，其實是不想考察、不考察，一心想抹去。因為王宗岳的實際存在，實在是唐、顧、康陳王廷創拳說的攔路虎，是剋星啊！山西新絳縣的太極拳家王宗岳早就在山西省武協副主席張希貴、中國武術學會副秘書長、原《中華武術》雜誌副主編周荔裳的著作論文中就出現過。怎麼說「查無其人」呢？現今，山西新絳縣太極拳傳人劉曄挺先生，經由多年的親自走訪調研，不但找到了王宗岳的後人，而且基本弄清了王宗岳太極拳的傳遞脈絡，事實勝於雄辯啊！

　　再說，這裡「眾多專家」所指誰呀？能公佈個姓名嗎？恐怕連屈指可數的幾個都沒有！《太極拳源流與發展研究》課題多少年都未能通過，已毫無聲息地流產了，這「認可」二字，又從何說起？

　　路迪民先生在「王宗岳蔣發考辨──兼與康戈武先生商榷」一文中，當談到康戈武的「解讀」時，他認為：這又是「一個費解的『解讀』」。他講到：

　　提到河南溫縣被命名為「中國武術太極拳發源地」，並由中國武術協會為其掛牌，使人不禁想起「此地無銀三百兩」的故事。埋了三百兩銀子，反要插上「此地無銀三百兩」的牌子。隔壁張三偷了，又換上「隔壁張三沒有

拿」的牌子。河南溫縣的「太極拳發源地」，不正因為愈來愈多的遭到駁斥，才要命名、掛牌，還得「解讀」嗎？而康先生的權威性《解讀》，倒使人們更加清楚地看到了這塊牌子到底有多大價值！

首先，作為對「中國武術太極拳發源地」的解讀，卻沒有拿出一條「太極拳發源」的證據。為什麼《陳氏家譜》中根本沒有「太極拳」的字樣？為什麼直到《陳氏太極拳圖說》的出版，陳氏族人也未提出陳家創太極拳，反而把《杜育萬述蔣發授山西師傳歌訣》作為附錄？《陳氏家譜》中陳王廷「陳氏拳手刀槍創始之人也」的「旁註」，是否可靠？如果可靠，為何是「旁註」？而且一直註到二十世紀的陳鑫兄弟，後面還有「森批」二字？陳王廷的長短句「悶來時造拳」，出現在陳鑫所寫的《陳氏家乘》中，有何理由證明這是陳王廷幾百年前的原作？陳氏《文修堂本》只記載了五套「捶」，沒有太極拳；《兩儀堂本》才把「頭套捶」亦稱太極拳或十三勢，而唐豪、顧留馨說陳氏拳有「五套十三勢」，算不算欺騙？所有這些關乎陳氏創拳的重要問題，康先生哪有一點一滴的「解讀」？

其次，康先生「謹取各式太極拳傳人的文據為憑」，證明「現傳各式太極拳皆溯源至河南省溫縣」，但他只敘述了各式太極拳自溫縣之後的「流」，而迴避了各派所述的太極拳之「源」。比如在敘述楊式太極拳和武式太極拳的「文據」時，都引用了李亦畬的《太極拳小序》，但都從原文中摘取拼湊了這樣一句話：「我郡楊某從『河南陳家溝陳姓』學太極拳。」而李亦畬的原文是：「其精微巧

妙，王宗岳論詳且盡矣。後傳至陳家溝陳姓。神而明者，代不數人。我郡南關楊某，愛而往學焉……」康先生顛倒順序，改變原文的做法，實難掩人耳目。對於趙堡太極拳，康先生乾脆排除在外，改用了新近樹立起來的「和式」太極拳。試問，除了陳式和「和式」之外，楊式、吳式、武式、郝式、孫式、李式太極拳，哪一個主要傳人的「文據」認為太極拳創自陳家溝？沒有！黃河經河南省流到山東出海，能否說黃河發源於河南？

康先生自然明白，迴避「源」的論述，只敘述溫縣之後的「流」，實屬空談。於是他還要「截流」，截流的著眼點就是否認王宗岳蔣發的存在。截流的工具，就是「1＋1＝0」和「走出傳說」「查無史據」等。如果說發展，康先生在這一點比唐豪、顧留馨多了一點技巧。可惜這些技巧，談不上真正的學術考證。《解讀》難解，也好解，「弄巧成拙，原來如此」而已。

路迪民先生發表在《武當》雜誌 2009 年第 4、5、6 期的「王宗岳蔣發考辨——兼與康戈武先生商榷」一文，對康戈武先生在《解讀》中提出的「王宗岳是位查無其人的託名符號」一說，亦給予了質疑和批評，他講：這是前人未曾有過的看法，可謂批判張三豐創拳說的「最新成果」。然而他依然忽略或有意迴避了一些重要史料，並不能解釋與王宗岳有關的諸多問題。

就王宗岳名字的出現，路迪民先生指出最少有以下幾個管道：

第一，當屬楊家的傳說和記載。楊家的祖傳說法，不是靠別人「考證」賦予的，王矯宇就親自聽到過楊祿禪講

述王宗岳收蔣發為徒的故事，《北平實報》的訪問記就是「記載」。許禹生、陳微明、楊澄甫的書都有記載。這比陳王廷創拳說屬於外人「考證」得來要可靠得多。如果硬要說楊家的傳說和記載是錯誤的，你得講出個道理來。是楊祿禪數典忘祖，出賣陳王廷，編造了一個師爺蔣發和師爺之師王宗岳嗎？有何證據？楊祿禪為什麼這樣做？這對楊家有何好處？否則，楊氏傳人能夠欺師滅祖地認為楊祿禪是數典忘祖嗎？

第二，是趙堡太極拳的傳說。趙堡太極拳有蔣發以下的明確傳承順序，蔣發之師，在杜元化《太極拳正宗》中稱王林楨，其他著作將王林楨亦稱王宗岳。西安侯春秀先生（1904～1985），是趙堡太極拳第七代傳人張應昌的後傳弟子。張應昌是張彥之子、陳清平的師弟，其傳授與和家無關（和兆元是陳清平弟子），也與杜元化無關（杜元化從學於陳清平再傳弟子任長春）。

路迪民先生早年得到侯春秀弟子傳抄的「武當趙堡太極拳源流」，稱「祖師：張三豐，宗師：王宗岳（林真）」，後面是蔣法（發）→邢西懷→張初臣→陳敬柏→張宗雨→張彥→張應昌、陳清平等。其中一些字的寫法與杜元化不同，如把「蔣發」寫成「蔣法（發）」，「邢喜懷」寫成「邢西懷」，「張楚臣」寫成「張初臣」，「張宗禹」寫成「張宗雨」。這顯然和杜元化所傳是兩個相似而互補的記載。其中的宗師是「王宗岳」，只把「林真」作為王宗岳的別名，說明「王宗岳」和「王林楨」是趙堡傳人早就知道的同一個人。

康戈武先生在《解讀》中認為杜元化的書中有「王林

槙」而沒有「王宗岳」之名，就斷定「『山右王宗岳』再次失去了實際存在的可能」，只能說明他只知其一，不知其二罷了。

第三，是李亦畬《太極拳小序》中「王宗岳論詳且盡矣」的記載。李亦畬的記述，必來自武禹襄，而武禹襄所聞，從楊家、趙堡。康戈武先生對王宗岳的出現，在同一篇文章中也有兩說。

他先認為姚繼祖在《武氏太極拳全書》所載的李亦畬《探太極拳之源》「是讀聊齋李超武技傳後……把王漁洋原文中的『關中人王宗』，寫成了『關中人王宗岳』」。後面又根據姚繼祖「文存」中武秋瀛為《太極拳論》寫的《跋》：「右論不知創自何人」，認為「山右王宗岳僅僅是出自武禹襄一人之口的人名符號」。

到底是武禹襄作假，還是李亦畬附會？康先生也是一筆糊塗賬。那麼，楊家、趙堡、吳式、孫式太極拳傳人，包括唐豪、顧留馨，是否都昏了頭，去盲從武禹襄和李亦畬的造假呢？

再說，李亦畬《探太極拳之源》和武秋瀛為《太極拳論》寫的《跋》，都是姚繼祖前些年才說的。路迪民先生問過李亦畬的曾孫李光藩先生，他否認李亦畬《探太極拳之源》和武秋瀛《跋》在李家的流傳。若有，李亦畬必然寫在「老三本」中，李福蔭、李懷蔭及武禹襄之孫武延緒也必然收入 1935 年的《李氏太極拳譜》中，但是都沒有。李光藩先生說，李亦畬的小序是寫給李氏後人看的，不涉及爭論。若要造假，為何不把《太極拳論》的作者加到自己頭上？

徐震在《太極拳考信錄》中，也充分肯定李亦畬《太極拳小序》中「王宗岳論詳且盡矣」的記載。他說：「武氏之學，出於陳氏，李氏既不諱言，寧需無端引王宗岳以自重。既不需引王宗岳以自重，自無偽造授受以欺人之理。然則謂王宗岳後傳陳家溝者，可為實錄矣。」

第四，是唐豪發現的《廠本拳經》。此本雖然發現較晚，但屬於乾隆抄本，其中太極拳經的標題就是「先師張三豐王宗岳傳留太極十三勢論」（見唐豪《太極拳宗師王宗岳考》中的照片）。

有人懷疑《廠本拳經》的真實性，路迪民先生也認為，這本書在考證王宗岳的同時，也是張三豐創拳說的證明，這是唐豪不希望的。而唐豪保留了全部原文，說明唐豪造假的可能性不存在。唐豪只是根據《廠本拳經》中的《陰符槍譜序》斷定「山右王先生」就是「山右王宗岳」，康先生卻用王宗岳「是明代人」的說法否定了唐豪的考證，而《廠本拳經》中「先師張三豐王宗岳傳留太極十三勢論」的標題，又該如何否定呢？

綜上所述，王宗岳是無法否定、確實存在的太極拳大師。

3、敢說「王宗岳沒有實際存在的可能」，認為《太極拳論》是出自武禹襄之手，只有康戈武辦得到！

王宗岳《太極拳論》被太極拳界奉為經典，它像航標、像燈塔、像北斗七星指引著在太極拳這塊土地上耕耘的人們去探索太極拳的最高境界。

康戈武在 1991 年河北永年國際太極拳聯誼會上的學術發言中，即認為《太極拳論》是出自武禹襄之手。

為探求這篇著名拳論出處的客觀情況，嚴翰秀先生（參見《中國太極拳》1994年第5期「《太極拳論》出處新說」）曾先後兩次到武禹襄的家鄉河北省永年縣廣府鎮、河南溫縣趙堡鎮趙堡鄉（即武禹襄向陳請萍學拳的地方）瞭解、訪問。在趙堡村，逐戶訪問了陳青萍的後代，陳青萍所傳的趙堡太極拳的傳人。在村黨支部書記、村長的大力支持下，召開了老拳師座談會，參加座談會的有陳青萍的直系傳人、和式太極拳的傳人十多人，他們是：和學儉、鄭鈞、王海洲、陳學忠、劉火森、劉清喜等。在逐戶訪問和座談會中，他們暢所欲言，回憶了趙堡太極拳代代相傳的歷史，也說到了武禹襄在趙堡學拳的情況，說到了《太極拳論》。

　　在談到《太極拳論》時，他們一致認為：《太極拳論》是陳青萍直接傳給武禹襄，並不是武禹襄的哥哥從鹽店所得再給武禹襄的。

　　據趙堡老拳師們說，武禹襄到趙堡村學太極拳時，正值陳青萍吃緊兩個官司。

　　一是陳青萍與義和團的頭領「鍾大哥」有厚交，清政府捉拿「鍾大哥」，陳青萍保護了他被官府知道而受牽連，這種官司是吃死罪的。

　　二是陳青萍的土地官司，他賣了土地未辦妥手續涉及繳交租稅的問題，這官司如果輸了就是變賣全部家產也不夠賠償。陳青萍面臨傾家蕩產、家庭崩潰和被殺頭的危險。武禹襄恰好在這關鍵時候找到陳青萍學拳，瞭解到陳青萍的險惡處境。

　　當時武禹襄的哥哥在舞陽縣當縣令，武禹襄透過他哥

哥幫陳青萍疏通關係，使陳青萍免去了官司之危。陳青萍為報武禹襄救命大恩，授他趙堡太極拳的精要，並傳他自己所得到上代相傳的拳論，包括現在流傳的《太極拳論》。

為何武氏返鄉後說《太極拳論》在舞陽鹽店所得而不說師傳的呢？

原因是這樣：趙堡太極拳自古以來嚴格遵守只傳村人，不傳外鄉人的村規，按村規，陳青萍是不能向武禹襄傳拳的，更不能將秘訣相授。但陳青萍教了武禹襄「月餘」，村人從陳青萍的境況出發，可以理解他授拳給武氏的行為。陳青萍怕授秘訣給武禹襄讓村人知道了不理解，就叮囑武不要說在他處得到這些要訣，說是在「舞陽縣鹽店」得到，舞陽縣是武禹襄哥哥當官的地方，屬武禹襄拳離不開他哥哥的幫忙，「鹽店」是「閻王殿」的諧音，授武氏拳訣是因為武氏將他從「閻王殿」裡救了出來，所以說從「閻王殿」得到。

這樣說，不暴露陳青萍傳訣的祕密，不使陳青萍公開違背村規，又暗示了陳青萍對武氏救命大恩的回報，也暗示了《太極拳論》的來源。「舞陽鹽店」一說，可說是非常巧妙地處理好了這一極難處理的問題。

那麼，武派太極的傳人對此有沒有真實的說明呢？回答是肯定的！

據《永年太極拳大事記》載：「咸豐壬子年（1852年），武河清與楊露禪較藝，河清負，是年赴豫從師陳清平，為師救難，師贈《王宗岳太極拳譜》；咸豐甲寅年（1854年），武河清與二甥李亦畬、李啟軒苦研陳清平

所授《拳譜》、《拳論》，並寫拳詮解。本年，楊露禪由武汝清介紹，到端王府教授太極拳。」（見《武當》2004年第5期）

據武式太極拳家喬松茂發表在《中華武術》1994年第4期《武式太極拳的源流及特點》所講：

武式太極拳是由清代永年人武河清在原趙堡太極拳的基礎上加以改創，尤其外甥李亦畲進一步完善的。

素聞河南趙堡鎮陳師清平拳藝精湛，禹襄乃於赴兄任所之便訪而從學。正值陳師有售出土地未撥丁名之憂和受人誣告入獄殺身之難，禹襄透過在舞陽當知縣的兄長武秋瀛，代為奔走而解之。陳師甚感其恩，隨傾心授藝相報，體示口解，備極詳盡。

陳師所授拳技與禹襄從太和堂學得的拳架大不相同，禹襄邊學邊練，並將所學拳理、拳訣作出札記，畫夜研習，悉得其髓，理法盡知。復將陳師所贈的《王宗岳定太極拳論》、《太極拳勢概要圖》、《拳論》一併抄繪攜歸。

魏坤梁先生在《武當》雜誌2011年第6期發表的「武禹襄太極拳古拳譜來源之謎」一文，對武禹襄所得《王宗岳太極拳譜》的途徑作了卓有成效的研究，最後分析指出：

顯然，「此譜得於舞陽縣鹽店」無論如何設想都存在著很難合理解釋的疑點，存在著難以自圓的破綻和邏輯推理上的不合理性。其中武禹襄於舞陽鹽店得譜的可能性是極小的或不可能的，武澄清於舞陽鹽店得譜的可能性也是不大的，很有可能「此譜得於舞陽縣鹽店」原本就子虛烏

有，沒有這麼回事。

　　而這「此譜……有者甚屬寥寥，間有一二者」必然就是指楊露禪和陳清平。也就是說，李亦畬先生的《太極拳譜·跋》中包含著一個不容否定的訊息，那就是李亦畬先生確認楊露禪和陳清平也是有王宗岳拳論等古太極拳譜的。由此也十分容易地使人聯想到武禹襄的古太極拳譜有可能是得自於楊露禪和陳清平的。

　　現在確有事實反映武氏的太極拳譜有可能是得自於陳清平的。如李亦畬先生後裔李錦藩先生的弟子喬松茂先生，在其所著的《武式太極拳詮真·武式太極拳的源流及特點》中講述說：武禹襄在趙堡「復將陳師所贈的王宗岳《太極拳論》、《太極拳勢概要圖》、《拳論》一併抄錄攜歸」。李錦藩先生的另一弟子孫建國先生在 2009 年也認同了這種說法，他在《武當》雜誌 2009 年第 8 期中的一文《武式太極拳之特點》中說：「武禹襄……到趙堡後得有《王宗岳太極拳論》《太極拳概要圖》等」。

　　另外，鄭瑞、譚大江先生編著的《武當趙堡太極拳小架》也記載了一位非武術人士保存有清雍正時趙堡太極拳傳人的手抄本拳譜，內有殘缺的王宗岳太極拳譜，反映清代雍正時趙堡太極拳傳人就收藏有王宗岳太極拳譜。陳清平的二傳弟子杜元化先生 1935 年出版的《太極拳正宗》中所載的陳清平之《太極拳總論》，其實就是《乾隆抄本》的第二首古歌訣與部分王宗岳拳譜。因此，陳清平有王宗岳拳譜的可能性是存在的。

　　既然如《永年縣誌》和李亦畬先生的《太極拳小序》所記載的武禹襄在陳清平處對於太極拳「精妙始得」，怎

麼會沒有得到王宗岳拳譜。

另外，武秋瀛《跋文》和李亦畬《太極拳小序》，對此也是一個極好的說明！

武式太極拳家賈樸先生早在《武林》雜誌 2005 年第 7 期發表「武秋瀛拳史《跋文》考——兼談太極拳的創始人」，其表述如下：

武式太極拳創始人武禹襄長兄武秋瀛老人酷愛太極拳，咸豐二年中進士，簽分浙江，後於 1854 年任河南舞陽縣知縣。後於光緒九年（1883）撰有太極拳史《跋文》一篇。

《跋文》第一段記載：「明季山右王宗岳傳於懷慶府武陟縣趙堡鎮蔣姓，蔣氏父子藝皆精越，數傳有張宗禹、張言，叔侄俱有盛名。」

《跋文》第三段記載：「近日趙堡鎮等村，習是拳者尚夥，若真能懂勁，藝且純熟者，未知有無其人也。」

按：《跋文》說明：「咸豐年間武陟縣趙堡鎮還是太極拳的活動中心」

此處又一次有力的證明，趙堡太極拳及其歷史真實可靠！

李亦畬 1867 年《太極拳小序》即云：太極拳始自宋・張三豐，其精微巧妙，王宗岳論詳且盡矣，後傳至河南陳家溝陳姓，神而明者，代不數人。我郡南關楊某，愛而往學焉。專心致志，十年有餘，備極精巧。旋里後，市諸同好，母舅武禹襄見而好之，常與比較，伊不肯輕易授人。僅能得起大概。素聞豫省懷慶府趙堡鎮，有陳姓名清平者，精於是技。踰年，母舅因公赴豫省，過而訪焉。研

究月餘，而精妙始得，神乎技矣。予自咸豐癸丑，時年二十餘，始從母舅學習此技，口授指示，不遺餘力，奈予質最魯，廿餘年來，僅得皮毛。竊意其中更有精巧。茲僅以所得筆至於後，名曰五字訣，以識不忘所學云。——光緒辛巳中秋念六日亦畬氏謹識

李濱先生對李亦畬《太極拳小序》很有研究，曾於《武當》雜誌 2009 年第 12 期發表「李亦畬《太極拳小序》研究」一文，明確說明：

李亦畬初稿所本者……其中，《十三勢論》題下標註：「先師張三豐，王宗岳存留十三勢論。」

馬印書從姨丈李亦畬處抄得《太極拳譜》，小序末題「丁卯端陽日亦畬李氏識」，乃李氏於 1867 年之初稿，首句作：「太極拳始自張三豐」。

「啟軒藏本」《廉讓堂太極拳譜》公開，馬甲鼎序說：「太極拳術，技而進乎道者也。溯自李唐，以迄明季，抱殘守缺，代有傳人。而集大成者，則武當張三豐真人也，故又稱武當派，蓋別於少林而言之。」

此拳譜還附錄「賜進士出身翰林院庶吉士理人武延緒撰並書」《先王父廉泉府君行略》和《李公兄弟家傳》。《行略》說：

「太極拳自武當張三峰後，雖善者代不乏人，然除山右王宗岳著有論說外，其餘率皆口傳，鮮有著作。」

《家傳》說：

「王父府君，公所從學拳法者也。先是河南陳某善是術，得宋‧張三峰之傳。先王父好之，習焉而精。」

很清楚，武、李後人都認為太極拳行功的歷史可以上

溯到李唐而為武當張三豐繼承發揚。這種認識當得之於武禹襄和李亦畬之親口相傳。可見李氏《小序》定稿抄寫時修改首句，乃是把太極拳創始的歷史放到張三豐以前的悠久年代去考察。

4、康戈武利用他的身分、講話，混淆視聽。

《中華武術》於 2007 年第 7 至 8 期，發表了康戈武先生在杭州楊式太極拳名家聯誼會上的講話，其中講到：

「從太極拳已經國際化來說，只要明確太極拳源於中國，由中國人創始，就足以詔告天下了。」

「有的先生，太極拳功夫很好，往往因為將一些毫無依據的傳說掛在嘴上，遭到人們不必要的非議。源流問題，讓擅長史學研究的人、專致學術研究的人去挖掘史料，考證論據，依實探究。」

至今，還未發現哪一個練太極拳的外國人不知道太極拳源於中國。好像外國人都是小孩子，都是可以蒙的，愛追根求源，打破砂鍋問到底，日本人幾十年前即追尋少林祖根，並且立碑，難道康先生不知嗎？說白了，就怕外國人弄明白唐、顧之說是假的。康先生作為國家武術管理中心科研部門負責人加武學專家之尊的身分說出這等話，的確令人費解、哭笑不得。

如果這個「傳說」真是「毫無依據」，傳人們能掛在嘴上嗎？肯定是師傳，「尊師重道」絕不含糊。真正「毫無依據」的才是唐、顧，是造假的源頭，傳人們肯定要毫不留情的予以揭露，就這一點，各家傳人們最有發言權，而不是相反。

武術源流研究的土壤也是各流派的傳承人，離開武術

傳承人的研究，還稱得上此項的「擅長史學研究的人、專致學術研究的人」嗎？

大家知道，關於太極拳源流史的研究，早年既有徐震、吳圖南等人的研究成果批駁唐豪之說。近幾十年來，在各家太極拳傳人的不懈努力下，又產生出了大量的研究成果。

特別是徐震、吳圖南、路迪民、李師融、于志鈞、李濱、戚建海、譚大江、嚴翰秀、孟乃昌、原寶山、張傑、王海洲、劉會峙、趙增福、顏紫元、裴錫榮、馮福明、鄭鈞、魏坤梁、金仁霖、歐陽學忠等人，特別值得一提的是李師融先生，他所著的《北派太極拳源流揭秘》、《古今太極拳譜及源流闡秘》更是這一研究的集大成。

他們這些人，大多都是太極拳界和武術界的傳人、專家、學者，他們中本身許多就是具有中高級職稱者，或是對武術史研究特別感興趣，且有相當研究水準的人。許多都有專著問世，研究成果的質量之高，幾乎很少有人能比，他們哪個拿過國家的專項經費？哪個不是懷著滿腔的熱情和正義感，安貧樂道，默默奉獻，嚴謹考究，揭露虛假和欺騙，正本清源，還歷史本來面目，這是康先生所指的那些「擅長史學研究的人」，所能相比的嗎？

康先生對於趙堡太極拳的傳人、傳承及其傳遞關係，無論是從「講話」還是「解讀」，都不曾看到其真實的講述，明知趙堡太極拳及其源流都是真實存在，從未間斷，並且蔣發、邢西懷、張楚臣、陳敬柏、張宗禹、張彥等，在陳溝、趙堡一帶都是家喻戶曉的歷代太極拳著名人物，大師或掌門人，這在陳鑫、陳子明的著作裡多多少少都有

反應，然而，康先生就是不願提及，唯恐觸及唐、顧假說的神經，因為這其中的、公認的太極拳大師與陳家溝無關，會揭穿造假者的老底，所以康先生採取了視而不見、拉走和氏（誘入陳溝）截留趙堡，並說「暫且不就杜育萬《太極拳正宗》一書的史料價值進行評述。」

由此，將太極拳著名的一大明宗趙堡太極拳，排除在陳、楊、武、吳、孫、李（李瑞東）之外，這正常嗎？歸根到底，趙堡太極拳的真實存在和源流史，是唐、顧、康論說的剋星！

5、招降納叛，投其趙堡和氏之所好（得以扶持、推廣和發展），支持和氏放棄祖傳的源流觀，只述至陳清平（以便官方將其歸入陳溝門下、陳王廷系列，之後的《陳氏太極拳誌》已這麼做了）。

為《和式太極拳譜》寫序，認可和兆元為和式太極拳的創始人（其實，無論是和式還是忽雷架，都是趙堡太極拳的分支，不但多年以前都認可，而且既就是把他們各自的拳架動作名稱、動作順序、甚至演練風格與陳鑫書中的動作、杜元化書中的動作，以及現有的蔣發→邢西懷→張楚臣→陳敬柏→張宗禹→張彥→張應昌→張汶→張金梅→張敬之→侯春秀→劉會峙書中的動作相比，很像同胞兄弟，僅是忽雷架的演練風格有變化，就這一比較，其後會有專文，不再贅述）。康的這種做法，與唐、顧也是同出一轍。

## 五 楊志英附和康戈武，險武禹襄於不義，使武氏蒙羞！

楊志英何許人也？

網上查找的資料是：楊志英 男，1965 年 11 月生，河北省永年縣人。從小酷愛武術，尤喜太極拳。18 歲上曲周師範期間，學習陳式太極拳，習練不輟。1989 年始學武式太極拳。1997 年正式拜武式太極拳大師胡鳳鳴先生為師，精研拳理，德藝雙修。現擔任武式太極拳研究會理事，永年武式太極拳推廣中心教師；廣府武式太極拳學校主任教練；多處武式太極拳活動中心輔導員。

此人更是了不得，不知是出於什麼目的，不但繼承康戈武的王宗岳只是個符號、《太極拳論》為武禹襄所作，更提出太極拳的創始人是武禹襄，真是大膽至極啊！

這位仁兄，先後發表了「王宗岳及其拳論之謎」（見《武魂》2006 年第 4 期）、「王宗岳其人」（見《太極》雜誌 2010 年第 5 期）、「李亦畬手書拳譜『丁丑本』發現始末及分析」（見《太極》2011 年第 1 期）、「『王宗岳太極拳譜』考」（見《武魂》2010 年第 11 期）等，都集中表現了他的思想。

其實，早在 2006 年，楊志英的說法拋出的當時，李秒豐先生即針對楊志英發表在《武魂》2006 年第 4 期的《王宗岳及其拳論之謎》的論點，在《武魂》2006 年第 7 期發表「《王論》豈能戲說」一文，對此給予了有力的批評，指出：

縱觀楊先生全文，不僅王宗岳的《太極拳論》為武禹

襄之作，就連太極拳也是楊（祿禪）、武（禹襄）共研、共創。這一結論對於沒有拳史研究的人，或蔑視其他拳派的人，可能認同或有同感。倘若你細心研究太極拳的發展史，瞭解各派之淵源，你就會發現，楊先生之言仍不過一種想像而已，似乎是在否了唐、顧之妄斷後，有再造第二個陳王廷之嫌！

關於王論，武氏未諭已作，李氏、郝氏等後人亦未明示或指正為武禹襄而作，單憑想像和推測是難成定論的，這樣做不僅不能解決問題，而且還會對太極拳史的研究造成更大的混亂！關於王論，不僅只有一篇拳論孤立存在，尚有《十三勢歌》和《打手歌》佐證。另外還有雖公世晚於武、李譜訣的，被太極界公認的「乾隆抄本」的太極拳古拳譜相校！

另外還要多掌握資料，不能因自己沒見過就否定！

路迪民先生也針對楊志英《王宗岳其人》和《李亦畬手書拳譜「丁丑本」發現始末及分析》，於《太極》雜誌2011年第2期發表「王宗岳及其『太極拳論』是武禹襄臆造的嗎？——兼論李亦畬抄本之演變及淵源」，對楊的論點提出了嚴厲的駁斥，指出：

在太極拳源流問題上，楊武兩家歷尊張三豐為太極拳始祖，以王宗岳為近代太極拳的開拓者。唐豪為了維護其陳王廷創拳說，把臆造「張三豐創拳」的罪名加在了武禹襄頭上。他說：「祿禪出身僮僕，無能臆造張三豐。禹襄廩貢生，博覽書史，若太極拳之附會張三豐，不出於禹襄，祿禪、亦畬、萊緒、延緒之說豈能盡同。」近年來，又有人否定王宗岳的存在，認為「王宗岳是位查無其人的

託名符號」。

令人驚奇的是，武派傳人中也有人否定王宗岳，認為武禹襄假托王宗岳寫了太極拳論。其觀點見永年楊志英先生在《太極》2010 年第 5 期發表的《王宗岳其人》和2011 年第 1 期發表的《李亦畬手書拳譜「丁丑本」發現始末及分析》。此說似乎在抬高武禹襄，實際是給武禹襄又加了一個造假的罪名。

透過實事求是的分析，路先生進一步指出：王宗岳的名字並非最早見於「老三本」，亦並非在李亦畬抄本中首次出現，丁卯本和丁丑本都比老三本要早，「王宗岳論詳且盡矣」之句以及王宗岳太極拳論早就在這裡出現了；王宗岳及其太極拳論的早期流傳，與老三本沒有必然關係，更不是李亦畬臆造。

在武禹襄李亦畬之前，王宗岳的名字早已出現，這是鐵定的事實，不容質疑！

楊家歷來認為楊式太極拳是王宗岳傳蔣發。楊式早於武式，故而更早知道並尊崇王宗岳，難道是楊祿禪在武禹襄假造了一個王宗岳之後，才給自己編造了一個師爺的師父嗎？

武禹襄初學於楊祿禪，後在趙堡鎮向陳清平學習。而趙堡太極拳傳人一直堅持其拳是由山西王宗岳（亦名王林楨）傳蔣發（第一代），蔣發傳邢喜懷……，陳清平是趙堡太極拳的第七代傳人。難道趙堡傳人也是在武禹襄假造了一個王宗岳之後，才給自己編造了一個七代之前的祖師？

近年還發現了雍正六年（1728 年）的趙堡太極拳資

料，其中有部分王宗岳《太極拳論》，此時距武禹襄出生還早八十多年，又該作何解釋？

楊志英先生引用了唐豪在《太極拳宗師王宗岳考》中的前幾句話：「試把太極拳著述中所記的王宗岳來一看，只見得一股附會、標榜、盲從交織的烏煙瘴氣……」並抄錄唐豪書中關百益的資料進行批判。殊不知，關百益認為內家拳的王宗就是王宗岳，固然有失誤，而關百益和唐豪都發現有王宗岳的太極拳論，卻是事實。關百益說：「辛亥秋，余獲太極拳經抄本於京師，其題有：山右王宗岳先生太極拳論。又題有：武當山先師張三豐，王宗岳流傳」。唐豪所得廠本拳經，標題就是《先師張三豐、王宗岳傳留太極十三勢論》。

唐豪所得與關百益所得的拳經並非同一渠道，標題幾乎完全相同，都有王宗岳的名字和拳論，難道乾隆的人也能得到武禹襄的臆造嗎？

抄本作為公開文獻，恐怕是 1935 年李福蔭、李槐蔭兄弟在山西出版的《廉讓堂太極拳譜》，這大概也是武派太極拳的第一本書。此時，楊式、吳式、陳式、趙堡的正式出版物都已問世。而其他流派在後期公開的早期文獻，在沒有充分證據之前，恐怕也不能隨意否定其早期存在吧！

最後，路先生又講，如果實事求是而不是閉目塞聽地面對這些從乾隆時代流傳至今的太極拳論，能說王宗岳及其太極拳論是武禹襄臆造的嗎？

著名學者、太極拳源流研究專家李師融先生針對楊志英的怪論，在《太極》雜誌 2011 年第 4 期上發表「太極

拳『發源地』『創始人』豈能隨意捏造——評楊志英先生《王宗岳其人》」，也進行了有力的駁斥，指出：

### 1、武禹襄不是《王宗岳拳譜》的作者

既然王宗岳的拳論都是武禹襄所著，為什麼李亦畬不說「太極拳之精微巧妙，武禹襄論，詳且盡矣。」武禹襄有沒有傳譜給陳家溝，陳家溝的「神而明者」是不是武禹襄造就的結果。既然是武禹襄傳藝陳家溝，為什麼在1852年還要到陳家溝向陳長興學習。

武禹襄、武萊緒、李亦畬，武萊緒的遺言就是最可信的證據，為什麼楊先生說「在沒有新的、有說服力的證據出現之前，贊成李紫劍的推論」。楊先生以李紫劍的推論，否定李亦畬、武萊緒的可靠證據。連自己的祖宗都不相信，這不是自欺欺人嗎？

### 2、這個論點，比唐豪的「清初陳王廷創造太極拳」，還要砍短二百年的太極拳史，對我國的太極拳源流有損無益。

楊先生是否掌握了全國各派的源流資料？如果對陳家溝、趙堡兩派的《王宗岳拳譜》的流傳一無所知，僅僅依靠永年的局部資料而作結論，無疑是坐井觀天。

「王宗岳拳譜」是王宗岳親自授予蔣發而在趙堡派內秘傳的，趙堡的歷代掌門都擁有全套的《王譜》，不單是陳清平擁有，在雍正六年，趙堡第四代傳人王柏青編著《太極秘術》的拳譜小冊子裡，其中也載有王宗岳的《太極拳論》。

楊祿禪所得的「王譜」來自陳長興之授予，時間是在第三次向陳長興學習，滿師歸家之時，即在祿禪宗師 40 歲時（1839 年），比武禹襄於 1852 年獲得陳清平授譜要早 13 年。這個事實，有楊祿禪的親口敘述為據。

### 3、以訛亂真掩蓋不了王宗岳的存在

既然已經弄清楚前人的誤導，時至今日，就不應該再把已經淘汰了的前人錯誤反覆炒作，干擾王宗岳的最新考證。

要鑑別有沒有「王宗岳」的存在，應該根據前人已經確認的線索深入調查，這兩個線索就是：王宗岳是山西人，王宗岳是蔣發的師父。因此，山西的太極拳傳人是最有發言權的人，趙堡傳人保留的關於王宗岳的史料，也很有參考價值。

新絳縣的劉曄挺先生就是決心繼承前人的調查，主動承擔了把家鄉的拳聖王宗岳光輝形象恢復起來的重任，為國家、為人民做出應有的貢獻。劉曄挺先生花了五年以上的時間，取得大量的王宗岳生平及太極拳在山西流傳的資料。這些考證結果均說明楊先生的《王宗岳其人》一文的觀點是完全錯誤的。

2010 年 8 月，筆者曾以通訊報導的形式，在《太極》雜誌 2010 年第五期上，以「太極拳史研究的最新突破——明代山西王宗岳家族譜系被發現」為題，向社會公開傳遞了山西新絳縣（古絳州）人劉曄挺先生經多年研究挖掘和整理王宗岳的情況，亦引起了楊志英先生的關注，隨即，楊先生即在《太極》雜誌 2010 年第 6 期上，以

「對《太極拳史研究的最新突破》的兩點質疑」為題，對拙文中「王宗岳，字林楨」提出質疑，並指出：

　　要知道，古人「名」與「字」屬於兩個概念。解放前，凡有點社會地位者，大都於本名之外，另起一個「字」，還可再加一別號。如蘇軾，姓蘇，名軾，字子瞻，號東坡。然而「字」不是隨隨便便而起，要與本名息息相關。所謂「名以正體，字以表德」。以「字」來表達本名的含意。古人「名」與「字」的使用格式大致有十種：並列式、聯貫式、註釋式、對立式、縱橫式、因果式、推理式、借典式、同一式、綜合式。

　　本人愚笨，才疏學淺，還不知哪個朝代把這十種格式納入法令頒佈！只是據劉曅挺先生的研究如實相告，並不知在人的「名」和「字」上，還有如此多的道道，便開始向學者們請教……，得到的答案也是沒見過有如此的規定。

　　為此，我訪問劉曅挺先生，他的回答是：「那只是『無聊者』與『無知者』拼湊的一種『八股』」、「如果說硬把每個人的『名』與『字』混扯一處，那完全是風馬牛不相及的牽強附會。試問『孫逸仙』和『中山樵』有什麼關係？『毛澤東』和『毛潤之』作何解釋？」。他還進一步的比方說，取名為「阿貓」「阿狗」的，它按你的格式來嗎？

　　李師融先生也為此撰寫了「論山西絳州關於王宗岳考證的真實性──兼與楊志英先生商榷」一文（見新浪網李師融博客），針對楊志英的文章和質疑，進行了回應！李先生講到：

上海的拳友張森生先生，於（2010 年）國慶長假期間專程乘飛機來到劉曄挺的家中，實地考察了一切調查證據。最後與曄挺先生結為知己的新友，歸程時，對劉曄挺先生表示：「陳家溝的『發源地』，假的就真不了，新絳縣的王宗岳考證，真的也假不了」。王宗岳的考證是太極拳源流大論戰的焦點。因為有了明代王宗岳的存在，清初的「陳王廷創拳說」就沒有立足之地。有了王宗岳的真實證據，張三豐首創太極拳《十三勢》的歷史事實，就有更充分的人證和物證。

　　認為山西絳州王宗岳實有其人，證據確鑿。立足於王宗岳家鄉的實地調查，劉曄挺先生就是王宗岳的家鄉人，也是王宗岳拳藝的當代傳人。向王宗岳後人（王武辰等）調查，具有極為優越的條件，而且已經進行了五年以上的調查，收集的材料很多。比外地的考證者，具有更多的發言權；堅持以兩份同源異流的證據互相印證，符合歷史事實而作結論。以王宗岳親傳弟子蔣發傳下的史料（趙堡太極拳的史料）為第二份同源異流的證據。例如：趙堡傳人鄭悟清的有關論述：

　　「明代萬曆年間，有山西陽城王宗岳者一行二人，由太行經趙堡渡黃河赴鄭州檢查生意。住宿趙堡，偶爾看見有練拳者，在店中議論，穿紫花布衫的天資好。被店主人聽見告知蔣發。蔣發當時求店主人同去見客人，經多方懇求允收門下。約定日期由鄭州回來，同路上山西學藝，歷時七年，蔣發忠誠於老師家庭，如同父子。因師年高，由師姐代師傳授藝術。因此，人稱趙堡太極拳為大姑拳。王宗岳老夫子無子，只有獨生女兒。對太極拳有高度修養。

人稱『華北大俠』。寫有《太極拳論》等著作，傳授藝術重選賢而教。傳授拳藝給女兒和鄭州孫某（因名字失傳，拳藝亦不傳人）。晚年傳授蔣發。」（引自《武當》雜誌創刊十週年精華本下卷，第154頁）

這與劉曄挺先生從山西王氏後人調查的結果，非常吻合；

王宗岳的身世，具有王氏後人和蔣發傳下的史料，為兩份同源異流的證據完全吻合，是無可非議的真憑實據；

「太極拳」的名稱，在明末的蔣發後期已經出現，王宗岳的《太極拳論》，原本是為註釋張三豐六首拳訣的歌訣三、四而譜寫。

劉曄挺先生向王氏後人調查所得的古拳名，就是「道士太極拳」。這是王氏後人的說法，並沒有超越時空的意思。

最後，李先生進一步確認「王林楨」就是王宗岳。說劉曄挺先生從王氏後人的調查中得知，王宗岳的父親是王祖通。其長兄王宗行。說明其父是「祖」字輩。下一代是「宗」字輩。所以，「宗岳」就是本名。「林楨」就是表字。「王林楨」的名稱，是蔣發傳下來「王老夫子」的表字，為趙堡一派傳人所公認，杜元化在《太極拳正宗》一書，正式以文字公之於世。「王林楨」就是王宗岳，是蔣發傳下的歷史證據，無可非議。

古人的本名和表字的命名。是由古人根據自己對某一個名稱的鍾愛而選擇的。既可以將「名」和「字」以一定的涵義聯繫起來，也可以按照自己的鍾愛而選定，楊先生所提出的十種格式不是法律，不能作為人人必須遵守的規

定。歷史上古人的「名」和「字」，互不相關者不乏其例。例如：張三豐的姓名有：張通，張全一、張君寶，張三豐、張三峰。可以說其「名」和「字」沒有什麼必然的聯繫。孫中山的本名是「孫文」，字「逸仙」。其「名」和「字」也沒有什麼聯繫；唐宋八大家的韓愈（768─824），字「退之」，其名和字也沒有任何聯繫。類似的例子還有許多。

　　不論古人或今人，每個公民都有自己的姓名權，自己認定的姓名應該得到社會的保護和尊重，不受詆毀和侵犯。對於自己的朋友、長輩、老師、先賢的既定表字，應該尊重，亂提意見是很不禮貌的行為。

　　王宗岳是六百年來深受歷代太極拳宗師的尊重的先賢，其親傳弟子蔣發向後人傳達，「王宗岳字林楨」是一個歷史事實。歷史事實與主觀推測相矛盾，應服從歷史事實，不能亂改古人的姓名。

## 六 強行掛牌，弄虛作假，欺世盜名，貽害無窮。

**1、虛假的發源地和太極拳創始人之說，的確爲地方贏得了不少的好處，這就是從上到下以官方行政的力量予以支持的根源。**

　　且看歷屆國際太極拳年會的情況資料，便會一目了然（見焦作市檔案局 2007 年 08 月 08 日內部資料第四期總第 23 期）：

　　第一屆國際太極拳年會 1992 年 9 月 5 日至 9 日，在溫縣舉行。

「本屆年會始終把『武術搭台、經貿唱戲』作為主旋律，舉行了大型商貿活動，積極吸引外商在溫縣經商辦企業。全縣共有 124 家工業企業的 247 類 1200 多種產品參展。經貿來賓達 1257 人，業務洽談成交總額逾 17 億元，引進資金 1.3 億元人民幣、400 萬美元，成立或商談創辦『三資』企業 15 家，為溫縣地方經濟注入了新的生機。」

第二屆國際太極拳年會 1993 年 9 月 5 日至 9 日，在溫縣舉行。「同時開展了大型經貿活動。」

第三屆國際太極拳年會 1994 年 9 月 5 日至 9 日，在溫縣舉行。

「同時經貿活動也取得豐碩成果。年會期間，5 家企業開工奠基，21 家企業竣工剪綵；項目洽談簽訂意向 52 個；業務洽談簽訂銷售合同 2.55 億元；引進資金實到位 2260 萬元，近期可望到位 1750 萬元；聘用非在職五大畢業生 38 人，大中專畢業生雙向選擇 10 人；物貿大會成交額達 150 萬元。」

第四屆國際太極拳年會 1996 年 8 月 22 日至 26 日，在溫縣舉行。

「年會期間，經貿活動碩果纍纍。洽談高科技項目 94 個，達成初步合作意向 55 家，正式簽訂合作意向書 11 份，尚有 44 個項目正在進一步洽談中；商貿活動參加單位 50 家，展銷商品上千種，累計成交額 175 萬元；全縣各工業企業與年會應邀的 22 家大集團公司進行了業務交流、洽談，已正式簽訂合同 4 家，累計成交額達 8488 萬元。」

第五屆國際太極拳年會 1998 年 8 月 22 日至 26 日，在溫縣舉行。

「武術搭台，經貿、旅遊唱戲，是舉辦此屆年會的宗旨。經貿暨高新技術項目洽談會掀起了年會經貿活動的高潮。年會期間，全市共有 215 戶企業參展，洽談會共發佈項目 560 項，簽訂經濟技術合作項目意向或合同 30 個，總投資 1.97 億元；高新技術項目發佈會和洽談會共有 50 餘家企業、200 餘人參加，55 個高新技術項目將進一步洽談；簽訂貿易合同 92 份，合同金額 2.83 億元，商品交易會成交額 40.3 萬元。與此同時，規模空前的旅遊熱在全市掀起，陳家溝、雲台山、青天河、嘉應觀等一處處景點向中外賓朋展現了獨具特色的魅力。」

中國·焦作第二屆國際太極拳年會 2002 年 8 月 28 日至 9 月 1 日，焦作市舉行。

「此屆年會實現了太極文化與焦作山水旅遊資源的有機結合，帶動了焦作旅遊開發和各項事業的發展，達到了以武會友、以景悅賓、宣傳焦作、共同進步的目的。」

中國·焦作第三屆國際太極拳交流大賽 2005 年 8 月 20 日至 24 日，焦作市舉行。

「在重點項目發佈暨項目簽約儀式上，共有 25 個項目現場簽約，總投資 21.58 億元人民幣，合同利用外來資金 19.57 億元人民幣。以武會友，不僅讓全市經貿、旅遊唱了一場大戲，也使全市企業界的經營理唸得到了一次飛躍。」

## 2、強行掛牌，弄虛作假，也爲地方武館趁機斂財開了方便之門。

現以《2010 中華太極拳傑出傳承人評選活動暨首屆中華太極拳傳承人大會通知》（以下簡稱〔通知〕）爲例，看看具體內容和情況，也會一目了然。

〔通知〕講：「2011 年 4 月上旬在太極拳發源地溫縣召開首屆」『中華太極拳傳承人大會』，並舉行『中華太極拳傑出傳承人』、『中華太極拳優秀傳承人』的命名、表彰儀式（具體方式和日期另行通知）。並在『中華太極拳傳承人大會』上進行首批拳師級傳承人、名師級傳承人和大拳師級傳承人的命名活動。」

在「入選權益」方面講：

入選「中華太極拳傑出傳承人」稱號的，組委會向其頒發：

1、「中華太極拳傑出傳承人」榮譽證書一個；

2、「中華太極拳傑出傳承人」水晶獎盃一個；

3、「中華太極拳傑出傳承人」綬帶一條；

4、「中華太極拳傑出傳承人」（入選標識刺繡）太極服一套；

5、贈送「中華太極拳傑出傳承人」彩色紀念畫冊一套。

入選「中華太極拳百名優秀傳承人」稱號的，組委會向其頒發：

1、「中華太極拳優秀傳承人」榮譽證書一個；

2、「中華太極拳優秀傳承人」獎牌一枚；

3、「中華太極拳優秀傳承人」綬帶一條;

4、「中華太極拳優秀傳承人」（入選標識刺繡）太極服一套;

5、製作「中華太極拳優秀傳承人」彩色紀念畫冊（如需要,另付工本費）。

在「參選費用」方面（這是關鍵）:

提交資料時預交「中華太極拳優秀傳承人」評選費、宣傳費 500 元（未通過初選的將全額返還）,當選「中華太極拳傑出傳承人」稱號後後經組委會通知須補交評選費、宣傳費 1500 元（共計 2000 元）,不能按時交費即視為棄選。

會後標明:

開戶行:中國建設銀行溫縣支行

賬　號:4100 1544 5100 5020 3669

全　稱:溫縣太極拳傳承人聯合會

聯繫方式

通訊地址:中國河南溫縣黃河路太極武術館中華太極拳傳承譜系編纂委員會 郵編:454850

聯繫人:劉洪奇

根據以上的通訊地址,可以看出,這個組織可能是溫縣太極武術館下屬的民辦組織,或者是憑空虛構的一個符號。

據說評選結果為:「傑出傳承人」45 名,「優秀傳承人」100 名（名單從略）總共入選 145 人,達 29 萬元。

榮譽是無價的,變相的用金錢來買賣「榮譽」,可想

而知，除了賣者斂財，就是買者有利可圖，別無其他，這就更加助長了壞的社會風氣。

說白了，出賣「榮譽」就是非法斂財。

可以看出，河南省溫縣太極拳傳承人聯合會是一個縣級以下的民辦組織，按照常識，它是無權對溫縣以外全國太極拳傳承人進行評選的，更無權授予全國級別的中華太極拳「優秀（傑出）」傳承人榮譽稱號的。其評選活動不但是越權行為，而且對被評選者每人收費貳仟元，也不符合評選先進的精神，這就是出賣「榮譽」。其性質與不法分子出賣假學歷（博士、碩士畢業證），以及買官賣官的非法行為沒什麼兩樣，只是程度不同罷了。可以認為，這就是欺詐斂財，結果是玷污了中華太極拳的神聖名譽。為此，只要有點責任心的人，都應該站出來予以無情的揭露。

綜上所述，太極拳史的研究，必須尊重歷史事實，尊重各太極拳派別的歷史傳承，絕不能人為的製造混亂，更不能為了私利或某種目的而瞎攪局，要抱有對歷史負責、對後人負責的態度，正如已故著名的太極拳大師、拳史研究專家吳圖南先生所說的決不「冤枉古人、欺騙今人、貽誤後人」，否則，就助長了極壞的風氣。

此文見 李萬斌著《武當張三豐承架太極拳》香港心一堂有限公司 2015 年 4 月初版

尊師重道 正本清源 ｜ 太極拳研究之匡正源流〈上〉

卷二————

拳史研究怪象

# 唐豪把陳溝七套「錘」
# 都說成是太極拳，誰敢信！

唐豪先生在《戚繼光拳經的研究及其評價·受戚氏拳經影響的近代拳法》中講：

「民國二十年春間，吾在上海認識了一位陳溝新架太極拳家陳子明先生。那時候的吾，因為看到太極拳風靡南北，而這類拳家的著述內容，幾乎無一不含有賊人思想的毒素，彼時恰巧得到一個短期間的清閒，便約同陳先生到他的家鄉去調查太極拳的衍變和蒐集當地關於此拳的史料，總算不白跑，結果，把太極拳的源源本本找了出來。」

（暫且不論「賊人思想的毒素」是什麼）這裡先讓我們看看他「源源本本找了出來」的「十三勢」是什麼？

## 十三勢
### 頭套

金剛搗碓，懶扎衣，單鞭，金剛搗碓，白鵝晾翅，摟膝拗步，斜行拗步，演手紅捶，金剛搗碓，披身捶，青龍出水，肘底看拳，倒捻紅，白鵝晾翅，摟膝拗步．閃通背，演手紅捶，懶扎衣，單鞭，雲手，高探馬，右左插腳，左蹬一腳，青龍戲水，踢二起，懷中抱月，左蹬一根，右踢一腳，演手紅捶，小擒拿，抱頭推山，單鞭，前

招後招，野馬分鬃，玉女穿梭，懶扎衣，單鞭，雲手，擺腳跌岔，金雞獨立，倒捻紅，白鵝晾翅，摟膝拗步，閃通背，懶扎衣，單鞭，雲手，高探馬，十字腳，指襠捶，黃龍絞水，單鞭，雀地龍，上步七星，下步跨虎，轉身擺腳，當頭炮。

## 二套

懶扎衣，單鞭，護心拳，前堂拗步，操手單鞭，拗步，斜行拗步，倒捻紅，拗步，通背，炮拳，單鞭，插腳，莊腳，炮拳，單鞭，二起根子，演手紅拳，左插腳，披身指襠，七星，五子轉還，左右拗步，攬手摻步，單鞭，左插腳，倒捻紅拗步。

## 三套——此名大四套錘

懶扎衣立世高強，拉下單鞭鬼也忙。出門先使翻身炮，望門簪去逞英豪。反堂莊，後帶著掩手紅拳。騎馬勢，下連著窩弓射虎。左拗步，十面埋伏。右拗步，誰敢爭鋒。庇身拳，勢如壓卵。指襠勢，高挑低擁。金雞獨立且留情，護心拳八面玲瓏。六封四閉勢難容，轉身劈打縱橫。上一步二換跟打，倒回來左右七星，翻花炮，打一個孤雁出群。下插勢，誰敢來攻。翻花舞袖如長虹，分門莊去喪殘生。轉身一錘打倒，兩腳穿莊難停。舞袖一推往前攻，回頭當陽炮沖。

## 四套——此名紅拳

太祖立勢高強，丟下斜行鬼也忙。上十堂打金雞獨立，刀對校死在當場。懶扎衣往裡就採，護心拳蓋世無雙。喝一聲小擒休走，一條鞭打進不忙。滾替腳眼前遮過，抓面腳死在胸膛。上三路，打黃鷹拿膝。下三路，抓

神沙使在臉上。即便抬腿，轉隨腰還，二龍戲珠，賽過神槍。跟子就起，忙把頭藏。雀地龍按下急三錘，打進著忙。上一步，打蛟龍出水。下一步，打正應情莊。騎馬勢，轉步吊打。虎抱頭，去時難防。要知此拳出何處，名為太祖下南唐。

### 五套

懶扎衣，單鞭，護心拳，前堂拗步，回頭披身，指襠，七星大掉炮，當頭炮，抽身打一炮，雁窩，拗攔肘，大紅拳，左山右山，前衝後衝，掩手紅拳，拗步單插腳，擺腳一堂蛇，金雞獨立，朝天鐙，倒捻紅，拗步‧通背，雲手，高探馬，十字腳，猿猴看果，單鞭，七星，跨虎，當頭炮。

### 炮錘架子

懶扎衣，單鞭，護心拳，前堂拗步，回頭披身，指襠，斬手炮，翻花舞袖，演手紅拳，拗攔肘，大紅拳，玉女攢梭，倒騎龍，連珠炮，演手紅拳，上步左右鼓邊炮，獸頭勢，拋架子，演手紅拳，伏虎勢，回頭抹眉紅拳，上步黃龍左右三攬水，前衝後衝，演手紅拳，上步轉脛炮，演手紅拳，全炮錘，演手紅拳，上步倒插二朵紐，抹眉紅拳，上步當頭炮，變勢大掉炮，斬手炮，順攔肘，窩裡炮，井攔直入。

十五拳，十五炮，走拳用心。

### 看到了吧！

這就是唐豪所指的太極拳，如果說第三套是「大四套錘」，我們是否可以認為「頭套」「二套」「五套」就是

「小套錘」，因為其他幾套很明確，就叫「四套——此名紅拳」「炮錘架子」「十五拳，十五炮，走拳用心。」偏偏就是沒有「太極拳」的任何字樣！

「要知此拳出何處，名為太祖下南唐。」說的再清楚不過了，這都是戚氏「紅拳」及其炮錘的遺存，怎麼能睜著眼說是太極拳呢？

如果說剛烈異常、爆發凶猛，即使「形意」「南拳」「八極」都汗顏、自嘆不如的「炮錘」，都能自稱「太極拳」，那哪個武術拳種不能稱自己的「拳」也是「太極拳」呢？

難怪直到現在，官方武術研究機構對「太極拳」也下不出一個科學而完整地定義！

大家可以展開討論，因為真理總會越辯越明！

# 唐豪所說的「太極長拳譜」 也是在編造

　　《武當》2018 年第 1 期發表了《請看唐豪尋求的太極拳源》，這一次，讓我們繼續看看唐豪尋求的太極長拳！

　　唐豪在 1958 年發表的「太極拳的發展及其源流」中說：

　　陳溝《長拳譜》與明朝戚繼光《拳經》相同的有：懶扎衣、金雞獨立、探馬拳、七星拳、倒騎龍、懸腳虛、丘劉勢、拋架子、拈肘勢、一霎步、擒拿勢、下插勢、埋伏勢、井欄直入、鬼蹴腳、指襠勢、獸頭勢、伏虎勢、高四平、倒插勢、小神拳、雀地龍、一條鞭、朝陽手、雁翅勢、跨虎勢、拗鸞肘、當頭炮、順鸞肘等 29 個勢。

　　陳溝《長拳譜》的歌訣完全和戚繼光《拳經》相同的有：「七星勢手足相顧（洪洞勢作拳）、丘劉勢左搬右掌（洪洞作丘掤手左扳右掌）、獸頭勢如牌挨進（洪洞作壽桃勢如牌低進）、朝陽手遍身防腿（洪洞遍作便）、跨虎勢那移發腳（洪洞那作挪）、當頭炮勢衝人怕（洪洞相同）」等句。

　　那麼，所謂「陳溝《長拳譜》」和長拳「歌訣」在哪裡？怎麼來的？

　　1935 年 12 月唐豪著《戚繼光拳經》出版，其中 14

至 21 頁收錄有唐豪收藏的陳省三本太極拳譜（亦稱三省堂本），說明了其出處：

民國二十年春間，吾在上海認識了一位陳溝新架太極拳家陳子明先生。……便約同陳先生到他的家鄉去調查太極拳的衍變和蒐集當地關於此拳的史料，總算不白跑，結果，把太極拳的源源本本找了出來。

找到了除我們在《武當》2018 年第 1 期文章看到的所謂「十三勢：頭套、二套、三套——此名大四套捶、四套——此名紅拳、五套、炮錘架子、十五拳，十五炮，走拳用心」（都是戚氏「紅拳」及其炮捶的遺存）外，就有所謂的「長拳譜」和其中的所謂「歌訣」。文首稱「長拳譜」三個字，文末稱「此是長拳，熟習者得之耳。」十個字。見下：

**長拳譜**

懶扎衣，立勢高強。丟下腿，出步單鞭。七星拳，手足相顧。探馬拳，太祖傳留。當頭炮，勢衝人怕。中單鞭，誰敢當先。跨虎勢，挪移發腳。拗步勢，手腳和便。獸頭勢，如牌挨進。拋架子，短當休延。孤身炮，下帶著翻花舞袖。拗鸞肘，上連著左右紅拳。玉女攢梭，倒騎龍，連珠炮，打的是猛將雄兵。猿猴看果誰敢偷。鐵樣將軍也難走。高四平乃封腳套子，小神拳使火焰鑽心。斬手炮打一個順鸞藏肘，窩裡炮打一個井欄直入。庇身拳。吊打指襠勢。朧揭膝，金雞獨立，朝陽起鼓，護心拳，專降快腿。拈肘勢，逼退英雄。喝一聲小擒休走，拿鷹捉兔硬開弓。下插勢，閃驚巧取。倒插勢，誰人敢攻。朝陽手，遍身防腿。一條鞭，打進不忙。懸腳勢，誘彼輕進。騎馬

勢，衝來敢當。一霎步，往裡就蹉。抹眉紅·蓋世無雙。下海擒龍。上山伏虎。野馬分鬃。張飛擂鼓。雁翅勢，穿莊一腿。劈來腳，入步連心。雀地龍按下，朝天鐙立起。雞子解胸。白鵝晾翅。黑虎攔路。胡僧托缽。燕子啣泥。二龍戲珠，賽過神槍。邱劉勢，左搬右掌。鬼蹴腳，捕前掃後轉上紅拳。霸王舉鼎。韓信埋伏。左山右山。前衝後衝。觀音獻掌。童子拜佛。翻身過海。回回指路。敬德跳澗。單鞭救主。青龍獻爪。餓馬提鈴。六封四閉。金剛搗碓。下四平，秦王拔劍。存孝打虎。鍾馗服劍。佛頂珠。反堂莊。望門簪。演手紅拳。下壓手，上一步封閉捉拿：往後一收，推山二掌。羅漢降龍，右轉身紅拳。右跨馬右搭袖，左搭袖，回頭摟膝拗步。扎一步，轉身三請客。掩手紅拳，單鳳朝陽，回頭高四平。金雞曬膀，托天叉，左搭肩，右搭肩，天王降妖。上一步，鐵幡桿。下一步，子胥拖鞭。上一步，蒼龍擺尾。雙怕手，仙摘乳，回頭一炮。拗鸞肘。跺子二紅。仙人捧盒。夜叉探海。劉海捕蟾。玉女捧金盒。丟手，收手，刺掌，搬手，推手。直符送書，回頭閃通背。打一窩裡炮，演手紅拳。回頭左右插腳，五子轉還，鬢邊斜插兩枝花，收回去雙龍探馬，窩裡一炮誰敢當。上一步邀手不叉，摟手一拳，推倒收回，交手可誇。招上顧下最無住，偷腳一腿馬比殺。急三錘，打如風快。急回頭，智遠看瓜。往前收，獅子抱球。展手一腳踢殺，回頭二換也不差。直攢兩拳，轉身護膝勢。當場接定，收回看肘並看花。誰敢當我大提，立下上一步，蛟龍出水。後一打，反上情莊。急三錘，往前搠打。開弓射虎推不怕，收回來馬前斬草。上一挑又代紅少，刺回接定

滿天星，誰與我比並高下。

　「此是長拳，熟習者得之耳。」

## 戚繼光《拳經》與陳溝《長拳譜》的比較

| 勢序 | 戚繼光《拳經》 | 陳溝《長拳譜》 |
|---|---|---|
| 1 | 「懶扎衣」出門架子，變「下勢」霎步「單鞭」，對敵若無膽向先，空自眼明手便。 | 懶扎衣，立勢高強。丟下腿，出步單鞭。 |
| 2 | 「金雞獨立顛起，裝腿橫拳相兼，搶背臥牛雙倒，遭著叫苦連天。 | 金雞獨立，朝陽起鼓。 |
| 3 | 「探馬」傳自太祖，諸勢可降可變，進攻退閃弱生強，接短拳之至善。 | 探馬拳，太祖傳留。 |
| 4 | 「拗單鞭」黃花緊進，披挑腿左右難防，搶步上拳連劈揭，「沉香勢」推倒太山。 | 中單鞭，誰敢當先。 |
| 5 | 「七星拳」手足相顧，挨步逼上下提籠，饒君手快腳如風，我自有攪沖劈重。 | 七星拳，手足相顧。 |
| 6 | 「倒騎龍」詐輸佯走，誘追入遂我回衝，恁伊力猛硬來攻，怎當我連珠炮動。 | 倒騎龍，連珠炮，打的是猛將雄兵。 |
| 7 | 「懸腳虛」餌彼輕進，二換腿決不饒輕，趕上一掌滿天星，誰敢再來比並。 | 懸腳勢，誘彼輕進。 |
| 8 | 「丘劉勢」左搬右掌，劈來腳入步連心，挪更拳法「探馬」均，打人一著命盡。 | 邱劉勢，左搬右掌。 |
| 9 | 「下插勢」專降快腿，得進步攪靠無別，鉤腳鎖臂不容離，上驚下取一跌。 | 下插勢，閃驚巧取。 |

| 10 | 「埋伏勢」窩弓待虎，犯圈套寸步難移，就機連發幾腿，他受打必定昏危。 | 左拗步，十面埋伏。 |
|---|---|---|
| 11 | 「拋架子」搶步披掛，補上腿那怕他識，右橫左採快如飛，架一掌不知天地。 | 拋架子，短當休延。 |
| 12 | 「拈肘勢」防他弄腿，我截短須認高低，劈打推壓要皆依，切勿手掌忙急。 | 拈肘勢，逼退英雄。 |
| 13 | 「一霎步」隨機應變，左右腿衝敵連珠，恁伊勢固手風雷，怎當我閃驚巧取。 | 一霎步，往裡就蹉。 |
| 14 | 「擒拿勢」封腳套子，左右壓一如四平，直來拳逢我投活，恁快腿不得通融。 | 喝一聲小擒休走，拿鷹捉兔硬開弓。 |
| 15 | 「井欄四平」直進，剪臁踢膝當頭，滾穿劈靠抹一鉤，鐵樣將軍也走。 | 窩裡炮打一個井欄直入。 |
| 16 | 「鬼蹴腳」搶人先著，補前掃轉上紅拳，背弓顛披揭起，穿心肘靠始難傳。 | 鬼蹴腳，捕前掃後轉上紅拳。 |
| 17 | 「指當勢」是個丁法，他難進我好向前，踢膝滾躦上面，急回步顛短紅拳。 | 指襠勢，高挑低擁。 |
| 18 | 「獸頭勢」如牌挨進，恁快腳遇我慌忙，低驚高取他難防，拽短披紅衝上。 | 獸頭勢，如牌挨進。 |
| 19 | 「中四平勢」實推固，硬攻進快腿難來，雙手逼他單手，短打以熟為乖。 | 下四平，秦王拔劍。 |
| 20 | 「伏虎勢」側身弄腿，但來湊我前撐，看他立站不穩，後掃一跌分明。 | 下海擒龍。上山伏虎。 |
| 21 | 「高四平」身法活變，左右短出入如飛，逼敵人手腳無措，恁我便腳踢拳錘 | 高四平乃封腳套子。 |
| 22 | 「倒插勢」不與招架，靠腿快討他之贏，背弓進步莫遲停，打如谷聲相應。 | 倒插勢，誰人敢攻。 |

| 23 | 「神拳」當面插下，進步火焰鑽心，遇巧就拿就跌，舉手不得留情。 | 小神拳使火焰鑽心。 |
| 24 | 「一條鞭」橫直披砍，兩進腿當面傷人，不怕他力粗膽大，我巧好打通神。 | 一條鞭，打進不忙。 |
| 25 | 「雀地龍」下盤腿法，前揭起後進紅拳，他退我雖顛補，衝來短當休延。 | 雀地龍按下，朝天鐙立起。 |
| 26 | 「朝陽手」偏身防腿，無縫鎖逼退豪英，倒陣勢彈他一腳，好教師三喪。 | 朝陽手，遍身防腿。 |
| 27 | 「雁翅」側身挨進，快腿走不留停，追上穿莊一腿，要加剪劈推紅。 | 雁翅勢，穿莊一腿。 |
| 28 | 「跨虎勢」挪移發腳，要退去不使他知，左右跟掃一連施，失手剪刀分易。 | 跨虎勢，挪移發腳。 |
| 29 | 「拗鸞肘」出步顛剁，搬下掌摘打真心，拿陰捉兔硬開弓。 | 拗鸞肘，上連著左右紅拳。 |
| 30 | 「當頭炮」勢衝人怕，進步虎直攛兩拳，他退閃我又顛端，不跌倒他也忙然。 | 當頭炮，勢衝人怕。 |
| 31 | 「順鸞肘」靠身搬，打滾快他難遮攔，復外絞刷回拴，肚搭一跌，誰敢爭前。 | 斬手炮打一個順鸞藏肘。 |
| 32 | 「旗鼓勢」左右壓進，近他手橫劈雙行，絞靠跌人人識得，虎抱頭要躲無門。 | 朝陽起鼓。 |

（戚氏《拳經》見顧留馨著《太極拳術》1982 年 9 月第 1 版上海教育出版社 432 至 442 頁）

　　唐豪說：「陳溝傳譜上抄有戚繼光《拳經》，這是陳溝《長拳譜》中二十九個勢採自戚繼光拳經的一個有力佐證。」這是說對了。

但從上表看，戚繼光《拳經》三十二勢盡顯陳溝長拳譜，而不僅僅是 29 個勢。其中，七星拳手足相顧、邱劉勢左搬右掌、獸頭勢如牌挨進、朝陽手遍身防腿、跨虎勢挪移發腳、當頭炮勢衝人怕等六句歌訣確實一字不差；探馬傳自太祖與探馬拳太祖傳留、「倒騎龍」連珠炮動與倒騎龍連珠炮、懸腳虛餌彼輕進與懸腳勢誘彼輕進、「下插勢」上驚下取與閃驚巧取、補前掃轉上紅拳與捕前掃後轉上紅拳、「神拳」火焰鑽心與神拳使火焰鑽心、「一條鞭」橫直披砍與一條鞭打進不忙、「雁翅」穿莊一腿與雁翅勢穿莊一腿、拿陰捉兔硬開弓與拿鷹捉兔硬開弓、誰敢再來比並與倒插勢誰人敢攻等十句幾近無差⋯⋯

陳溝的這個「三省堂譜」，我們也只是聽唐豪說，見到的也只是唐豪收錄在他書裡的，真正的原件誰也沒有見到！

2003 年和有祿在人民體育出版社出版《和式太極拳譜》，其中收錄有道光二十三年六月（1843 年）「陳季甡抄本」和陳鑫 1928 年抄本，均為原件，現在我們可以透過比較，查出真相！先看《陳季甡抄本》與「陳省三本」的比較：

# 「陳季甡抄本」與「陳省三本」的比較

| 序號 | 陳季甡抄本 | 陳省三本 | 備註 |
|---|---|---|---|
| 1 | **內一件**<br>　　頭套捶<br>　　懶扎衣、單鞭、白鵝掠翅、斜行拗步、正拗步、掩手肱捶、披身出手、肘底看拳、倒捻紅、白鵝掠翅、摟膝拗步、閃通背、懶扎衣、單鞭、雲手、高探馬、左右插腳、往後跳一腳、打一捶、回頭二起、左踢一腳、右蹬一跟、捲手擒拿、抱頭推山、懶扎衣、單鞭、前後照、野馬分鬃、懶扎衣、單鞭、玉女穿梭、推山勢、單鞭、雲手、擺腳、一堂蛇、金雞獨立、朝天蹬、倒捻紅、拗步、閃通背、單鞭、雲手、高探馬、十字腳、指襠、黃龍三絞水、單鞭、上步七星、下步跨虎、轉過當頭炮、懶扎衣、單鞭、護心捶、前趟拗步、操手、單鞭、拗步、斜行拗步、倒捻紅、拗步通背、炮錘。 | **十三勢**<br>　　頭套捶<br>　　懶扎衣、單鞭、白鵝掠翅、斜行拗步、正拗步、掩手肱捶、披身出手、肘底看拳、倒捻紅、白鵝掠翅、摟膝拗步、閃通背、懶扎衣、單鞭、雲手、高探馬、左右插腳、往後跳一腳、打一捶、回頭二起、左踢一腳、右蹬一跟、捲手擒拿、抱頭推山、懶扎衣、單鞭、前後照、野馬分鬃、懶扎衣、單鞭、玉女穿梭、推山勢、單鞭、雲手、擺腳、一堂蛇、金雞獨立、朝天蹬、倒捻紅、拗步、閃通背、單鞭、雲手、高探馬、十字腳、指襠、黃龍三絞水、單鞭、上步七星、下步跨虎、轉過當頭炮、懶扎衣、單鞭、護心捶、前趟拗步、操手、單鞭、拗步、斜行拗步、倒捻紅、拗步通背、炮錘。 | 兩本一致 |

| | 二套捶 | 二套 | |
|---|---|---|---|
| 2 | 單鞭、二起、根子、操手、左插腳、披身、指襠、七星、五子轉還、左右拗步、絞水摻步、單鞭、右插腳、倒捻紅、拗步。 | 懶扎衣，單鞭，護心拳，前堂拗步，操手單鞭，拗步，斜行拗步，倒捻紅，拗步，通背，炮拳，單鞭，插腳，莊腳，炮拳，單鞭，二起根子，演手紅拳，左插腳，披身指襠，七星，五子轉還，左右拗步，攬手摻步，單鞭，左插腳，倒捻紅拗步。<br><br>懶扎衣立世高強，拉下單鞭鬼也忙。出門先使翻身炮，望門簪去逞英豪。反堂莊，後帶著掩手紅拳。騎馬勢，下連著窩弓射虎。左拗步，十面埋伏。右拗步，誰敢爭鋒。庇身拳，勢如壓卵。指襠勢，高挑低擁。金雞獨立且留情，護心拳八面玲瓏。六封四閉勢難容，轉身劈打縱橫。上一步二換跟打，倒回來左右七星，翻花炮，打一個孤雁出群。下插勢，誰敢來攻。翻花舞袖如長虹，分門莊去喪殘生。轉身一錘打倒，兩腳穿莊難停。舞袖一推往前攻，回頭當陽炮衝。 | 二套捶基本一致<br><br>此為陳季甡本四套捶 |

| | | | |
|---|---|---|---|
| 3 | **三套捶**<br><br>懶扎衣、單鞭、跨虎、翻花炮、前趙拗步、騎馬勢、窩弓射虎、左右七星、小紅拳、吊打、斬手、黃龍三絞水、前後衝、玉女穿梭、掩手、腰攔肘、急回頭、左右七星、攢過中單鞭、上插下插、翻花炮、荒手、玉女穿梭、當頭炮。 | | 陳省三本無 |
| 4 | **四套捶**<br><br>懶扎衣立勢高宏，插口單鞭鬼也驚。出門先使翻花炮，往後簪去呈英雄。反堂壯後帶著掩手肱捶，騎馬勢下連著窩弓射虎兵，左拗步十面埋伏，右拗步誰放爭手，披身捶勢如壓卵，指襠勢高跳底崩，金雞獨立且留情，護心捶八面玲瓏，六封四閉勢難容，轉身臂打且縱橫，上一步二換跟打倒面來，左右七星翻花炮，打一個孤雁出群，下插勢誰放來攻，翻花舞袖如長蛇，分門壯去口才生，轉身一捶打，兩腳跳起不停，舞袖一推前打，回頭當口炮。終。 | | 在陳省三本二套下 |

| | | | |
|---|---|---|---|
| 5 | **又四套**<br><br>懶扎衣、單鞭、雲手、趺腳、上步七星、下步跨虎、左翻花、右舞袖、騎馬勢、窩弓射虎、當頭炮、大卓炮、抽根炮、掩手、上下插、玉女穿梭、披身、指襠、斬手、伏虎、朝陽肘、小擒拿、抱頭推山、穿梭、左拗步、右插腳、右擺腳、一堂蛇、二起、右踢腳、右蹬根、掩手、抱頭推山、穿梭、右拗步、七星、舞袖、玉女穿梭、中單鞭、分門壯、一拳打倒、兩腳不停、倒捻紅、蹬根、舞袖、玉女穿梭、倒騎龍、擺腳、當頭炮。 | | 陳省三本無 |
| 6 | **小四套**<br><br>太祖立腳勢高強，丟下單鞭鬼也忙。上下堂打朝天蹬，刀對梭認在當場。懶扎衣任裡就持，護心捶蓋世無雙。喝一聲小擒休步，一條鞭打進不忙。滾替腳當面遮過，抓面腳使在胸膛。上山路打一個黃鷹拿勝，下三路抓神沙使在臉上。即便抬腿隨腰環，二龍吸水賽神槍。根子就起忙把頭藏， | **四套—此名紅拳**<br><br>太祖立勢高強，丟下斜行鬼也忙。上十堂打金雞獨立，刀對校死在當場。懶扎衣往裡就採，護心拳蓋世無雙。喝一聲小擒休走，一條鞭打進不忙。滾替腳眼前遮過，抓面腳死在胸膛。上三路，打黃鷹拿膝。下三路，抓神沙使在臉上。即便抬腿，轉隨腰還，二龍戲珠，賽過神槍。跟子就 | 兩本一致 |

| | | |
|---|---|---|
| | 雀地龍鋪身按下，急三捶打進著慌，上一步蛟龍出水，下步打正應口口，騎馬勢轉步調虎，推山勢去時難防，要知此拳出何出，名為太祖下南堂。 | 起，忙把頭藏。雀地龍按下急三錘，打進著忙。上一步，打蛟龍出水。下一步，打正應情莊。騎馬勢，轉步吊打。虎抱頭，去時難防。要知此拳出何處，名為太祖下南居。 | |
| 7 | **五套**<br>　　懶扎衣、單鞭、護心捶、前趔拗步、回頭披身、指襠、七星、大卓炮、抽身炮、鷹窩、腰口口、大紅拳、左右山、前衝後衝、掩手、拗步、單插腳、擺腳、一堂蛇、金雞獨立、朝天蹬、倒捻紅、口步通背、雲手、高探馬、十字腳、猿看果、單鞭七星、跨虎、當頭炮。 | **五套**<br>　　懶扎衣，單鞭，護心拳，前堂拗步，回頭披身，指襠，七星大掉炮，當頭炮，抽身打一炮，雁窩，拗攔肘，大紅拳，左山右山，前衝後衝，掩手紅拳，拗步單插腳，擺腳一堂蛇，金雞獨立，朝天鐙，倒捻紅，拗步．通背，雲手，高探馬，十字腳，猿猴看果，單鞭，七星，跨虎，當頭炮。 | 兩本一致 |
| 8 | **三十六勢滾跌法**<br>　　**騰手**：一抗二嘆三摺四靠五撤六邀。白馬臥欄：一臥二靠三坐四撤五掛六爭。<br>　　**裡鸞手**：一撥二拿三肘四拍五按六搭。外鸞手：一槍二拜三肘四擄五掃六嘆。<br>　　**裡摺手**：一被二靠三探四膝五按六掛。外摺手：一按二難三被四靠五掃六擄。 | | 陳省三本無 |

| | | 陳省三本無 |
|---|---|---|
| 9 | **短打**<br><br>裡抱頭推山破抱頭推山，裡順水推舟破順水推舟，裡推山塞海破推山塞海，裡順手穿心肘破順手穿心肘，裡鐵番桿三封打身，拐裡拱手外丟手，騰手裡打，裡丟手斬手，外靠裡打，外童子拜觀音，單風炮，袖裡一點紅，順手搬打破順摺手，倘風閉門鐵扇子，拗摺手倘風破順手搬打，破拗手摺打，破順手倘風，破拗摺倘風，裡丟手，抽樑換柱，裡丟手外壓靠打，順手上肘，率掌，拗手，壓手上肘，率掌，猿猴開領，喜鵲過枝，順手搬打橫壓，拗手搬打橫壓，雁子浮水破順水搬打橫壓，破拗手搬打橫壓，橫攔肘，拗攔肘，面推掌，銅蛇入洞，朝天一炷香，封閉捉拿，裡靠外靠，十字靠，飛仙掌，搶拳推心掌，推面掌搭掌，推肚跌裡丟手，攔外撒腳跌，提炮，斬手，滾手，壓手推打，掩手拍探打，斬手，滾手，折手撩打，高跳低進，掏攄搠打，低警攻取，閃警巧取，火焰攢心，橫直劈 | |

| | | |
|---|---|---|
| | 砍，拗摺手，外拴肚，順摺手，裡拴肚，不遮不架，鍾馗抹額，束手解帶，虎頭角，烈女捧金盒，孫真治虎，王屠捆豬，張飛擂鼓，拿雁藤破王屠捆豬，泰山壓頂，扭羊頭，掐指尋，摧指抓拿，小坐搬腿，後坐撩腳法，鉤腿法，撒腿法，順手裡丟手，壓手外靠，裡抓跌，拗手丟手，壓手騰手，裡靠撒腳跌，拄杖靠打，丟手攔手封手搬手，三封打身，黑虎掏心破高跳低進，用壓掌橫攔肘，壓撩手按項掃足望外跌，丟手摺手按項掃足望裡跌，摺手上後手推面，抬手拿手跌，摺手尚風，拍手推打跌，丟手攔手串打，壓手靠打，丟手摺手捧手望前率打，破用千斤墜，下帶膝跌，金蟬脫殼跌，野馬上口乃步場勢。 | |
| 10 | **又短打**<br>迎面飛仙掌，順手飛仙掌，裡丟手斬手，閉門鐵扇子，霸王硬開弓，裹邊炮，單鸞炮，前手順前腳往裡打，沖天炮，左手順左腳，一順往上衝打，單鞭救主打，圪八肚與圪八根。 | 陳省三本無 |

| | 拳經總歌 | | |
|---|---|---|---|
| 11 | 　　縱放屈伸人莫知，情靠纏繞我皆依。劈打推壓得進步，搬撂□□□□□。鉤繃逼攬人人曉，閃警巧取有誰知。佯輸詐走總云敗，引誘回□□□□。滾拴搭刷多微妙，橫直劈砍奇更奇。截進遮攔穿心肘，迎風接進紅□□。二換掃堂掛面腳，應右邊簪莊跟腿。截前掩後無縫鎖，聲東擊西要□識。上提下籠君須記，進攻退閃莫遲□。藏頭蓋面天下有，攢心剁脅世間稀。教師不識此中理，難將武藝論高低。 | | 陳省三本無 |
| 12 | **拳經總歌**<br>　　懶扎衣立勢高強，丟下腿出步□□□。□□拳手足相顧，探馬勢太祖流傳。當頭炮勢衝人怕，中單鞭誰敢（約少17字）。<br>　　獸頭勢如牌挨進，拋架子短當休延，<br>　　（約少16字）著左右紅拳，玉女穿梭倒騎龍，珠連炮打的是（約少10字）<br>　　鐵櫞將軍也難走。高四平乃封腳拳，子小神拳 | **長拳譜**<br>　　懶扎衣立勢高強。丟下腿出步單鞭。七星拳手足相顧。探馬拳太祖傳留。當頭炮勢衝人怕。中單鞭，誰敢當先。跨虎勢，挪移發腳。拗步勢，手腳和便。獸頭勢，如牌挨進。拋架子，短當休延。孤身炮，下帶著翻花舞袖。拗鸞肘，上連著左右紅拳。玉女攢梭倒騎龍，連珠炮，打的是猛將雄兵。猿猴看果誰敢偷。 | **拳勢總歌**<br>（徐震按：此篇陳子明拳械彙編作長拳歌訣，文修堂兩儀堂二本皆有。） |

使火焰。攢心（約少 5 字），順鸞藏肘窩裡炮，打一個井攔直入庇身捶。轉身吊打指襠勢，（少4字），金雞獨立，朝陽起鼓，護心錘專降快腿，拈走勢逼退英雄。赫一聲小（少3字），拿陰捉兔硬開弓，下插勢閃驚巧取。倒插勢誰人敢巧，朝陽手遍身防口，一條鞭打進不忙，懸腳誘敵輕進，騎馬勢衝來敢當，一瞬步往裡就蹉，抹門紅蓋世無雙，下海擒龍上山伏虎，野馬分鬃，張飛擂鼓，雁翅勢穿莊一腿，劈來腳入步連心，雀地龍按下朝天鐙，立起鷂子解胸，白鵝亮翅，黑虎攔路，胡僧托缽，燕子啣泥，二龍戲珠賽神槍，丘劉勢左搬右掌，鬼蹴腳補前掃後，轉上紅拳，霸王舉鼎，韓信埋伏，左山右山，前衝後衝，觀音獻掌，童子拜佛，翻身過海，回頭指路，敬德跳澗，單鞭救主，青龍獻爪，餓馬提鈴，六封四閉，金剛搗錐，下四平秦王拔劍，存孝打虎，鍾馗掌劍，佛頂

鐵樣將軍也難走。高四平乃封腳套子，小神拳使火焰鑽心。斬手炮打一個順鸞藏肘，窩裡炮打一個井欄直入。庇身拳。吊打指襠勢。臁揭膝，金雞獨立，朝陽起鼓，護心拳，專降快腿。拈肘勢，逼退英雄。喝一聲小擒休走，拿鷹捉兔硬開弓。下插勢，閃驚巧取。倒插勢，誰人敢攻。朝陽手，遍身防腿。一條鞭，打進不忙。懸腳勢，誘彼輕進。騎馬勢，衝來敢當。一霎步，往裡就蹉。抹眉紅‧蓋世無雙。下海擒龍。上山伏虎。野馬分鬃。張飛擂鼓。雁翅勢，穿莊一腿。劈來腳，入步連心。雀地龍按下，朝天鐙立起。雞子解胸。白鵝晾翅。黑虎攔路。胡僧托缽。燕子啣泥。二龍戲珠，賽過神槍。邱劉勢，左搬右掌。鬼蹴腳，捕前掃後轉上紅拳。霸王舉鼎。韓信埋伏。左山右山。前衝後衝。觀音獻掌。童子拜佛。翻身過海。回回指路。敬德跳澗。單鞭救主。青龍獻爪。餓馬提鈴。六封四閉。金剛搗碓。下四

| | | |
|---|---|---|
| 珠，反堂莊，望門簪，掩手肱捶，下壓手上一步封閉捉拿，往後一收推山二掌，羅漢降龍右轉身紅拳，右騎馬左轉身紅拳，左騎馬，右搭袖，左搭袖，回頭摟膝拗步，托一掌轉身三請客，掩手肱捶，雙架樑，丹鳳朝陽，回頭高四平，金雞曬膀，托天，左搭肩，右搭肩，天王降妖，上一步口口口口，下一步子胥拖鞭，上一步蒼龍擺尾（缺字若干）。 | 平，秦王拔劍。存孝打虎。鍾馗服劍。佛頂珠。反堂莊。望門簪。演手紅拳。下壓手，上一步封閉捉拿；往後一收，推山二掌。羅漢降龍，右轉身紅拳。右跨馬右搭袖，左搭袖，回頭摟膝拗步。扎一步，轉身三請客。掩手紅拳，單鳳朝陽，回頭高四平。金雞曬膀，托天叉，左搭肩，右搭肩，天王降妖。上一步，鐵幡桿。下一步，子胥拖鞭。上一步，蒼龍擺尾。<br><br>雙怕手，仙摘乳，回頭一炮。拗鸞肘。跥子二紅。仙人捧盒。夜叉探海。劉海捕蟾。玉女捧金盒。丟手，收手，刺掌，搬手，推手。直符送書，回頭閃通背。打一窩裡炮，演手紅拳。回頭左右插腳，五子轉還，鬢邊斜插兩枝花，收回去雙龍探馬，窩裡一炮誰敢當。上一步邀手不叉，摟手一拳，推倒收回，交手可誇。招上顧下最無住，偷腳一腿馬比殺。急三錘，打如風快。急回頭，智遠看瓜。往前收，獅子抱球。 | 陳鑫抄本無標題的一段 |

| | | |
|---|---|---|
| | 展手一腳踢殺，回頭二換也不差。直攢兩拳，轉身護膝勢。當場接定，收回看肘並看花。誰敢當我大提，立下上一步，蛟龍出水。後一打，反上情莊。急三錘，往前捌打。開弓射虎推不怕，收回來馬前斬草。上一挑又代紅少，刺回接定滿天星，誰與我比並高下。<br><br>「此是長拳，熟習者得之耳。」 | |
| 13 | 春秋刀十路（內容略）<br>雙刀十路（內容略）<br>花刀六路單刀（內容略）<br>夾槍棍（內容略）<br>黑旋風大上西天棍架子（內容略） | | 陳省三本無 |
| 14 | **十五紅十五炮拳架記**<br>　　懶扎衣，單鞭，護心捶，前趨拗步，回頭披身，指襠，斬手炮，翻花舞袖，掩手肱捶，拗攔肘，大紅拳，玉女穿梭，倒騎龍，連珠炮，掩手肱捶，上步左右裏鞭炮，獸頭勢，拋架手，掩手肱捶，伏虎勢，回頭抹眉紅拳，上步黃龍左右三攪水，前衝後衝，掩手肱捶，上步轉筋跑，掩手肱 | **炮錘架子**<br>　　懶扎衣，單鞭，護心拳，前堂拗步，回頭披身，指襠，斬手炮，翻花舞袖，演手紅拳，拗攔肘，大紅拳，玉女攢梭，倒騎龍，連珠炮，演手紅拳，上步左右鼓邊炮，獸頭勢，拋架子，演手紅拳，伏虎勢，回頭抹眉紅拳，上步黃龍左右三攪水，前衝後衝，演手紅拳，上步轉脛炮，演手紅 | 內容一致 |

| | | | |
|---|---|---|---|
| | 捶，全炮錘，掩手肱捶，上步倒插，朵二紅，抹眉紅拳，上步當頭炮，變勢大掉炮，順攔肘，窩裡炮，并攔直入。 | 拳，全炮錘，演手紅拳，上步倒插二朵紅，抹眉紅拳，上步當頭炮，變勢大掉炮，斬手炮，順攔肘，窩裡炮，并攔直入。<br><br>　　十五拳，十五炮，走拳用心。 | |
| 15 | **長槍總說**<br>　　夫長槍之法，始於楊氏，謂之曰梨花。天下咸尚之奇妙，在於熟之而已。熟則心能忌手，手能忌槍，圓神而不滯，又莫貴與靜也。靜則心不妄動而處之裕如，變幻莫測，神化無窮。後世鮮有得奇妙者。蓋有之矣，或秘而不傳，傳之而失其真，是以行於世者，卒皆沙家、馬家之法，蓋沙家竿子，馬家長槍，各有其妙。而有長短之異。其用惟楊家之法，有虛實有奇正，有虛虛實實，有奇奇正正。其進銳，其退速，其勢險，其節短。不動如山，動如雷震。故曰二十年梨花槍，天下無敵手，信其然乎。施之於行陣，則又有不同者。何也?法欲簡立欲練，非簡無以解亂分糾，非練無以騰挪進退。 | | 陳<br>省<br>三<br>本<br>無 |

| | | | |
|---|---|---|---|
| | 左右必佐以短兵，長短相衛，使彼我有相倚之勢，得以舒其氣，展其能，而不至於奔潰。兵法曰：氣盈則戰，氣奪則避是矣。今將六合之法，並二十四勢繪錄於後，以廣其所傳云。 | | |
| 16 | 二十四勢槍（內容略） | | 陳省三本無 |

　　唐豪又說：「**不獨陳溝長拳中二十九個勢採自戚繼光《拳經》，陳溝的《拳經總歌》（洪洞也有此歌）部分的理論也採自戚繼光《拳經》，這又是一個有力的佐證。**」也算說對了。

　　陳季甡抄本有兩首「拳經總歌」，第一首就是通常所指的陳家溝《拳經總歌》，亦見兩儀堂譜，我們可以再比較：

## 戚繼光《拳經》與陳溝《拳經總歌》的比較

| 戚繼光《拳經》 | 陳溝《拳經總歌》 | 戚繼光《拳經》 | 陳溝《拳經總歌》 |
|---|---|---|---|
| 劈打推壓要皆依 | 劈打推壓得進步 | 步逼上下提籠 | 上籠下提君須記 |
| 怎當我閃驚巧取 | 閃驚巧取有誰知 | 進攻退閃弱生強 | 進攻退閃莫遲遲 |
| 倒騎龍詐輸佯走 | 佯輸詐走誰云敗 | 進步火滔攢心 | 攢心剁肋世間稀 |
| 誘追入遂我回衝 | 引誘回衝致勝歸 | 一條鞭橫直劈砍 | 橫直劈砍奇更奇 |
| 穿心肘靠妙難傳 | 截進遮攔穿心肘 | 二換腿決不輕饒 | 二換掃壓掛面腳 |
| 追上穿莊一腿 | 左右邊簪莊跟腿 | 無縫鎖逼退豪英 | 截前壓後無縫鎖 |

| | | | |
|---|---|---|---|
| 諸勢可降可變<br>劈打推壓要皆依 | 諸靠纏繞我皆依 | 鉤腳鎖臂不容離<br>絞靠跌人人識得 | 鉤掤逼攬人人曉 |
| 劈打推壓要皆依<br>得進步攬靠無別 | 劈打推壓得進步 | 順鸞肘靠身搬打<br>右橫左採快如飛 | 搬摺橫採也難敵 |
| 滾快他難遮擋<br>復外絞刷回拴肚<br>搭一跌誰敢爭前<br>補前掃轉上紅拳 | 滾拴搭掃靈微妙 | 好教師也喪聲名 | 教師不識此中理<br>難將武藝論高低 |

更可以看出，上述除裡《拳經》三十二勢名稱幾乎相同外，還有如：餌彼輕進、短當休延、左搬右掌、入步連心、專降快腿、上驚下取、封腳套子、火焰鑽心、鐵樣將軍、拿陰捉兔、補前掃轉、如牌挨進、那移發腳、逼退英雄、遍身防腿、誰敢爭前、穿莊一腿、閃驚巧取、劈打推壓、詐輸佯走、誘追入遂、穿心肘靠、上下提籠、進攻退閃、教師、單鞭、要皆依、二換腿、得進步、上紅拳、無縫鎖、滿天星、連珠炮、硬開弓、誰敢再來比並等 35 個勢名和用詞也是相同的。

足以證明陳家溝所謂的《長拳譜》和《拳經總歌》都是承襲戚繼光《拳經》之作。

陳季甡抄本沒有「十三勢」三個字，更無「長拳譜」、「此是長拳，熟習者得之耳」的這十個字。這個所謂的「長拳譜」是第二首《拳經總歌》加一段陳鑫抄本無標題的東西，以形成下半段，是個拼湊貨！徐震在其《太極拳考信錄》中，仍稱其為「拳勢總歌」並加按語說：「**此篇陳子明拳械彙編作長拳歌訣，文修堂兩儀堂二本皆有。**」

# 所謂的「長拳譜」在陳家溝數本舊譜中的情況

| 陳季牲譜 | 陳鑫譜 | 陳省三譜 | 兩儀堂譜 | 文修堂譜 | 備註 |
|---|---|---|---|---|---|
| **拳經總歌**<br>懶扎衣立勢高強，丟下腿出步口口。口口拳手足相顧，探馬勢太祖流傳。當頭炮勢衝人怕，中單鞭誰敢（約少17字）。獸頭勢如牌挨進，拋架子短當休延，（約少16字）著左右紅拳，玉女穿梭倒騎龍，珠連炮打的是（約少10字）鐵椽將軍也難走。高四平乃封腳拳，子小神拳使火焰。攢心（約少5字），順鸞藏肘窩裡 | | **長拳譜**<br>懶扎衣立勢高強。丟下腿出步單鞭。七星拳手足相顧。探馬拳太祖傳留。當頭炮勢衝人怕。中單鞭，誰敢當先。跨虎勢，挪移發腳。拗步勢，手腳和便。獸頭勢，如牌挨進。拋架子，短當休延。孤身炮，下帶著翻花舞袖。拗鸞肘，上連著左右紅拳。玉女攢梭倒騎龍，連珠炮，打的是猛將雄兵。猿猴看果誰敢偷。鐵樣將軍也 | **拳勢總歌**<br>懶插衣立勢高強，丟下腿拉開單鞭，七星拳手足相顧，探馬拳太祖流傳，當頭炮勢衝人怕，中單鞭誰敢當先，跨馬勢挪移發足，點足勢手足活便，獸頭勢如牌挨進，拋架子短打休延，孤身炮下帶著翻花舞袖，拗鸞肘上連著左右紅拳，玉女攢梭倒騎龍，連珠炮打的是猛將雄兵，猿猴看果誰敢偷，鐵甲將龍，連珠炮軍也難走，高四平封腳 | **拳勢總歌**<br>懶插衣立勢高強，去下腿出步單鞭，七星拳手足相顧，探馬拳太祖流傳，當頭炮勢衝人怕，中單鞭誰敢當先，跨馬勢挪移發腳，拗步勢手腳和便，獸頭勢如牌挨進，拋架子短打休延，抓身炮下帶著翻花舞袖，拗鸞肘上連著左右紅拳，玉女攢梭倒騎打的是猛將雄兵，猿猴看果誰敢偷，鐵樣將軍也難走，高四平乃封腳套子，小神拳使火焰 | 兩儀堂譜（徐震按：此篇陳子明拳械彙編作長拳歌訣，文修堂兩儀堂二本皆有。） |

| 陳季姓譜 | 陳鑫譜 | 陳省三譜 | 兩儀堂譜 | 文修堂譜 | 備註 |
|---|---|---|---|---|---|
| 炮，打一個井攔直入庇身捶。轉身吊打指襠勢，（少4字），金雞獨立，朝陽起鼓，護心錘專降快腿，拈走勢逼退英雄。赫一聲小（少3字），拿陰捉兔硬開弓，下插勢閃驚巧取。倒插勢誰人敢巧，朝陽手遍身防口，一條鞭打進不忙，懸腳誘敵輕進，騎馬勢衝來敢當，一瞬步往裡就蹉，抹門紅蓋世無雙，下海擒龍上山伏虎，野馬分鬃，張飛擂鼓，雁翅勢穿莊一腿，劈來腳入步連心，雀地 | | 難走。高四平乃封腳套子，小神拳使火焰鑽心。斬手炮打一個順鸞藏肘，窩裡炮打一個井攔直入。庇身拳。吊打指襠勢。臁揭膝，金雞獨立，朝陽起鼓，護心拳，專降快腿。拈肘勢，逼退英雄。喝一聲小擒休走，拿鷹捉兔硬開弓。下插勢，閃驚巧取。倒插勢，誰人敢攻。朝陽手，遍身防腿。一條鞭，打進不忙。懸腳勢，誘彼輕進。騎馬勢，衝來敢當。一霎步，往裡就蹉。抹眉 | 套子，小神拳使火焰攢心，斬手炮打一個順鸞藏肘，窩裡炮打一個井攔真入，庇身拳吊打指襠勢，剪臁踢膝金雞獨立，朝陽起鼓，護心拳專降快腿，拈肘拳逼退英雄，嚇一聲小擒拿休走，拿鷹捉兔硬開弓，下插勢閃驚巧取，□□□□□□，朝陽手遍身防腿，一條鞭打進不忙，懸腿勢誘彼輕進，騎馬勢衝來誰當，進一步手往裡蹉，抹眉紅蓋世無雙，下海先擒龍，上山再伏虎，野馬自分鬃，張 | 攢心，斬手炮打一個順鸞藏肘，窩裡炮打一個井攔真人，庇身拳吊打指當勢，剪臁竭膝金雞獨立，朝陽起鼓，護心拳專降快腿，跕肘拳逼退英雄，喝一聲小擒休走，拿鷹捉兔勁開弓，下插勢閃驚巧取，倒插勢誰人敢攻，朝陽手遍身防腿，一條鞭打進不忙，懸腳勢誘彼輕進，騎馬勢衝來敢當，一霎步往裡就蹉，抹眉紅蓋世無雙，下海擒龍，上山伏虎，野馬分鬃，張飛擂鼓。雁翅穿椿一腿， | |

| 陳季姓譜 | 陳鑫譜 | 陳省三譜 | 兩儀堂譜 | 文修堂譜 | 備註 |
|---|---|---|---|---|---|
| 龍按下朝天鐙，立起鷄子解胸，白鵝亮翅，黑虎攔路，胡僧托鉢，燕子唧泥，二龍戲珠賽神槍，丘劉勢左搬右掌，鬼蹴腳補前掃後，轉上紅拳，霸王舉鼎，韓信埋伏，左山右山，前衝後沖，觀音獻掌，童子拜佛，翻身過海，回頭指路，敬德跳澗，單鞭救主，青龍獻爪，餓馬提鈴，六封四閉，金剛搗錐，下四平秦王拔劍，存孝打虎，鍾馗掌劍，佛頂珠，反堂莊，望門簪，掩手肱捶，下壓手 | | 紅·蓋世無雙。下海擒龍。上山伏虎。野馬分鬃。張飛擂鼓。雁翅勢，穿莊一腿。劈來腳，入步連心。雀地龍按下，朝天鐙立起。雞子解胸。白鵝晾翅。黑虎攔路。胡僧托鉢。燕子唧泥。二龍戲珠，賽過神槍。邱劉勢，左搬右掌。鬼蹴腳，捕前掃後轉上紅拳。霸王舉鼎。韓信埋伏。左山右山。前衝後沖。觀音獻掌。童子拜佛。翻身過海。回回指路。敬德跳澗。單鞭救主。青龍獻爪。餓馬提 | 飛善擂鼓。雁翅穿襠一腿，劈來入步連心，雀地龍按下，雀地龍按下朝天鐙，鳳凰展翅善解胸，白鵝掠翅，黑虎攔路，胡僧托鉢，燕子嗛泥，二龍戲珠，賽過神槍，邱劉勢左搬右掌，小鬼蹴腳捕掃前後，轉上紅拳，霸王舉鼎，韓信埋伏，左山右山，前衝後衝，觀音獻掌，童子拜佛，翻身過海，回回指路，敬德跳澗，舉鞭救主，青龍獻爪，餓馬踢鈴，六封四閉，金剛搗碓，下四平秦拔劍，存孝打 | 劈來勢八步連心，雀地龍按下，朝天鐙立起，雞子解胸，白鵝掠翅，黑虎攔路，胡僧托鉢，燕子嗛泥，二龍戲珠，賽過神槍，邱劉勢左搬右掌，鬼蹴腳捕掃前後，轉身紅拳，霸王舉鼎，韓信埋伏，左山右山，前衝後沖，觀音獻掌，童子拜佛，翻身過海，回回指路，敬德跳澗，舉鞭救主，青龍獻爪，餓馬提槍，六封四避，金剛搗碓，下四平秦王拔劍，存孝打虎，鍾魁仗劍，佛頂珠，反堂莊，望門 | |

| 陳季姓譜 | 陳鑫譜 | 陳省三譜 | 兩儀堂譜 | 文修堂譜 | 備註 |
|---|---|---|---|---|---|
| 上一步封閉捉拿，往後一收推山二掌，羅漢降龍右轉身紅拳，右騎馬左轉身紅拳，左騎馬，右搭袖，左搭袖，回頭摟膝拗步，托一掌轉身三請客，掩手肱捶，雙架樑，丹鳳朝陽，回頭高四平，金雞曬膀，托天，左搭肩，右搭肩，天王降妖，上一步□□□□，下一步子胥拖鞭，上一步蒼龍擺尾（缺字若干）。 | （缺字）扎一掌轉身三請客，掩手蟾肱捶，丹鳳朝陽回頭高四平，金雞曬膀，托天叉，左掃眉右掃眉，天王降妖，上一步鐵翻桿，下一步子胥拖鞭，上一步蒼龍擺尾，雙拍手仙滴乳回頭一炮，拗攔肘躲二紅，仙人捧盤，夜叉探海，劉海捕蟬，玉女捧金盒，拿手，收手，刷掌、搬 | 鈴。六封四閉。金剛搗碓。下四平，秦王拔劍。存孝打虎。鍾馗服劍。佛頂珠。反堂莊。望門簪。演手紅拳。下壓手，上一步封閉捉拿：往後一收，推山二掌。羅漢降龍，右轉身紅拳。右跨馬右搭袖，左搭袖，回頭摟膝拗步。扎一步，轉身三請客。掩手紅拳，單鳳朝陽，回頭高四平。金雞曬膀，托天叉，左搭肩，右搭肩，天王降妖。上一步，鐵幡桿。下一步，子胥拖 | 虎（注云：鑑書上李存品俗言孝），鍾魁掌劍，佛頂珠，反堂槓，望門簪，演手紅拳，下壓手，上一步封閉捉拿，往後一收，推心仙掌，左轉身紅拳右跨馬，右轉身紅拳左跨馬，左搭袖，回頭摟膝拗步，打一掌轉身三請諸葛亮，掩手紅拳，雙手架樑轉身紅拳單鳳朝陽，回頭高來四平，金雞曬膀，托天叉，左搭肩，右搭肩，天王降妖，上一步鐵翻桿，下一步子胥拖鞭，蒼龍擺尾，雙拍 | 簪，演手紅拳，下壓手，上一步封避捉拿，往後一收，推山二掌，右轉身紅拳右跨馬，左轉身紅拳左跨馬，右搭袖左搭袖，回頭摟膝拗步，扎一掌轉身三請客，掩手紅拳，單鳳朝陽，回頭高四平，金雞曬膀，托天叉，左搭眉，右搭眉，天王降妖，上一步鐵翻桿，下一步子胥拖鞭，上一步蒼龍擺尾，雙拍手，仙滴乳，回頭一炮，拗攔肘，躲子二紅，仙人捧盤，夜叉探海，劉海捕蟬，玉女捧 | |

| 陳季甡譜 | 陳鑫譜 | 陳省三譜 | 兩儀堂譜 | 文修堂譜 | 備註 |
|---|---|---|---|---|---|
|  | 手、推手，真符送書，回頭閃通背，窩裡炮，掩氣肱捶，回頭左插腳，五子轉還，鬢邊插花，收回去雙龍抹馬，窩裡炮誰敢攻，當一步拗手不叉，摟膝一拳推誇，昭上倒，收回交手可顧下最無家。偷腿一腳踏殺，急三捶打如風快，急回頭智遠看瓜，往後收獅子抱球，展開手一腳踢死，回頭二炮也不差，直攢兩拳轉回身，護膝勢當場按定，收回看肘，並手抓誰敢當吾手，一捉上一步蛟 | 鞭。上一步，蒼龍擺尾。雙怕手，仙摘乳，回頭一炮。拗鸞肘。跺子二紅。仙人捧盒。夜叉探海。劉海捕蟾。玉女捧金盒。丟手，收手，刺掌，搬手，推手。直符送書，回頭閃通背。打一窩裡炮，演手紅拳。回頭左右插腳，五子轉還，鬢邊斜插兩枝花，收回去雙龍探馬，窩裡一炮誰敢當。上一步邀手不叉，摟手一拳，推倒收回，交手可誇。招上顧下最無住，偷腳一腿馬比殺。 | 掌，仙人滴乳，仙人捧盤，夜叉探海，劉海戲蟾，玉女捧金盒，撤手，收手，刷手，搬手，推手演手，直符送書，回頭閃通背，打一窩炮，掩手紅拳，回頭插腳，五子轉換炮，鬢邊邪插兩枝花，收回去雙龍抹馬，窩裡一炮誰敢當，上一步邀手不差，摟膝一拳推倒，收回交手可誇，偷腿一腿打他回，急三錘打如風快，急回頭智遠看瓜，往前收獅子抱毯，展手一腳踢死他，回頭二換也不 | 金盒，丟手，收手，刷掌，搬手，推手，真符送書，回頭閃通背，打一窩裡炮，掩手紅拳，回頭左插腳，五子轉還，鬢邊邪插兩枝花，收回去雙龍抹馬，窩裡炮誰攻，當一步邀手不叉，摟膝一拳推倒，收回交手可誇，招上顧下最無家，偷腿一腳砒殺，吉三錘打如風快，急回頭智遠看瓜，往後收獅子抱球，展手一腳踢殺，回頭二換也不差，真攢兩拳，轉回身護膝勢當常按定，收回看肘並看 |  |

| 陳季甡譜 | 陳鑫譜 | 陳省三譜 | 兩儀堂譜 | 文修堂譜 | 備註 |
|---|---|---|---|---|---|
| | 龍出水,向後打反身情莊,急三捶往前掤打,開弓射虎誰不怕,收回來馬前斬草,上一挑又帶紅砂,刺回按完滿天星,誰敢與我交手,熟習善悟者不差。 | 急三錘,打球。展手一腳踢殺,回頭二換也不差。直攢兩拳,轉身護膝勢。當場接定,收回看肘並看花。誰敢當我大提,立下上一步,蛟龍出水。後一打,反上情莊。急三錘,往前打。開弓射虎推不怕,收回來馬前斬草。上一挑又代紅少,刺回接定滿天星,誰與我比並高下。「此是長拳,熟習者得之耳。」 | 差,直攢兩拳,轉回身護膝勢當場按收,回著肘並看花,誰敢當吾大棹炮,上步打蛟龍出水,退一步背後肘反打鐵槓,急三錘往前掤打,開弓勢虎皆怕,收回來馬前斬草,上一跳又代紅沙,喇回按定滿天星,誰敢與吾交手,千斤贅下去襠如土委地,滿天星精此藝誰敢與吾比並。 | 花,誰敢當吾大挺立下,上一步蛟龍出水,後一打反身情莊,急三錘往前掤打,開弓射虎誰不怕,收回來馬前斬草,上一挑又帶紅沙,喇回按定滿天星,誰敢與吾交手,熟習善悟者不差。 | |
| 陳季甡譜 | 陳鑫譜 | 陳省三譜 | 兩儀堂譜 | 文修堂譜 | 備註 |
| 道光二十三年六月初三日（1843年） | 大中華民國十七年歲次戊辰九月初二日,是年閏二月。 | 無時間標註,是唐豪得於1931年 | 無時間標註 | 民國十七年九月二十二日,歲首生縣行年八十歲,陳鑫字 | |

| | | | | | |
|---|---|---|---|---|---|
| 溫邑歲貢生行年八十（眼花）十六世字品三陳鑫抄（1928年） | | | | 品三是應五別號安愚謹誌。（1928年） | |

　　「陳季甡抄本」叫《拳經總歌》，也只占了所謂「長拳譜」的上半段，下半段是「陳鑫抄本」沒有題目的一段。《兩儀堂本》和《文修堂本》與「長拳譜」全文相同，但題目卻都叫「拳勢總歌」，並不稱什麼「長拳譜」，也更沒有什麼落款或附註「此是長拳，熟習者得之耳。」顯然，如果不是陳子明造假（儘管有徐震「**陳子明拳械彙編作長拳歌訣**」之語，但我們未曾見到原件情況），就一定是唐豪有意製造！

　　陳家溝只有兩個譜子有一樣的《拳經總歌》，文體和內容都相同，那就是「陳季甡抄本」和「陳鑫抄本」，但更早的（1843年）「陳季甡抄本」，首句為「縱放屈伸人莫知，情靠纏繞我皆依。」而不是「諸靠……」

　　唐豪曾說：「長拳的編者是採取了戚繼光《拳經》三十二勢中的二十九個勢吸收到一百單八勢裡去的」「陳家溝《長拳譜》，它的具體內容有一百單八勢之多」「否則勢名和歌訣不會彼此相同。」

　　由此看來，唐豪認定陳家溝《長拳譜》，就是太極「長拳一百單八勢」。其實，陳家溝確實有「一百零八勢」，「陳季甡抄本」「陳鑫抄本」「兩儀堂本」「文修堂本」都有（「陳省三本」「陳子明彙編本」沒有），但決不是唐豪所指的這個「長拳譜」。「陳季甡抄本」記

「短打」;「陳鑫抄本」記「拳經總歌一百零八勢」;「兩儀堂本」記「散手」;「文修堂本」記又「短打」和「散手」,均與太極長拳毫無關係:

## 所謂的「一百零八勢」在陳家溝數本舊譜中的情況

| 陳季甡譜 | 陳鑫譜 | 兩儀堂譜 | 文修堂譜 |
|---|---|---|---|
| 短打<br>裡抱頭推山破抱頭推山,裡順水推舟破順水推舟,裡推山塞海破推山塞海,裡順手穿心肘破順手穿心肘,裡鐵番桿三封打身,拐裡拱手外丟手,騰手裡打,裡丟手斬手,外靠裡打,外童子拜觀音,單風炮,袖裡一點紅,順手搬打破順手搬打破順撂手,倘風閉門鐵扇子,拗撂手倘風破順手搬打,破拗手撂打,破順手倘風,破拗撂倘風,裡丟手,抽樑換柱,裡丟手外壓靠打,順手上肘,率掌,拗手,壓手上肘,率掌,猿猴開 | 拳經總歌一百零八勢<br>湯於風春手,抽標換柱,裡手外壓靠打,順手上肘率(捶)掌拗手,壓手上肘(撐)掌,猿猴開梢,喜鵲過枝,順手搬打橫椿,雁子浮水破順手搬打橫椿,拗手搬打橫椿,雁子浮水,橫攔肘,拗攔手抓推掌,銅蛇入洞,朝天一炷香,封閉捉拿,裡靠外靠十字靠,飛仙掌,搶拳推心掌,推面掌,搭掌推肚跌,裡去手,攔外撒腳跌,主杖撩鉤,提袍軟手,軟手提袍,斬手回手推打,滾手壓手推打,拿拍拍深 | 散手<br>拗手搬打橫莊,雁子浮水,橫攔肘,穿心肘,拗攔手,推面抓拿,烏龍入洞,朝天一炷香,封閉捉拿,裡靠外靠,十字靠,飛仙掌,搶拳,推心掌,推面掌,搭掌,推肚跌,攔手外撒腳跌,柱杖撩回鉤,軟手提袍,斬手,回手,推打,滾手,壓手,推打,拿手,拍手,採打,斬手,滾手,撩手,高挑低進,拗攔棚打,低驚高取,火焰攢心,橫直披砍。拗撂手,外拴肚,不遮不架,鍾魁抹額,束手解帶,烈女 | 短打<br>裡抱頭推山,破抱頭推山,裡順水推舟,破順水推舟,裡推山塞海,破推山塞海,裡順手穿心肘,破順手穿心肘,裡鐵翻桿,三封打耳,拐裡拱手,外丟,騰手裡打,裡丟手,斬手,外靠裡打,外童子拜觀音,單鸞炮,袖裡一點紅,順手搬打破拗手搬打,破順撂手倘風,閉門鐵扇子破拗撂手倘風,裡丟手抽樑換柱,裡丟乎外壓靠打,順手上肘率掌,拗手壓手上肘率掌,猿猴開鎖,喜鵲過枝,順手搬打橫莊。 |

| 陳季姓譜 | 陳鑫譜 | 兩儀堂譜 | 文修堂譜 |
| --- | --- | --- | --- |
| 領，喜鵲過枝，順手搬打橫壓，拗手搬打橫壓，雁子浮水破順水搬打橫壓，破拗手搬打橫壓，橫攔肘，拗攔肘，面推掌，銅蛇入洞，朝天一炷香，封閉捉拿，裡靠外靠，十字靠，飛仙掌，搶拳推心掌，推面掌搭掌，推肚跌裡丟手，攔外撒腳跌，提炮，斬手，滾手，壓手推打，掩手拍探打，斬手，滾手，折手撩打，高跳低進，掏擄掤打，低警攻取，閃警巧取，火焰攢心，橫直劈砍，拗撂手，外拴肚，順撂手，裡拴肚，不遮不架，鍾馗抹額，束手解帶，虎頭角，烈女捧金盒，孫真治虎，王屠捆豬，張飛擂鼓，拿雁藤破王屠捆豬，泰山壓頂，扭羊 | 打，斬手滾手，斬手掩打，高挑低進，拗摟掤打，低擎巧取，閉擎巧取，火焰攢心，橫直劈砍，拗撂手，外拴肚，順撂手，裡拴肚，不遮不架，鍾馗抹額，束手解帶，虎頭角，烈女捧金盒，孫真治虎，王屠捆豬，張飛擂鼓，拿雁嗉，破王屠豬，泰山壓頂，扭羊頭，小座子，搬腿，後座子，膝腿法，鉤腿法，撒腳法，順手裡丟手，壓手，外靠裡抓鐵拗手，丟手，壓手，騰手，壓手撂手，丟手撂手，十字腳跌，丟手外壓手，橫攔肘，搬手丟手，搬手裡靠撒腳跌，桂杖靠打，丟手攔手封手搬手，三封打耳，黑虎掐心破高挑低進，用壓手橫攔肘，壓 | 捧金盒，孫真治虎，王屠捆豬，張飛擂鼓，拿鷹嗉，破王屠捆豬，泰山壓頂，扭羊頭，招指尋文，摧指抓掌，小坐子，搬腿，後坐子，膝腿法，鉤腿法，鉤腳法，撒腳法，順手，裡丟手，壓手，膝手，外靠，裡抓跌，拗手，丟壓手，騰手，撂手，丟手，撂手，十六字字跌，丟手，外壓手，橫攔肘，撒手，丟手，搬手，裡靠，撒腳跌，柱杖靠打，丟手，攔手，封搬手，三封打耳，黑虎叩心，破高挑低進用壓手，橫攔肘，丟打，撂手，按頭掃腳，往裡跌，撂手，上後手，推面拍掌，拿手跌，撂手，倘風拍手，推打跌，丟手，攔手，串打，壓 | **散手**<br>拗手搬打橫莊，雁子浮水，橫攔肘，穿心肘，拗攔手，推面抓拿，烏龍入洞，朝天一炷香，封閉捉拿，裡靠，外靠，十字靠，飛仙掌，搶拳，推心掌，推面掌，搭掌，推肚跌，攔手外撒腳跌，柱杖撩鉤，軟手提袍，斬手，回手，推打，滾手，壓手，推打，拿手，拍手，采打，斬手，滾手，撩手，高挑低進，拗攔棚打，低驚高取，火焰攢心，橫直披砍。拗撂手，外拴肚，不遮不架，鍾魁抹額，束手解帶，烈女捧金盒，孫真治虎，王屠捆豬，張飛擂鼓，拿鷹嗉，破王屠捆豬，泰山壓頂，扭羊頭，招指尋文，摧指抓掌，小 |

| 陳季甡譜 | 陳鑫譜 | 兩儀堂譜 | 文修堂譜 |
|---|---|---|---|
| 頭，招指尋，摧指抓拿，小坐搬腿，後坐撩腳法，鉤腿法，撒腿法，順手裡丟手，壓手外靠，裡抓跌，拗手丟手，壓手騰手，裡靠撒腳跌，拄杖靠打，丟手攔手封手搬手，三封打身，黑虎掏心破高跳低進，用壓掌橫攔肘，壓撩手按項掃足望外跌，丟手撂手按項掃足望裡跌，撂手上後手推面，抬手拿手跌，撂手倘風，拍手推打跌，丟手攔手串打，壓手靠打，丟手撂手捧手望前率打，破用千斤墜，下帶膝跌，金蟬脫殼跌，野馬上口乃步場勢。 | 手掩手按頭掃腳往外跌，丟手撂手按頭掃腳往裡跌，撂手後手推面抬手拿手跌，撂手倘風拍手推打跌，丟手攔手串打壓手靠跌，丟手撂手捧肘望前摔跌，破用千斤墜，下帶膝跌，金蟬脫殼跌，野馬上槽及走場，終。 | 手，靠打，丟打，壓打，撂捧肘，望前率跌破用千斤贅，下帶膝跌。 | 坐子，搬腿，後坐子，滕腿法，鉤腿法，鉤腳法，撒腳法，順手，裡丟手，壓手，滕手，外靠，裡抓跌，拗手，丟壓手，騰手，撂手，丟手，撂手，十六字字跌，丟手，外壓手，橫攔肘，撒手，丟手，搬手，裡靠，撒腳跌，柱杖靠打，丟手，攔手，封搬手，三封打耳，黑虎叩心，破高挑低進用壓手，橫攔肘，丟打，撂手，按頭掃腳，往裡跌，撂手，上後手，推面拍掌，拿手跌，撂手，倘風拍手，推打跌，丟手，攔手，串打，壓手，靠打，丟打，壓打，撂捧肘，望前率跌破用千斤贅，下帶膝跌。金蟬脫殼跌野馬上槽乃走場。 |
| 1843 年 | 1928 年 | 無時間標註 | 1928 年 |

唐豪為什麼要處心積慮的製造無中生有的陳溝「十三勢」和「長拳譜」呢？

唐豪說：

凡是練過太極拳的人，幾乎都知道……太極拳家王宗岳在理論上的貢獻。可是他沒有把長拳的具體內容寫在他的傳譜裡，只形容了「長拳者，如長江大海滔滔不絕也」。

「此是長拳，惟熟習者得之耳」十六字。此拳較十三勢長數倍，誠如王宗岳所云：「長拳者，如長江大海，滔滔不絕。」

原來如此……

# 《中國太極拳史》的這些觀點
# 你能接受嗎？

著名太極拳專家于志鈞教授，是大家非常熟悉和敬重的一位有正義感的武術家。畢業於清華大學，是少有的文武全才。痴迷武術，1940 年開始習武，曾練譚腿、形意拳、刀、劍等功夫。1950 年就學於太極拳名家吳圖南，跟隨其學習了太極門拳械，學有宋遠橋太極功（許宣平三世七太極拳）、楊氏太極拳小架、內家拳太極功玄玄刀、武當乾坤劍、太極粘劍、太極推手、散手等武技，深得吳圖南先生真傳。

他注重太極拳源流、太極推手技擊，以及中國傳統武術史的研究。曾應邀參加中國武術協會推手的專家調研、座談會等活動。

先後出版有《楊式太極拳小架及其技擊應用》、《太極劍技擊大觀》、《太極推手修練》、《太極拳正宗》、《太極拳推手正宗》、《中國傳統武術史》、《桓侯八槍——莨氏太極槍》、《太極拳理論之源——易經通俗解》、《中國太極拳史》等著作。在報刊發表太極拳研究文章上百萬字。2013 年 8 月 29 日被中國（武漢）刊博會評聘為「中華武當內家拳史論專家」。

他編著的《中國傳統武術史》（中國人民大學出版社 2012 年 4 月第一版）是我國第一部這類著作，也是目前

唯一的此類著作，在武術界評價很高，影響很大。中央電視台《探索發現》欄目 2008 年製作的十五集大型記錄片《中華武功》採用了該書的主要內容，並邀請他參加表演和解說，獲得好評。

最為值得稱道的是，他為追索太極拳之源流，四上武當山，兩赴陳家溝，三赴永年廣府鎮考察。完成了《中國太極拳史》一書的編著和出版，填補了這項歷史空白，做出了很大的貢獻。

于教授在太極拳史的研究，特別是在對陳家溝拳術的研究方面，可以說功勳卓著。其在《中國太極拳史》一書的許多研究成果，得到了大家的一致讚譽和肯定，譬如：

研究太極拳源流，不需要過多地行政干預；太極拳是誰發明的，不能由唐豪一個人說了算；陳家溝只存有族譜，沒有拳術傳承譜；陳家溝除「陳氏拳手有戰大刀可考」、「悶來時造拳」以外提供不出任何證據；近代史上陳家溝地主武裝是殘酷鎮壓太平天國革命軍；陳家溝地主武裝鎮壓晚清農民起義軍捻軍；陳家溝的歷史背景，是鎮壓歷次農民革命起義軍的反動地主武裝根據地；陳家溝陳氏對於其拳術的歷史本來就有多種說法；寫《長短句》的確非陳王廷，實乃陳鑫也；《長短句》的真正作者是陳鑫，說的「蒙恩賜」實際上說的是他的父親陳仲甡；「黃庭一卷隨身伴」實際是指陳鑫自己；是陳鑫自己在「造拳」；陳鑫抄襲《王宗岳太極拳論》；唐豪要利用陳家溝的武術資源為自己服務；如果唐豪從陳鑫說，便失去了「發現太極拳創造者的地位」；唐豪把個自己假設的議題（這山右王先生是誰呢？吾以為即是王宗岳）變成真的

了；「《陰符槍譜》合抄本」的作者，最合理的解釋是「發現」它的唐豪本人；《陰符槍譜》是從《紀效新書》抄編的；《拳經總歌》根本就不是太極拳的理論，於太極拳不沾邊；如果說《拳經總歌》是太極拳理論，那麼太極拳的發明人就是戚繼光而不是陳王廷；所有關於陳王廷的「造拳」史料，全部都是出自戚繼光；陳家溝《拳經總歌》是抄襲戚繼光《紀效新書拳經捷要篇》之作；「陳王廷」實際是被人有意弄成了明朝武將戚繼光的化身；詭辯論下的「陳王廷創造太極拳的根據」；追隨唐豪的始作俑者是顧留馨其人；陳王廷「官宦家庭」，也是顧留馨為其編織的；「明末抗清戰將」，是有人處心積慮為陳王廷捏造的；陳王廷畫像實乃「關公顯聖圖」；畫像隨意變化幾易其稿，就是為證明武藝高超的蔣發從陳王廷的友人變徒弟；陳家溝長拳就是山西洪洞通背拳，顯然是從外面傳入的；唐豪說的太極拳實係戚繼光拳經；唐豪對傳統武術，除陳家溝陳氏炮捶之外，幾乎沒有他肯定的東西；陳家溝製造了中國近現代史上重大的太極拳知識產權侵權案；對唐豪在中國武術史學科中的作用應該重新評價。

　　于先生的研究還認為「**趙堡太極拳的傳承，得到陳家溝陳氏的部分驗證。**」

　　他的這些研究可以說成果豐碩，貢獻巨大。

　　然而，他在《中國太極拳史》中，卻提出了如下的觀點：

　　1、太極拳最早的史料記載是王宗岳《太極拳論》，是由武禹襄於清咸豐三年（1853 年）提供的。在此之

前，沒有發現任何記載太極拳的文獻史料。（見 377 頁）

2、有一點是肯定的，即武禹襄從其兄處得到王宗岳《太極拳論》之前，沒有任何文字資料和口頭傳說「王宗岳」其人。我們能看到的文字資料是武禹襄提供的，他是在咸豐二年或三年赴其兄舞陽縣住所，其兄給他這本王宗岳《太極拳論》，此前也沒有任何史料提出「太極拳」三字。（見 117 頁）

李序（指李亦畬《太極拳小序》）開頭就說「太極拳始自宋朝張三豐先生」，接著就跨越到王宗岳。就是說，當時在武禹襄之前，不知有太極拳。（見 141 頁）

武禹襄說：咸豐二年（1852 年），他到其兄河南舞陽縣（今天仍叫舞陽）知縣武澄清住所，得王宗岳的《太極拳譜》（內含《太極拳論》。——于志鈞釋）於鹽店（中國北方有很多小村莊名為「鹽店」）。我們不說此事之真假，「太極拳」一詞確實是這時出現的。誰也不能否認，太極拳是由河北省永年廣府人武禹襄在這個時候提出來的，此前沒有太極拳一詞。（見 378 頁）

3、武禹襄具備寫太極拳論的必要和充分條件。（見 119 至 120 頁）

第一，他家是永年的財主，有良好的教育，飽覽群書，文化水平很高。他有寫太極拳論的文化基礎。

第二，他酷愛中華武術，為此，雖然中舉卻終生不仕。這種精神，古今謹有。他不恥下問，向楊祿禪學習，請益。在對方惜授的情況下，仍頑強習練，刻苦鑽研。在習練過程中，他積累了大量的「為什麼」，這是他寫拳論難得的寶貴財富。他向楊學習，難免挨打；提問，楊不

答。這逼迫他自強不息，博覽一切可以得到的古代武技的記載或觸類旁通的書籍。他的武藝綜合水準已大大超過了楊祿禪。

第三，當時中國傳統文化知識寶庫已為他提供了諸如：《紀效新書》、《王征南墓誌銘》、《手臂錄》、《萇氏武技書》、形意拳《九要論》、《交手論》這樣一些重要武技文獻。

第四，武禹襄的驚人毅力。

永年李亦畬在《五字訣》附序中寫道：「太極拳不知始自何人，其精微巧妙，王宗岳論詳且盡矣。後傳至河南陳家溝陳姓，神而明者代不數人。我郡南關楊君，愛而往學焉。專心致志，十有餘年，備極精巧。旋里後，市諸同好。母舅武禹襄見而好之，常與比較。彼不肯輕以授人，僅能得其大概。素聞豫省懷慶府趙堡鎮有陳姓名清平者，精於是技。踰年，母舅因公赴豫省，過而訪焉。研究月餘，而精妙始得，神手其技矣……」

可見，當時武禹襄從楊祿禪學拳並不順利，可以說沒少遭楊的「白眼」。然而，武禹襄並不氣餒，為了找勁，他做了一根重四十斤的鐵槍練習。雖然今天看來，這是不必要的，然而足見武禹襄的毅力不比楊祿禪三赴陳家溝差！

第五，武禹襄聰慧過人，悟性極佳，這從他寫的公認部分拳論可以看出。他常與楊祿禪比試，以武氏之聰慧，完全可以掌握楊之祕密，可以說「八九不離十」。

4、《王宗岳太極拳論》的作者，非武禹襄莫屬。（見120頁）

5、無論哪一種可能，有一點是毋庸懷疑的，即武禹襄手中確有一本《王宗岳太極拳論》，這是創造太極拳的關鍵之關鍵！（見147頁）

6、武禹襄將是名副其實的太極拳創造者。（見321頁）

7、武禹襄從根本上改造拳法是得到王宗岳《太極拳譜》，按照王宗岳《太極拳論》，把先後從楊祿禪和陳清平處學來的拳法徹底改造，並按王宗岳的命名，曰「太極拳」。（見144頁）

8、哪位宗師最早提出「太極拳」的？……答案也一清二楚，是武禹襄和楊祿禪。（見376頁）

9、太極拳的改造和成拳過程是由陳長興、陳清平開始的，由武禹襄和楊祿禪完成的。（見147頁）

10、武禹襄和楊祿禪兩位創造太極拳的宗師……（見376頁）

11、李亦畬在《五字訣附序》中說：「太極拳始自宋朝張三豐先生，其精微巧妙王宗岳論詳且盡矣，後傳至河南陳家溝陳姓，神而明者代不數人。」這提到太極拳，然而已是武禹襄之後了。（見134頁）

12、王宗岳和張三豐一樣，已成為太極拳的圖騰。（見122頁）

13、陳清平的趙堡太極拳源於戚繼光拳經。（見134頁）

14、小序說趙堡鎮的陳清平「精於是技」，是精於炮捶呢？還是太極拳？（見142頁）

15、陳清平練的拳，本來和陳家溝是相同的，都是長

拳或炮捶。得到王宗岳《太極拳譜》之後，改造了他的拳法風格，成為趙堡太極拳，再也不是炮捶了。（見143頁）

16、陳清平也把他自己的拳按照王宗岳《太極拳論》改造成他的「太極拳」，即今天人稱的「趙堡太極拳」。（見144頁）

17、《紀效新書》是太極拳創造之源。戚繼光是太極拳原始拳架的創編者。（見133頁）

18、近代太極拳架是明代抗倭將領戚繼光創編的（見240頁）

19、各式太極拳架均源於戚繼光《拳經三十二勢》（見132頁）

然而，就在同一本書中，于先生也說：

1、文中說（指李亦畬寫的《五字訣附序》）：「太極拳始自宋朝張三豐先生」。這顯然是武禹襄告訴李亦畬的。（見140頁）

2、王宗岳最早以太極學說論拳奠定了太極拳的理論基礎和技擊方法。（見414頁）

3、《太極拳論》、《太極拳釋名》、《十三勢行工歌訣》和《打手歌》收入李亦畬《廉讓堂太極拳譜》，被認為是王宗岳之作。（見127頁）

4、小序中有一個問題說清楚了，卻存有疑問，就是為什麼陳家溝沒有王宗岳《太極拳論》，而在毗鄰的趙堡卻有。我們又可看出，凡是有王宗岳《太極拳論》的地方，拳風就為之大變，都變為柔軟的拳路。所以，趙堡的拳也是柔和的一路。（見142頁）

5、陳清平是技藝高超的武學大師，他對王宗岳《太極拳譜》的理解，比當時的武禹襄要高明得多。（見143頁）

6、武禹襄聞之，追求不放，才又去趙堡找陳清平，並得王宗岳《太極拳論》與之研究月餘，才「精妙始得，神乎技矣」！（見376頁）

關於武禹襄是否具備寫作《太極拳論》的造詣，其實之前于志鈞先生就已經回答過了：

且看于先生在他的《中國傳統武術史》（中國人民大學出版社2006年2月第一版）第321頁所講：

有人懷疑「王宗岳」是武禹襄託名。這是多慮的。無論當時的陳長興、陳清平，還是楊露禪和武禹襄，都沒有這樣高的拳理造詣，不可能寫出如此經典的能指導此後一百五十年的太極拳運動的著作。從武禹襄的後續著作看，都不出王宗岳《太極拳論》的框框。如果拳論是武禹襄的著作，他沒必要附會一個當時人所不知的王宗岳。

《中國傳統武術史》2006年2月出版，《中國太極拳史》2012年4月出版，對武禹襄「沒有這樣高的拳理造詣，不可能寫出如此經典的」著作，到上述「具備寫太極拳論」的「第一至第五」個「必要和充分條件」。變化也太大了吧！

「**必要和充分條件**」的第四個理由——《五字訣》附序！這恰恰也是更好的回答：

李亦畬在《五字訣》的附序，亦稱《太極拳小序》。初稿作於同治六年丁卯（1867），是馬印書從姨丈李亦畬處抄得《太極拳譜》時的東西，小序末題「丁卯端陽日亦

畲李氏識」，首句作「太極拳始自宋・張三豐」。 雖然李氏後來，手訂三本，分別成於光緒六年庚辰（1880）小陽月，為抄贈胞弟啟軒藏本；光緒七年辛巳（1881）中秋念三日，為亦畲自存全本；辛巳中秋念六日。將首句又寫作「太極拳不知始自何人」，但「賜進士出身翰林院庶吉士理人武延緒撰並書」《先王父廉泉府君行略》仍然說：「太極拳自武當張三峰後，雖善者代不乏人，然除山右王宗岳著有論說外，其餘率皆口傳，鮮有著作。」《李公兄弟家傳》更說：「王父府君，公所從學拳法者也。先是河南陳某善是術，得宋・張三峰之傳。先王父好之，習焉而精。」

很清楚，武、李後人都認為太極拳行功的歷史可以上溯到武當張三豐繼承發揚。這種認識當得之於武禹襄和李亦畲之親口相傳。可見李氏《小序》定稿抄寫時修改首句，乃是把太極拳創始的歷史放到張三豐以前的悠久年代去考察。

按李氏所講，初稿所本者，為武禹襄之兄武澄清任職舞陽縣令，核查鹽務之際，於北舞渡鎮鹽店得《太極拳譜》，其中《十三勢論》題下標註云：「先師張三豐，王宗岳存留十三勢論。」

李氏寫序時，楊祿禪、武禹襄均健在，故《小序》當為可靠之作。也就是說，很明確，根本不存在自己的師傅武禹襄寫《太極拳論》或著《王宗岳太極拳譜》，以及創太極拳的事。

再者，這篇《太極拳小序》寫作非常嚴謹，就像板上釘釘一樣，人物、事件，前後順序是不可逆的：

太極拳→精微巧妙→王宗岳論詳且盡矣→後傳至河南陳家溝陳姓→我郡南關楊君→受而往學焉→專心致志十有餘年→備極精巧→旋里後→市諸同好→母舅武禹襄見而好之→常與比較→彼不肯輕以授人→僅得其大概→素聞豫省懷慶府趙堡鎮有陳姓名清萍者→精於是技→踰年，母舅因公赴豫省，過而訪焉→研究月餘→而精妙始得→神乎技矣→予自咸豐癸丑，時年二十餘→始從母舅學習此技→口授指示→不遺餘力。

　　即先有張三豐創的太極拳（或者是不知始自何人）的「精微巧妙」，後有王宗岳的「論」而「詳且盡矣」；後來傳到了河南陳家溝陳姓，因而才有「我郡南關楊君」「受而往學焉」。並且專心致志的學習了十年有餘，才獲得所有的「精巧」。回到永年後，給同好拳術的朋友們展示，這樣才有「母舅武禹襄見而好之」，並常與楊君比試，總覺得人家的東西好。

　　可是，人家作為秘技肯定保守，不肯輕易全部教給別人，僅僅只能學到人家拳術技藝的大概而已。但素來聽說河南省懷慶府趙堡鎮有個名叫陳姓清萍的人，精於這個太極拳的技藝。過了年，恰好因為母舅因公赴河南省，順便路過訪問請教了一下，學習研究一個多月，才掌握了許多精妙之處，感到太極拳技藝很神奇……

　　開首提名叫響，就叫做「太極拳」，而不是別的什麼拳。王宗岳就精於這個「太極拳」，而且論說又「詳且盡矣」。只有他「著有論說」，其餘的都是口傳，而「鮮有著作」行世。說的很清楚，王宗岳對於「太極拳」的技藝，造詣極高，其他人沒法比。

王宗岳的太極拳，後來傳到了河南陳家溝姓陳的那裡，明白其神妙的，每一代，都是為數不多的幾個人。

## 一 張三豐是太極拳祖師，而不是圖騰。

　　1、當代武術泰斗、九段大師蔡龍雲教授曾講：「張三豐是近代的武術界非常推崇的一位人物。」他在《少林與太極》雜誌 1989 年第 1 期，即撰文「好道善劍的張三豐」。文中講：關於張三豐的武技，《道統源流》裡說他「好道善劍」。而在《三豐全集‧傳考記》裡，袛園居士則說他「手執刀尺」。《刀尺賦》也說：「三豐先生常攜刀尺以遨遊……客有怪者，不知其由。先生乃為之賦曰：斯刀也能開混沌，斯尺也用絮蓬萊，故相隨而不失，知造化之剪裁……刀兮刀兮妙之又妙，尺兮尺兮要所必要，匪歐冶之能溶，匪公輸之能造，與我偕行，任他嘲笑……一刀一尺遍天涯，四海無家卻有家，破衲補成雲片片，袖中籠著大丹砂。」善劍也好，手執刀尺也好，總之刀劍和鐵尺都是武器，會使武器，不能說他不會武功吧。

　　2、社會學家趙丙祥先生在其「『內家』與『外家』——中國『身體社會』之變化，以張三豐神話為例」一文（見《新史學》（第五卷）清史研究的新境楊念群主編中華書局 2011.11 第一版 189 至 232 頁），亦講到：

　　許多論者認為，張三豐（峰）創拳說純然是虛構出來的。不過，近年來研究者發現了一些新的史料，它們至少證實了張三豐精通武術的說法不是空穴來風。

　　四川《大邑縣誌》中載有宣德二年（1427）蔣夔撰《張神仙祠堂記》稱：「仙（即張三豐）自少膂力過人，

善騎射。」（轉引自王光德、楊立志《武當道教史略》，第192頁。）

其寫作時間離永樂帝駕崩僅三年，早於沈一貫之文大約200年。實際上，它比任自垣寫成的公認的第一篇張三豐傳記的時間（宣德五年）還要早三年。《大岳太和山紀略》載有明代湖廣監察御使賈大亨（1538年進士）《題太和山》一詩云：「山峪凌虛瀛，神尊握化權。……希夷丹氣滿，邐邐劍光研。」（王槃《大岳太和山紀略》卷八。）

此詩當是賈大亨任監察御使時所作，當在嘉靖二十八年（1549）前後，在黃宗羲撰《王征南墓誌銘》之前約80年。而清初田雯《古歡堂集》中，有一首《三豐道人壁影歌》，其中有「熊經鳥伸訣自秘，寸田尺齋理其粗。……異哉三豐促儉侶，邐邐道士群相呼。……長生思假六禽戲，前村微雨聽鷓鴣」之句（田雯《古歡堂集》卷七，轉引自江百龍主編《武當拳之研究》，北京體育學院出版社，1992年，第54頁）。

田雯以明人仕清，此詩大概是在他巡撫貴州（1688年）時所作，與黃宗羲撰《王征南墓誌銘》相去僅二十年，實可視為同時之作。這三種資料所述張三豐擅長的武術，一為「騎射」，一為「劍術」，一為「導引術」，若將這些記載都籠統地一律判為附會，實在令人難以信服。

退一步說，即便如索安所言，是張松溪出於與名聞天下的少林寺拳術對抗的目的而附會於張三豐，也並非空穴來風。在某種意義上，其他一些人物可能更為合適，如周顛，太祖曾為之撰《御製周顛仙人傳》；如冷謙，有「八

段錦」傳世，他也是浙江人氏，而浙東內家拳正是在「八段錦」的基礎上形成的，在黃百家的拳譜中，即以「十段錦」為名目。

我們在前面說過，道士能夠贈予皇室的禮物是來自社會之外的「丹」，即「外丹」，那麼，對隱藏在社會中進行武藝修練的人如張松溪和王征南來說，卻希望得到他的「內丹」。即使張三豐創拳說之為附會，其根源必定在這裡，在這個意義上，它恰好是一種延續而不是附會。

另外，趙丙祥先生也在這篇研究中同時指出：「其實何來兩個張三豐（峰），一看即可知黃氏父子是曲筆寫法。」

他說：值得注意的是，黃宗羲父子都寫作「張三峰」，而不是通常的「張三豐」。有的研究者據此認為他們是兩個不同的人，其實何來兩個張三豐（峰），一看即可知黃氏父子是曲筆寫法。顧留馨（以及唐豪）認為：「宋張三峰為武當丹士之說，宋、元、明三代並無史料可據。」（顧留馨《太極拳術》·上海教育出版社，1986年，第 352—353，252 頁。）從基本的史料來說，這是對的。

不過，將張三豐視為宋人的做法，並不像唐豪認為的那樣，純粹是黃宗羲所為。【四川《大邑縣誌》中載有宣德二年（1427）蔣夔撰《張神仙祠堂記》稱：「仙（即張三豐）自少膂力過人，善騎射。」「……迎請真仙，張三豐先生……」】

前引蔣夔《張神仙祠堂記》中，就已認為張三豐是「宋時」人了，「宋時厥考，遊宦京師，宋亡，被金人虜

至胡地，遂為沙陀人」。當然，我們不是要把這段文字視為無可置疑的信史。但它表明，從明初開始，以張三豐為宋人的，就已不乏其人了（其他各種相關記錄及其考辨，可參見黃兆漢《明代道士張三豐考》，第一部分「張三豐時代行跡考」各處。）。

雖然將張三豐向前推到宋代並非黃氏父子的發明，而且從黃宗羲《墓誌銘》中即可以知道，張三峰為宋時人的說法是王征南告訴黃宗羲父子的，但這一「事實」對他們三人來說仍然獲得了新的意義。蔣虁記為「張三豐」，而黃氏父子則記為「張三峰」，既然黃宗羲提到了王征南不通文墨，那麼應該是他自己改動的。

在王征南去世後的第七年，黃百家在康熙十五年（1676）撰寫了《王征南先生傳》，四年之後，即康熙十九年（1680），他應詔入史局參與撰修《明史》，而《明史‧方伎傳》中，就明確地寫作「張三豐」。傅維鱗也參與纂修了《明史》，又獨立纂成《明書》，他在「異教傳」中記載的張三豐，雖有少許文字不同，但基本一致。黃百家對其父與《明史》所記「豐」與「峰」的不同，是不可能不明白的。

黃宗羲很有可能是運用了春秋筆法，他將王征南的生卒年記為：「生於某年丁巳三月五日，卒於某年己酉二月九日」，丁巳乃明萬曆四十五年（1617），己酉為清康熙八年（1669）。

黃宗羲不願提及明清皇帝年號，一方面可能是他擔心提及明帝年號而致禍，另一方面也表明他不願向清朝皇帝臣服。同時，他有意將明代張三豐前推至宋，且將「豐」

易為「峰」，並稱「徽宗召之」。

　　但是，雖然研究者都指出了這個事實，但沒有深究這種字詞的改動究竟有著怎樣的意義，皆以二字同音視之。如果我們將之與清初士人之「殘山剩（勝）水」的新傳統結合起來考慮的話，卻可以從中讀出兩種相互關聯的含義。

　　楊念群在研究明代遺民時指出，他們往往在「殘山剩（勝）水」的審美觀中來表明自己的政治心態。黃宗羲更有一首「詠史」詩，在南宋和亡明之間建立起一種直接的歷史關係：

　　弁陽片石出塘棲，餘墨猶然積水湄。一半已書亡宋事，更留一半寫今時。勝水殘山字句饒，剡源人近共推敲。硯中斑駁遺民淚，井底千年尚未銷。

　　詩中出現「亡宋」、「移民」字樣，最末一句並暗示南宋遺民鄭思肖之鐵函《心史》的命運，顯然是以「南宋」史事來抒解亡國之隱痛（楊念群《何處是「江南」：清朝正統觀的確立與士林精神世界的變異》，2010年，第25頁）。

　　在墓誌銘中，黃宗羲也用了「水淺山老」的畫面來比喻王征南作為明代孤忠之臣的淒涼境地，他在傳記的最後，這樣總結王征南的一生：「有技如斯，而不一施。終不鬻技，其志可悲。水淺山老，孤墳孰保？視此銘章，庶幾有考。」在一副「山淺水老」的淒涼背景中，靜靜地坐落著大明遺民王征南的「孤墳」，顯然，在黃宗羲的筆下，這座孤墳也是明代遺民之「孤忠」心態的物化形式。

　　若將《墓誌銘》放在這樣的歷史語境中，則不難理

解，梨洲父子改「豐」為「峰」：

一是強調張三豐的隱士身分（「山林之士」或「岩穴之士」），這是張三豐在有明一代的通常形象，從而接續了明代視張三豐為隱士的文本傳統；

二是在明末清初的「殘山剩水」氛圍中，將其描繪為一個遺民的形象（「殘山」），這是將之從「元－明」向前推移到「宋－金」時期的深意。

在黃宗羲、王夫之這樣的遺老眼中，明與清的關係，恰好可以看作宋與金之間的關係。至於黃氏父子的遺民心態，早已為唐豪注意到了：「梨洲之述征南，不啻為自身寫照。葉紉庵慫恿之不出，終老於著述，以抒寫其亡國之隱恨，墓誌銘中書『征南生於某年，卒於某年』，而不書萬曆康熙者，即可見此老之志。百家《內家拳法》中，流露故國之思者，……可以見百家從征南學，原期反清勢力之伸張，以圖參加；其後魯王失敗，依鄭成功於台灣，百家鑒於大勢已去，不得已而改習舉子業；乃後世腐儒，不知其寄託之所在。」（唐豪《太極拳與內家拳》，第24—25頁。）

3、《武當》雜誌 2013 年第 2 至 3 期發表李濱先生「張三豐太極武道文史新證——《大理古佚書鈔》展示張三豐創太極拳劍行跡」一文，介紹到：雲南人民出版社 2002 年 1 月出版了《大理古佚書鈔》（尹明舉主編）一書，書中輯錄了我國明朝存世書稿三部，即李浩《三迤隨筆》、李以恆《淮城夜語》、張繼白《葉榆稗史》。三部書稿的面世，是繼山東銀雀山、長沙馬王堆、荊門楚墓出土簡帛古書之後的又一重大驚喜新發現，為當今盛世的文

化繁榮和學術研究帶來歷史淀積的精神文化寶貴遺產。這三部書籍中記載的張三豐資料，振聾發聵地為中國武術太極拳尋蹤，揭示迷津。

### 《三迤隨筆・沈萬三秀戌德勝驛》

「……三豐精周天太極，萬三亦然。劍技之精，前無古人。余素好武，得其傳三百八十四劍罡步，久練而輕身……

（《大理古佚書鈔》第198～199頁）

### 《淮城夜語・張玄素入點蒼》

「張玄素，遼東懿州人，生於元初，乳名全一。元初入學，取名通。才智超群，博學經史，過目不忘。入仕，淡功名，喜清閒林下。先生身材高大，龜形鶴骨，大耳方頤，青髯如戟。初拜碧落宮白雲長老為師，悟修身之道。後遇全真道士邱處機，傳吐納而悟。辭家遠遊，學道於火龍真人，得延年術。後至寶雞金台山，精研道學，號三豐道人。道成遊天下，至武當，結蓬於玉虛台，精研太極，創武學，自成一家。以陰柔陽剛、剛柔兩儀四象而創太極三功，即內丹太極劍三百八十四招，太極兩儀拳三百八十四拳，陰陽太極掌……玄素傳拳劍於段氏二子一女，及玄亮子靜超、靜遠。後返武當。……」

（《大理古佚書鈔》第322～323頁）

這裡早已明確張三豐「精周天太極」「劍技之精，前無古人」「精研太極，創武學，自成一家」「以陰柔陽剛、剛柔兩儀四象而創太極三功，即內丹太極劍三百八十

四招，太極兩儀拳三百八十四拳，陰陽太極掌……」。

更有各家《太極拳譜》早已流傳的「張三豐拳經」「王宗岳拳論」，無不相互印證，太極拳的傳統源流觀，絕對沒有錯！

## 二 王宗岳是太極拳一代宗師，更不是圖騰。

不管怎樣，唐豪都是承認王宗岳及其太極拳論著的，譬如，他在《王宗岳太極拳經 王宗岳陰符槍譜 戚繼光拳經》中，即列出了王宗岳太極拳經《目錄》：一、十三勢論；二、太極拳論；三、太極拳解；四、十三勢歌；五、打手歌；六、十三勢行工心解；七、十三勢名目。

這裡首先錄出于先生在其《中國太極拳史》第 93 頁至 101 頁的「關於王宗岳有下列說法」：

第一種說法：武禹襄（1812～1880），名河清，字禹襄，號廉泉。河北永年縣廣府城人。其兄為河南舞陽縣知縣武秋瀛，名澄清，從舞陽鹽店得到王宗岳《太極拳論》。咸豐二年（1852 年），武禹襄赴其兄舞陽任所，其兄把王宗岳《太極拳論》送給武禹襄。從此，武禹襄無意仕途，終身研練太極拳，成為太極拳的一代宗師。《太極拳論》署名「山右王宗岳」。這是「王宗岳」最早出現的文字記載。

第二種說法：1935 年杜元化（育萬）著《太極拳正宗》一書中《太極拳溯始》寫有：「余先師蔣老夫子，原籍懷慶溫縣人也。生於大明萬曆二年，世居小留村，在縣之東境，距趙堡鎮數里之遙。至二十二歲學拳於山西太原省太谷縣王老夫子諱林禎，事師如父，學七年，禮貌不稍

衰，師亦愛之如子。據聞，王老夫子學於雲遊道人。」杜育萬提出一個趙堡太極拳傳承系：蔣發傳邢喜懷；邢傳張楚臣；張傳陳敬伯；陳傳張彥；張彥傳陳清平；陳傳和兆元、任長春等人。任長春為杜育萬的師父。趙堡太極拳傳人說，王林禎即王宗岳，這有趙堡流傳的王宗岳《太極拳論》為證。

這裡還有一個旁證：陳家溝十七代陳子明 1932 年出版《陳氏世傳太極拳術》中記有「《陳清萍傳》：陳清萍為陳有本、張炎門徒，得太極拳理，趙堡鎮一系，皆其所傳。」這是陳家溝陳氏後裔，唯一一位承認陳氏曾向外姓人學習拳術的記載。此實乃破天荒之事！又記有「廣平武禹襄初學於楊福魁（祿禪），然精微所在，秘不以傳。因往趙堡請益於清萍，其名之盛如是，弟子中以李景延為最。」

這與李亦畬《太極拳小序》記「我郡南關楊某愛而往學焉。專心致志十有餘年，備極精巧。旋里後，市諸同好。母舅武禹襄見而好之，常與比較。彼不肯輕以授人，僅能得其大概。素聞豫省懷慶府趙堡鎮有陳姓名清平者，精於是技。蹁年，母舅因公赴豫省，過而訪焉。研究月餘，而精妙始得，神乎其技矣！」是一致的。

其中最為關鍵人物是「張炎」，杜元化記為「張彥」，是陳清平的師父。

在趙堡鎮，陳家溝移居來的陳姓，還有「陳敬伯」者，其師是張楚臣。張楚臣是蔣發的第三代傳人。

「陳敬伯」，在陳鑫《陳氏太極拳圖說》中《陳氏家乘》有記載，叫「陳敬柏」，記有「陳敬柏，字長青，乾

隆初人，好太極拳。山東盜，年十八，將撫憲廨窗摘玻璃一塊，竊騾，飛簷走壁，越城而去，捕役不敢拿。時公隨營，奉諭往捕，賊以刀扎向敬公，公以牙咬刀，將賊扳出門外，賊服。案破後，賊亦隨營效用。時山東名手藝不及公，因號公為蓋山東，言其藝之高也。」陳鑫未提及陳敬柏的拳是跟誰學的，原來是跟外姓「張楚臣」者學的。

從上面的記載看，杜元化給出的趙堡太極拳的傳承，得到陳家溝陳氏的部分驗證。趙堡傳說，陳王廷的拳技是從蔣發學的。

第三種說法：1996 年永年李光藩先生複印若干頁王宗岳《陰符槍譜》贈送給於志軍均先生，其中有王宗岳自序一篇，如下：

### 自序

余習太極二十有年，兼修槍術，從中悟武子兵法，傳奇槍十八，開八門，步行陰陽，藏九星八卦之妙，內有長槍三十六，花槍十二。吾尊其本源編創陰符槍十六勢。今將身法、步法、手法決要公書於後。

萬曆戊子季春朔日　山右太谷王宗岳

陰符槍譜有封面和王宗嶽（岳）印章。

文中之後，有李亦畬的識，如下：

母舅禹襄授王氏太極拳論並陰符槍譜二卷，此拳乃稀世之寶，古譜不可輕易示人，慎而重之，切切僅記。

同治丁卯中秋月圓亦畬氏記於小書房內

光緒辛巳中秋念六日亦畬氏謹識

原件複印如下：

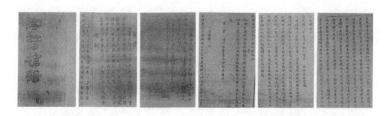

李亦畲初寫此文為同治丁卯六年（1867 年），光緒辛巳七年（1881 年）又重閱一遍。

明萬曆戊子是萬曆十六年（1588 年）。說此時王宗岳習太極拳已經二十多年，上溯二十年，當為公元 1568 年，即明隆慶二年，說「二十有年」，那就是說，王宗岳在嘉靖年就開始學習太極拳了。萬曆十六年距崇禎末年（十七年，1644 年）相差五十六年。此時，王宗岳當在七十歲左右。說他是蔣發的師父，在時間上是說得過去的。蔣發與陳王廷同時代，明末清初。我們僅說在時間上。

**第四種是唐豪的說法：**唐豪說，他 1930 年在北平（京）書市買到一本陰符槍譜與太極拳經的合抄本。1936 年，他寫了一篇《王宗岳考》，與這個合抄本加注一併發表，出版了名為《王宗岳陰符槍譜‧王宗岳太極拳經》一書。

**其次，再讓我們看看武派太極拳的有關文獻資料：**

1、武澄清，字霽宇，晚號秋瀛老人。是武禹襄的長兄，酷愛太極拳，其功夫造詣也較高，為太極拳的發展作出過不可磨滅的貢獻.

1834 年（道光十四年）武澄清中舉，時年 35 歲。先

主講秀銘書院，後又擔任樂亭縣的教育主管。1852 年（咸豐二年）武澄清中了進士，二年後補授舞陽縣。在舞陽任上，他聯絡鄉團，親練壯勇與犯境之捻軍作戰，入山剿捕，督率民勇困守危城，先後二次擊退捻軍的萬人攻城。後因協同拿獲捻軍頭領張文成，奉旨賞藍翎並加同知銜。

武澄清一生讀書稽古，經世致用，文武兼備，才德相濟，是一個很能幹的人，「司教則稱人師，出宰則能為健令，及其歸田養母，則不愧為孝子，為高人」（史夢蘭撰墓誌銘，李鴻藻撰傳、武勳朝撰墓表略同，轉引自龐大明著《武式太極拳闡秘》第 268 頁）。

武澄清熱衷習練太極拳，從政餘暇研習太極拳，頗有所得，寫出《釋原論》，以闡發王宗岳《太極拳論》的精義，這是存世最早的清代人詮解王宗岳《太極拳論》的文章。此外，武澄清還寫了《摟字訣》、《釋名》、《打手論》、《太極拳跋》等有關太極拳的文字，其中《釋原論》、《打手論》是很重要的拳論，時有高見，而太極拳《跋文》則是極其珍貴的太極拳史料。

這篇作於光緒九年（1883）的《跋文》，是存於永年人李子實在 1932 年為贈原永年國術館長先師韓欽賢先生的工楷手抄本。《跋文》附於《太極拳譜》之後。

《跋文》第一段記載：「明季山右王宗岳傳於懷慶府武陟縣趙堡鎮蔣姓、蔣氏父子藝皆精越，數傳有張宗禹、張言，叔侄俱有盛名。」

《跋文》第三段記載：「近日趙堡鎮等村，習是拳者尚夥……」

《跋文》說明：「咸豐年間武陟縣趙堡鎮還是太極拳

的活動中心」。

（參見《中華武術》雜誌 2005 年第 7 期 賈朴「武秋瀛拳史《跋文》考—兼談太極拳的創造人」一文）

2、著名的武式太極拳傳人喬松茂、薛乃印曾發表「武式太極拳的源流及特點」「武式太極拳見聞淺錄」等文章，所證史實為：

武式太極拳是由清代永年人武河清在原趙堡太極拳的基礎上加以改創，尤其外甥李亦畬進一步完善。

武式太極拳始祖武河清，字禹襄（1812—1880），永年廣府城內東街人。長兄澄清，字秋瀛，官任河南舞陽縣知縣。次兄汝清，字酌堂，清刑部員外郎。兄弟三人自幼從父習洪拳，家頗富有，並於永年廣府城內東西兩街各開茶莊一處，後將兩茶莊合併。騰出西街市房租給河南溫縣陳家溝陳姓經售藥材，店名太和堂，禹襄和其兄見其店夥計均習太極拳，輕靈巧妙與己所習迴然不同，遂以客東之誼求授。雖習數年，而奧妙難終曉悟。

素聞河南趙堡鎮陳青萍拳藝精湛，禹襄乃於赴兄任所之便訪而從學。正值陳師有售出土地未撥丁名之憂和受人誣告入獄殺身之難，禹襄透過在舞陽當知縣的兄長武秋瀛，代為奔走而解之。陳師甚感其恩，隨傾心授藝相報，體示口解，備極詳盡。

陳師所授拳技與禹襄從太和堂學得的拳架大不相同，禹襄邊學邊練，並將所學拳理、拳訣作出札記，晝夜研習（四十餘日），悉得其髓，理法盡知。復將陳師所贈的王宗岳《太極拳論》、《太極拳勢概要圖》、《拳論》一併抄繪攜歸。與其甥李亦畬、李啟軒（如獲至寶）一同研

習，兩年後技藝驟進，理法大明，竅要盡能施於身（復在原拳架的基礎上加以改創，輾轉三載，方成今貌）。

（參見：《中華武術》雜誌 1994 年第 4 期喬松茂「武式太極拳的源流及特點」）

**再次，《中國太極拳》雜誌 1994 年第 5 期嚴翰秀先生「《太極拳》論出處新說」一文，對此也作了證實：**

唐豪考《廉讓堂太極拳譜》中說：「武禹襄在鹽店所得太極拳譜……當為宗岳原文。」

為此，筆者（嚴翰秀）為探求這篇著名拳論出處的客觀情況，先後兩次到武禹襄的家鄉河北省永年縣廣府鎮、河南溫縣趙堡鎮趙堡鄉（即武禹襄向陳請萍學拳的地方）瞭解、訪問。在趙堡村，逐戶訪問了陳青萍的後代，陳青萍所傳的趙堡太極拳的傳人。在村黨支部書記、村長的大力支持下，召開了老拳師座談會，參加座談會的有陳青萍的直系傳人、和式太極拳的傳人十多人，他們是：和學儉、鄭鈞、王海洲、陳學忠、劉火森、劉清喜等。在逐戶訪問和座談會中，他們暢所欲言，回憶了趙堡太極拳代代相傳的歷史，也說到了武禹襄在趙堡學拳的情況，說到了《太極拳論》。在談到《太極拳論》時，他們一致認為：《太極拳論》是陳青萍直接傳給武禹襄，並不是武禹襄的哥哥從鹽店所得再給武禹襄的。

據趙堡老拳師們說，武禹襄到趙堡村學太極拳時，正值陳青萍吃緊兩個官司。一是陳青萍與義和團的頭領「鍾大哥」有厚交，清政府捉拿「鍾大哥」，陳青萍保護了他被官府知道而受牽連，這種官司是吃死罪的。二是陳青萍

的土地官司，他賣了土地未辦妥手續涉及繳交租稅的問題，這官司如果輸了就是變賣全部家產也不夠賠償。陳青萍面臨傾家蕩產、家庭崩潰和被殺頭的危險。武禹襄恰好在這關鍵時候找到陳青萍學拳，瞭解到陳青萍的險惡處境。當時武禹襄的哥哥在舞陽縣當縣令，武禹襄透過他哥哥幫陳青萍疏通關係，使陳青萍免去了官司之危。陳青萍為報武禹襄救命大恩，授他趙堡太極拳的精要，並傳他自己所得到上代相傳的拳論，包括現在流傳的《太極拳論》。

為何武氏返鄉後說《太極拳論》在舞陽鹽店所得而不說師傳的呢？

原因是這樣：趙堡太極拳自古以來嚴格遵守只傳村人，不傳外鄉人的村規，按村規，陳青萍是不能向武禹襄傳拳的，更不能將秘訣相授。但陳青萍教了武禹襄「月餘」，村人從陳青萍的境況出發，可以理解他授拳給武氏的行為。陳青萍怕授秘訣給武禹襄讓村人知道了不理解，就叮囑武不要說在他處得到這些要訣，說是在「舞陽縣鹽店」得到，舞陽縣是武禹襄哥哥當官的地方，教武禹襄拳離不開他哥哥的幫忙，「鹽店」是「閻王殿」的諧音，授武氏拳訣是因為武氏將他從「閻王殿」裡救了出來，所以說從「閻王殿」得到。

這樣說，不暴露陳青萍傳訣的秘密，不使陳青萍公開違背村規，又暗示了陳青萍對武氏救命大恩的回報，也暗示了《太極拳論》的來源。「舞陽鹽店」一說，可說是非常巧妙地處理好了這一極難處理的問題。

另一個證據就是趙堡鎮和有祿、和定乾兄弟於《武

當》雜誌 2001 年第 6 期發表「李亦畬的太極拳論源自趙堡」一文，透過和氏家傳《拳譜》的對比，也證實了這一點。

最後，還要說明的一點，近年來，對王宗岳的研究也取得了很大的突破。請參見筆者相繼於《太極》雜誌 2010 年第 5 期（29 至 32 頁）和《武當網》2012 年 9 月 12 日發表的「太極拳史研究的最新突破──明代山西王宗岳家族譜系被發現」「明·山西王宗岳及其武當張三豐太極拳源流研究」，以及山西新絳縣王宗岳的故鄉人劉曄挺先生經過多年查訪挖掘整理出版的《太極拳聖王宗岳考》一書（台灣逸文武術文化有限公司 2012 年 4 月初版）

《武當》雜誌 1992 年第 1 期亦曾發表路迪民、趙幼斌二位先生「太極拳經原貌考」一文，最後研究結果確認：《太極拳經》武當張三豐著 山右王宗岳解。

內容如下：

### 歌 訣 一

順項貫頂兩膀鬆：虛靈頂勁，氣沉丹田。兩背鬆，然後室。

束脅下氣把襠撐：提頂吊襠，心中力量。

威音開勁兩捶爭：開合按勢懷中抱，七星勢視如車輪，柔而不剛。彼不動，己不動，彼微動，而己意先動。

五指抓地上彎弓：由腳而腿，由腿而身，如練一氣。如轉鶻之鳥，如貓擒鼠。發勁如弓發矢，正其四體。步履要輕隨，步步要滑齊。

## 歌　訣　二

舉步輕靈神內斂：一舉動，周身俱要輕靈，尤須貫串。氣宜鼓盪，神宜內斂。

莫教斷續一氣研：無使有凹凸處，無使有斷續處。其根在腳，發於腿，主宰於腰，形於手指。由腳而腿而腰，總須完整一氣。向前退後，乃得機得勢。有不得機得勢處，身便散亂。其病必於腰腿求之。

左宜右有虛實處：虛實宜分清楚。一處自有一處虛實，處處總此一虛實。周身節節貫串，無令絲毫間斷耳。

意上寓下後天還：上下前後左右皆然。凡此皆是意，不在外面。有上即有下，有前即有後，有左即有右。如意要向上，即寓下意。譬如將植物揪起，而加以挫之之力，斯其根自斷，損壞之速乃無疑。

## 歌　訣　三

拿住丹田練內功：拿住丹田之氣，練住元形，能打哼哈二氣。

哼哈二氣妙無窮：氣貼背後，斂入脊骨。靜動全身，意在蓄神，不在聚氣，在氣則滯。內三合，外三合。

動分靜台屈伸就：太極者，無極而生，陰陽之母也。動之則分，靜之則合。無過不及，隨屈就伸。

緩應急隨理貫通：人剛我柔謂之走，人背我順謂之粘。動急則急應，動緩則緩隨。雖變化萬端，而理與性唯一貫。由招熟而漸至懂勁，由懂勁而階及神明。然非用力

之久，不能豁然貫通焉。

## 歌　訣　四

忽隱忽現進則長：不偏不倚，忽隱忽現。左實則右虛，右重則左輕。仰之則彌高，俯之則彌深，進之則愈長，退之則愈促。

一羽不加至道藏：一羽不能加，蠅蟲不能落。人不知我，我獨知人。雄豪所向無敵，蓋皆由階而及也。

手慢手快皆非似：斯技旁門甚多，雖勢有區別，概不外強欺弱，慢讓快耳。有力打無力，手慢讓手快。是皆先天自然之能，非關學力而有也。

四兩撥千運化良：察四兩撥千斤之句，顯非力勝，觀耄耋能禦眾之形，快何能為。立如秤準，活似車輪。偏沉則隨，雙重則滯。每見數年純功，不能運化，率自為人所制者，雙重之病未悟耳。欲避此病，須知陰陽。黏即是走，走即是黏。陰不離陽，陽不離阻。陰陽相濟，方為懂勁。懂勁後，愈練愈精，默識揣摩，漸至從心所欲。本是捨己從人，多誤捨近求遠。所謂差之毫釐，謬以千里，學者不可不詳辨焉。

此論句句切要，並無一字陪襯。非有夙慧之人，未能悟也。先賢不肯妄傳，非獨擇人，亦恐枉費工夫耳。

## 歌　訣　五

極柔極剛極虛靈：極柔軟，然後極剛堅。能呼吸，然後能靈活。氣以直養而無害，勁以曲蓄而有餘。

運若抽絲處處明：全身意在精神，不在氣。有氣者無力，無氣者純剛。氣如車輪，腰似車軸。似鬆非鬆，將展未展。勁斷意不斷，藕斷絲亦連。

開展緊湊乃縝密：心為令，氣為旗，腰為纛。先求開展，後求緊湊，乃可臻於縝密矣。

待機而動如貓行：牽動往來，氣貼背，斂入脊骨。內固精神，外示安逸。邁步如貓行，運勁如抽絲。

## 歌 訣 六

掤捋擠按四方正，採挒肘靠斜角成，乾坤震兌乃八卦，進退顧盼定五行：長拳者，如長江大河，滔滔不絕也。十三勢者，掤捋擠按，採挒肘靠，此八卦也。進步、退步、左顧、右盼、中定，此五行也。合而言之，曰十三勢。掤捋擠按，即坎離震兌，四正方也。採挒肘靠，即乾坤艮巽，四斜角也。進退顧盼定，即水火金木土也。

以上係三豐祖師所著，欲天下豪傑延年益壽，不徒作技藝之末也。

于志鈞先生亦曾於《武當》雜誌 2001 年第 2 期發表「本正源清　我武方興——評《中國武術史》」一文，其中講「任何人寫中國武術史，企圖繞過武當派，繞過張三豐，就會使武術史成為一個枯燥乏味的空架子」「王宗岳是太極拳愛好者皆知的《太極拳論》的作者。《武術史》在第 325 頁太極拳譜一節中隻字不提王宗岳，寫道：「譜中首篇《太極拳論》，其他各篇大體都是武禹襄和李亦畬二人之作，或是修訂陳家溝歌訣而成。」偏見比愚昧更可怕，以偏見來撰寫中國武術史，恐怕沒有超過《中國武術史》的了。」

我想，對太極拳史的研究，又何尚不是如此呢！

至於「第四種說法」，于志鈞先生早在 1998 年第 3

期《武當》發表「《王宗岳考》註解」一文，對唐豪的說法進行了駁斥。下面我們看看于先生在此文的就清楚了：

## 注 釋

①唐豪考釋《廉讓堂本太極拳譜》（五字訣）唐豪附識，寫道：「予於 1930 年，在北平廠肆得王宗岳《陰符槍譜》與楊氏《太極拳譜》合抄本。後一年，赴溫縣訪求太極拳史料……」此事實出蹊蹺！據唐豪稱，此「合抄本」尚夾帶陳溝傳習的《春秋刀殘譜》一種。唐豪從未把這個「合抄本」的原件給任何人看過，今日此原件又不知落於何處？所以，這個「合抄本」真偽難辨，不足為據。起碼有以下問題質疑：1、北平廠肆是個什麼地方？唐豪是怎麼得到的？2、合抄本是何人抄的？三種內容（陰符槍譜、楊氏太極拳譜、陳溝春秋刀殘譜）出於一人之手筆？抑或眾人之筆？3、所使用紙張之年代鑑定？沒有這些鑑定文件，合抄本就一文不值。

②此處之「陰符」即指《陰符經》。《陰符經》大約成書於南北朝的北魏到北周（公元 531 至 580 年），作者不詳。書名「陰符」，義在「陰者暗也；符者合也」。《陰符經》說五行為「五賊」；三才為「三盜」，說：「天生天殺，道之理也。天地，萬物之盜；萬物，人之盜；人，萬物之盜。」說人與萬物相賊相利。把人與人描寫為利害和利用的關係，如陰符經說：「生者，死之根；死者，生之根。恩生於害；害生於思。」這完全不是唐豪和佚名氏所說的太極學說。《陰符經》是一部反中國傳統倫理道理道德的哲學著作。太極學說是一分為二的科學理論著作，見之於《周易》。易認為「感而遂通」；陰符講

「暗合」，不承認有「感應」，與易理是對立的。唐豪把與太極學說相對立的陰符經說成是太極，把所謂陰符槍譜與王宗岳的太極拳論等同，顯然是錯誤的。

③清代鄉試，每三年在省、京城舉行一次，考中者為舉人，佚名氏即無名氏。王宗岳乃太極拳之一代宗師，作陰符「槍譜」，為了什麼目的找一個未中舉的無名小輩為之作序？豈不令人深思！

④辛亥（乾隆五十六年），王宗岳已「悉心於此中數十年」。何謂數十年？應該是三十年以上。此時佚名氏正準備應鄉試考舉人。佚名氏此時多大年齡呢？一老一少，何以有此之交！此無名氏是誰？他懂槍法嗎？

⑤行家一看，這並不是槍譜。最大的破綻是「步不離拳」，槍是雙手握桿的器械，何「拳」之有！其「左則右之，右則左之」、「實則虛之，虛則實之」與陳長興《用武要言》的「左過右來，右過左來」，「虛而實之，實而虛之」何其相似！抄跡甚顯。此篇《陰符槍總訣》顯係一個不懂槍術之人拼湊的抄襲之偽作。

⑥這裡唐豪採取詭辯論的手法。他首先拋出個「合抄本」，在何時誰抄的都不清楚的情況下，他抬出個死人「佚名氏」來「證明」山右王先生就是王宗岳。此後，就認定合抄本的三個部分（陰符槍譜、楊氏太極拳譜、春秋刀殘譜）都與王宗岳拉上關係，進一步肯定，這三個內容就是王宗岳親自抄寫的。於是，最終證明：王宗岳在陳家溝不僅學了太極拳還學了春秋刀。這樣說來，王宗岳的「槍術」也應該是從陳家溝學來的了！

⑦唐豪在沒有任何史料的情況下，僅憑開封、洛陽二

個地方的地理位置，就「證明」王宗岳到陳家溝學習太極拳，時間是乾隆五十六至六十年。我們提出這樣的問題：「王先生」說，他「悉心於此中數十年」，如此說來，他是經過了至少三、四十年的研習，才發明了「陰符槍」；按唐豪的說法，陰符槍譜與太極拳經（即王宗岳太極拳論）的理論相合一致，如此說明，「王先生」在到所謂「陳家溝」之前就已經寫出了太極拳的理論，此後又到陳家溝去學習太極拳；唐豪說王宗岳從陳家溝學得太極拳回來之後，撰《太極拳論》一篇，這不矛盾嗎！

　　當然，于先生在《中國太極拳史》裡，也有大量的質疑與駁斥，這裡也無需贅言了。

**三　趙堡太極拳的源流傳承，不但鐵證如山，而且是得到公認的！**

1、《武當》1998 年第 8 至 9 期發表了王震川／獻稿 譚大江／校評「孤本殘卷秘典　隱世歷劫重光——記評趙堡太極拳歷史文獻的重大發現」一文。

　　王震川介紹說「這些資料是他從當地一個行醫世家所獲得」，譚大江校評說「這份寥寥數頁的手抄本，卻是趙堡太極拳極其珍貴的一份歷史文獻。」

這份資料就是王柏青編著的《太極秘術》，其中就有王宗岳的《太極拳勢》《太極拳論》，蔣發的《太極拳功》《太極拳訣》，邢喜懷的《太極拳道》、《太極拳說》、張楚臣的《太極拳秘傳》，王柏青的《太極拳丹功義詮》。

還有一篇《太極秘術》原序，講到：

余從師於溫州張楚臣。先師曰：「是術得之於道門，精微奧義，有不可言傳之妙。德不修者不與之，名利重者難成之，才不足者不傳之。故擇者不易，爾宜慎密勿惰。」余秘而習之已歷四十餘載，更忝以道家丹法，始悟其源流之澤長，光耀九州。然修之不易，猶如深海尋珠，循寶光而不捨，歷艱辛而不頹，始得而獲。更知珍貴，雖萬金而不售。斯道氣常存者也。噫！孰鑑道求真難於此乎？而身不其驗，動不明其用，輒言得道，津津善辯，而惑人輩，猶為可悲耳。詐偽橫溢四海，真言不屑而聞，故大道當隱，俟時漸復。此亦道之至理所含也。

雍正六年冬月　愚叟王柏青留示

清雍正六年，即公元 1728 年，要比所謂的「鹽店」（1852 年）早 144 年。

## 2、即上述于先生所講的「第二種說法」。

1935 年杜元化（育萬）著《太極拳正宗》一書，其中《太極拳溯始》部分寫到：「余先師蔣老夫子，原籍懷慶溫縣人也。生於大明萬曆二年，世居小留村，在縣之東境，距趙堡鎮數里之遙。至二十二歲學拳於山西太原省太谷縣王老夫子諱林禎，事師如父，學七年，禮貌不稍衰，

師亦愛之如子。據聞，王老夫子學於雲遊道人。」並且陳述了趙堡太極拳傳承系，即蔣發傳邢喜懷；邢傳張楚臣；張傳陳敬伯；陳傳張彥；張彥傳陳清平；陳傳和兆元、任長春等人。這都是事實，是得到趙堡太極拳傳人一致認證的。趙堡太極拳傳人說，王林禎即王宗岳，這有趙堡流傳的王宗岳《太極拳論》為證。

陳子明《陳氏世傳太極拳術》一書「陳清萍傳」中表述的「**陳清萍為陳有本張炎門徒**」。張炎即張彥，實為陳清萍之前趙堡派的第六代掌門，是陳清平的師父。還有「陳敬伯」者，其師是張楚臣。張楚臣是蔣發的第三代傳人。

陳鑫亦早在民國 17 年（即 1928 年）農曆九月初二撰文《辨拳論》（參見《和式太極拳譜》第 271 頁）即寫到：「前明有父女從雲南至山西，住汾州府汾河小王莊，此事容或有之。至言陳氏拳法得於蔣氏，非也。陳氏之拳不知仿自何人，自陳氏遷溫帶下，就有太極拳。後攻此藝者，代不乏人，如明之奏庭（王廷）、清之敬柏、季（甡），好手不可勝數。後有趙堡邢西（喜）懷、張宗禹，又後陳清平、牛發虎皆稱名手。陳必顯不摸原由，謂學於蔣氏，大為背謬。」

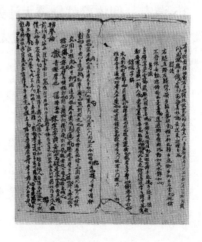

陳鑫在此即明確表明：王宗岳、蔣發為前明

人氏。早於陳王廷；陳王廷只是太極拳「後攻此藝者」；承認趙堡太極拳派的存在，已證實趙堡的邢喜懷、張宗禹、陳清平、牛發虎等名師。

陳溝的廣大村民，以陳必顯為代表，證明蔣發是陳王廷之師。他們遵照前輩人留下的遺訓，如實反映歷史，沒有私心干擾，比較真實。陳鑫為了維護陳氏的面子，否定村民的真話，但也無法掩蓋真相。在二十天後，即農曆九日二十日，在文修堂抄本上留言，戒村人不得再說蔣發為陳王廷之師，因為蔣發是乾隆人，陳王廷是明末人，人不同時，不能為師。僅僅二十天，蔣發便由前明人變成清乾隆人，暴露了陳鑫的矛盾心理，也反襯出以陳必顯為代表的村民所言真實。1930 年左右，唐豪去陳家溝調查也說：「村人所言，蔣為奏庭之師」（見唐豪，顧留馨《太極拳研究》163 頁）則更可為證。

從上面的記載看，杜元化給出的趙堡太極拳的傳承，得到陳家溝陳氏的部分驗證。

### 3、還有一個佐證就是譚大江先生在《武當》雜誌 2005 年第 9 期發表的「趙堡太極古傳 —— 支驚現天津」—— 文中介紹的情況：

……會中，路迪民先生帶天津喻承鏞先生來訪，不經意間，喻先生向我們披露出了趙堡太極拳古傳一支新信息。喻老師的趙堡太極拳是他於上世紀 60 年代調新疆工作後，在同一工作系統認識了一位從陝西彬縣來的岳紹義同志，岳因羨慕喻的「楊班侯大功架太極拳」，於是便以自己秘承之趙堡太極拳交換。二人以後成為摯友。但當時

喻老師所得之趙堡太極拳並不叫「趙堡太極拳」。其名為「武當真傳正宗太極」，是從河南趙堡傳出。他當時給我列了一個大概的傳承關係表，名《武當真傳太極正宗》，傳承關係如下：

王林禎→蔣發→張楚臣→陳我陽→張宗禹→霍文毅→霍秉昌→霍金龍（陝西彬縣東西安幹裁縫活）→岳紹義→喻承鏞。喻老師說，岳紹義傳給他這套拳時，按歷代傳承名字就叫《武當真傳正宗太極》，關於「趙堡太極拳」這一說法只是現在順應大家約定俗成的說法而言的。

那麼，按照這個傳承關係表，這一支趙堡太極拳應是從趙堡太極拳第四代傳人張宗禹這裡分支傳承到了陝西的。按照本刊 2004 年第 12 期歐達寧《趙堡太極拳前賢生卒年探析》，張宗禹（一作張仲禹）生卒年約為公元1673—1753 年，此時正是清朝康熙、雍正和乾隆時代，說明趙堡太極拳在清朝前期就由第 5 代傳人霍文毅帶到了關中，且在自己家門中下傳了兩代人，而後又外傳。

喻老師所傳承的趙堡太極拳為 108 式，其中有一部分式名如「翻掌」、「鐵扇一揮」、「雀地龍」、「三步捶」、「霸王敬酒」、「跌叉」、「當頭炮」等，與現行趙堡太極拳的式名有所不同。當時房間裡正好有西安趙堡太極拳界的幾位朋友在場，喻老師便演示了幾個式子，大家認為，果與現行趙堡太極拳的一些式子有所不同，但屬大同下的小異。透過這些，我隱約意識到，這一支係趙堡太極拳的發現，應是趙堡太極拳史研究上的活化石，值得重視。

事實證明，並非陳青萍到趙堡後趙堡才有了太極拳—

趙堡架。從眾多趙堡太極傳人的傳譜、秘譜、抄本、論譜以及杜元化《太極拳正宗》等材料證明，陳青萍以前，太極拳在趙堡已傳了六代。

以陳敬伯的有關資料為證，陳敬伯家譜記載，陳敬伯家尤其祖父陳文舉從陳伯莊遷入趙堡，家譜中有《敬伯公傳》曰：「陳堪，又名敬伯，字長青，生於康熙丁亥年（1707年），卒於乾隆辛亥（1791年），理精太極，已達妙手神化境也」。可證陳青萍以前趙堡有太極拳。陳敬伯已是一代宗師，這是盡人皆知的史實。

### 4、陳青萍和趙堡太極拳傳人均擁有王宗岳《太極拳譜》。

第一、陳青萍和趙堡太極拳傳人擁有王宗岳《太極拳譜》，現已得到當今趙堡太極拳協會，和氏太極拳第六代傳人和有祿珍藏的太極拳古秘抄本的證實。因為其中有：《太極拳論》附「長拳者如長江大海，滔滔不絕也……原注云此係武當山張三峰老師遺論，欲天下豪傑延年益壽，不徒作技藝之末也」。《太極拳經》（附註山右王宗岳遺著）、《十三勢歌》、《十三勢行功心解》、《打手歌》、《太極拳正宗論五字妙訣》、《撒放密訣，擎引鬆放四字》、《走架打手行功要言》及陳青萍作《太極拳架六要及歌訣六首》等與武氏抄本對照，可明顯看出武氏及其傳人對其進行了修改、潤色和補充的淵源關係。

第二、陳青萍曾傳王宗岳《太極拳譜》於武禹襄這一史實，亦可以得到現今武式太極拳傳人的證實。著名的武式太極拳傳人喬松茂、薛乃印曾發表「武式太極拳的源流

及特點」「武式太極拳見聞淺錄」等文章，以及武澄清《跋文》和嚴翰秀先生「《太極拳》論出處新說」一文，對此也作了證實。

這也就是于先生在其書 142 頁所講的：「小序中有一個問題說清楚了，卻存有疑問，就是為什麼陳家溝沒有王宗岳《太極拳論》，而在毗鄰的趙堡卻有。我們又可看出，凡是有王宗岳《太極拳論》的地方，拳風就為之大變，都變為柔軟的拳路。所以，趙堡的拳也是柔和的一路。」原因之所在吧！

## 四 宋氏太極拳不能排除在太極拳序列之外

宋氏太極拳即清末民初宋書銘先生所傳出的「三世七」太極拳，亦稱太極功。于先生雖然不敢在《中國太極拳史》中給與地位和論述，但在他之前的文章和著作中，都是給與肯定的。

譬如：于志鈞先生在《武當》2002 年第 2 期發表的「宋氏太極拳源流述真」和第 4 期發表的「宋氏太極拳風格特點」都持肯定的態度。特別是他 2012 年 4 月編著出版的《中國傳統武術史》一書，對宋氏太極拳就講得很清楚：

### 三世七太極拳論

為了尊重歷史，不埋沒對太極拳作出過重大貢獻的歷史人物，搶救和挖掘瀕臨失傳的拳藝，本書披露民國初年曾轟動京師（北平）拳界的三世七太極拳。

三世七太極拳即民初宋書銘先生習練的祖傳太極功。

宋書銘在民國初年袁世凱當政時曾做袁的幕賓，即文書之類的工作。善太極拳，尤擅長推手，自稱他的拳是祖傳的，有《宋氏太極功源流支派論》傳世。

（324頁）

宋書銘曾為袁世凱的幕賓，是許禹生先生的好友。袁世凱在1912年到1916年執政。許禹生於1914年創辦北平體育研究社，聘請的教員有紀子修、楊夢祥（少侯）、吳鑑泉、劉恩綬、劉彩臣等人。許禹生和宋書銘交往是在1914年到1921年這段時間。研究社教員都是當時京師太極拳鉅子，然而紀子修、吳鑑泉、劉恩綬、劉彩臣（鳳山）往訪宋書銘，與之推手，皆莫能自持。後除紀子修外，吳鑑泉、劉恩綬、劉彩臣均拜宋為師。如此，他們的太極拳就由楊氏改為宋氏。他們的拳，後來稱為「吳氏太極拳」，原因有二：第一，宋書銘有約，不准他們外傳；第二，他們都是全佑的弟子。

（325頁）


## 宋氏太極功源流支派論 宋遠橋　記

所謂後代學者不失其本也。自余而上溯。始得太極之功者。授自唐代於歡子、許宣平。至余十四代。有斷亦有續者。許先師係江南徽州府歙縣人。隱城陽山。即本府城南紫陽山。結茅南陽辟穀。身長七尺六寸。髯長至臍。髮長至足。行及奔馬。每負薪入市販賣。獨吟曰：負薪朝出賣，沽酒日西歸。借問家何處，穿雲入翠微。李白訪之不遇，題詩仙橋而歸。所傳太極功之拳名三世七。因三十七勢而名之。又名長拳者。所云滔滔天（應為無字——萬斌

注）間也。總名太極拳三十七勢。名目書之於後。

四正　四隅　雲手　彎弓射雁　揮琵琶　進搬攔　簸箕式　鳳凰展翅　雀起尾　單鞭　上提手　倒攆猴頭　摟膝拗步　肘下捶　轉身蹬腳　上步栽捶　斜飛式　雙鞭　翻身搬攔　玉女穿梭　七星八步　高探馬　單擺連　上跨虎　九宮步　攬雀尾　山通背　海底珍珠　彈指　擺蓮轉身　指點捶　雙擺蓮　金雞獨立　泰山生氣　野馬分鬃　如封似閉　左右分腳　掛樹踢腳　推碾　二起腳　抱虎推山　十字擺蓮

此通共四十二手。四正四隅，九宮步。七星八步。雙鞭在外。因自己多坐用功夫。其餘三十七數。是先師所傳也。此勢應一勢練成。再練一勢。萬不可心急齊用。三十七勢。亦無論何勢先。何勢後。只要一一將勢用成。自然三十七勢皆化為相繼不斷也。故謂之長拳。腳踩五行。懷藏八卦。腳之所在。為中央之土。八門五步。以中央為準。俞氏太極功。名曰先天拳。亦名長拳。得唐李道子所傳。李道子係江南安慶人。至明時嘗居武當山商岩宮。不食火食。第啖麥麩。故人稱曰麩子李。又稱夫子李。見人不語他。惟曰人造化三字。然既云夫子李係唐時人。何以知明時之夫子李。即是唐代之夫子李。緣余遊江南涇縣訪俞家。方知俞家先天拳。亦如余之三十七勢。太極之別名也。俞家太極功。係唐時李道子所傳。俞氏代代相承。每歲必拜李道子之廬。至宋時尚在也，越代不知李道子所在。嗣後余偕俞蓮舟遊湖廣襄陽均州武當山。見一道人蓬頭垢面。呼俞蓮舟曰。徒再孫焉往。俞蓮舟怒曰。汝係何人。無禮如此。我觀汝一掌必死。道人曰。徒再孫且看汝

出手。蓮舟怒極。進步連搠帶捶。但未近身。道人飛起十餘丈。平空落下。迄立無損。蓮舟謂道人曰。汝總用過功夫。不然能敵我者鮮矣。道人曰。汝與俞清慧俞一誠相識否。蓮舟悚然曰。此皆余上祖之名也。急跪曰。原來是我之祖師。李道子曰。我在此數十寒暑。未曾開口。汝今遇我誠人造化哉。汝來吾再以功夫授汝。自此蓮舟不但無敵。並得全體大用矣。蓮舟與余常與張松溪、張翠山、殷利亨、莫谷聲相往還。後余七人再往武當山拜李祖師未遇，於太和山玉虛宮見玉虛子張三豐。三豐蓋張松溪、張翠山師也。洪武初即在此山修練。余七人在山拜求請益者月餘而歸。松溪翠山拳名十三勢。亦太極功之別名也。李道子所傳蓮舟口訣曰。

無形無象　全身透空　應物自然　西山懸磬

虎吼猿鳴　泉清河靜　翻江播海　盡性立命

（326-328 頁）

作者（即于志鈞先生本人）提供的是宋書銘之後，吳鑑泉等人拜宋為師的歷史資料。

1.許禹生著《太極拳勢圖解》（1921 年版）記載：「有宋書銘者，自云宋遠橋後，久客項城（指袁世凱，袁係河南項城人）幕，精易理，善太極拳術，頗有所發明。與余素善，日夕過從，獲益非鮮。本社教員紀子修、吳鑑泉、劉恩綬、劉彩臣等，多受業焉。（吳為全佑子，紀常與凌君為友）」

註：凌君即凌山，同書載有：「當露禪先生充旗營教師時，得其傳者三人，萬春、凌山、全佑是也。一勁剛、一喜發人、一善柔化，或謂三人各得先生之一體，有筋骨

皮之分。旋從先生命，均拜班侯先生之門，稱弟子云。」

2.許禹生弟子王新午著《太極拳法闡宗》（1927 年版）云：「清末遺老宋氏書銘，精研易理，善太極拳，自言為宋遠橋十七世孫，其拳法名三世七，又名長拳，與十三式太極拳大同小異，唯其拳法注重單式練習，推手則相同。宋參幕項城，時年已七十，名家紀子修、吳鑑泉、許禹生、劉恩綬、姜殿臣諸教師，與宋推手，皆隨其所指而跌，奔騰其腕下莫能自持，其最妙者，宋氏一舉手，輒順其腕與肩擲出皆尋丈以外，於是紀與吳、許、劉諸師皆叩頭稱弟子，從學於宋。時紀師年逾古稀，壽與宋相若而願為弟子，宋與紀師約秘不傳人，紀師曰：『余習技，即以傳人，若秘之，寧勿學耳。』于以見宋之技精，與紀師之耄而好學與坦率也。《宋氏家傳太極功源流及其支派論》為宋遠橋所手記，其論太極拳原理備極詳細，並可信證太極十三式確為張三豐所傳。宋氏家傳本於民初亂世，前輩多抄存者，宋氏在清季為詞林鉅子，所著內功、原道、明理諸篇幅，已播於世，允為傑作。惜晚年困瘁家居，抱道自娛，積稿盈屋，許公禹生數敦其出，皆不應，繼以重金求其稿，亦不許，僅承其口傳心授，一鱗半爪耳。旋居保定作古，遺著不知流落何處？徒令嚮往而已。」

3.吳志青著《太極正宗》第七章向愷然（二、三十年代著名小說家，筆名平江不肖生，著有當時膾炙人口的武俠小說《江湖奇俠傳》，後改編拍成連台本默片電影《火燒紅蓮寺》，當時上海萬人空巷，爭看此片，不肖生亦紅極一時）先生練太極拳之經驗記載：「項城當國時，幕中有宋書銘者。自稱謂宋遠橋之後人，頗善太極拳術。其時

以拳術著稱於北平（即北京——作者識）之吳鑑泉、劉恩綬、劉彩臣、紀子修等，皆請授業。究其技之造詣至何等，不知也。宋約學後不得轉授他人。時紀子修已年逾六十，謂宋曰：某因練拳者，一代不如一代。雖學者不能下苦工夫，然教者不開誠相授，亦為斯技淪胥之一大原因。故不辭老朽，拜求指教，即為年逾六十，將於泉下教鬼也。遂獨辭出。」

4.向愷然《我研究推手的經過》一文（大約在20世紀40年代與的，現存台灣沈孚瑞先生處，1995年重刊於台灣《太極拳》雜誌第97期）中記載：「1929，在北京，從許禹生先生學習推手。他的太極拳是從宋書銘學的，是宋遠橋的一派，專注開合，配合呼吸。每一個動作，都要分析十三勢，尤其以中定為十三勢之母，一切動作都得由中定出發。可惜他那時主辦北平國術館兼辦北平體育學校，工作太忙，不能和我多說手法，介紹了劉恩綬先生專教我推手。劉先生也是從宋書銘學過太極拳的。但他的推法，卻跟以上諸位先生不同，忽輕忽重，或長或短，每每使我連、隨不得，沾、黏不得。有時突然被提起，我連腳跟都被提起，突然一撤，我便向前撲空。」

以上史料足證，吳鑑泉先生確實拜宋書銘為師，學習宋氏太極功之精髓。此外，吳式太極拳的主要傳人劉恩綬、劉彩臣也拜宋氏為師，學習宋氏太極功。至今，能見到的史料，宋氏除吳鑑泉等人之外，宋再傳授宋氏太極功給他人。

（328-329頁）

### 八字歌

掤捋擠按世間稀，十個藝人十不知；若能輕靈並捷
便，沾連黏隨俱無疑。採挒肘靠更出奇，行之不用費心
思；果能沾連黏隨字，得其環中不支離。

解：八字為掤捋按採挒肘靠。八字與王宗岳論相同，
唯最後一句為八字點睛之言。

（336-337頁）

我們講傳統武術的最高境界，神而明之。「神明」是
兩個概念合在一起，「神」言武技之高超不可測，即「陰
陽不測謂之神」；「明」是洞察，深明其理。

儘管如此，但于先生在這本《中國傳統武術史》的第
321頁，還是講：「武禹襄將是名副其實的太極拳創造者。」

這不是自己打臉嗎？

最後我們要說的是，既然「《紀效新書》是太極拳創
造之源。戚繼光是太極拳原始拳架的創編者。」「近代太
極拳架是明代抗倭將領戚繼光創編的。」「各式太極拳架
均源於戚繼光《拳經三十二勢》」怎麼又有了「武禹襄和
楊祿禪兩位創造太極拳的宗師……」呢？

人常說「真理總是越辯越明」，可為什麼卻又變糊塗
了呢！我們想，原因可能只有一個，那就是人老了，思緒
產生混亂罷了，不必太當真！

# 清玄虛無 散人言奇

## ——清玄散人關於太極拳的言論錄

在中國武術界，尤其是在太極拳歷史上有卓越貢獻，占有突出顯赫地位的如武禹襄、楊露禪、宋書銘、許禹生等人，特別是前兩位，幾乎是家喻戶曉，盡人皆知。武禹襄是武派太極拳的開山始祖，無論是拳技或理論著述，都無人能比，他的學生李亦畬、楊班侯更是大名鼎鼎；楊露禪是楊派太極拳的祖師，清朝時期與兒子楊班侯在京打遍天下無敵手，人送外號「楊無敵」，由此，太極拳全國聞名，乃至世界。

宋書銘乃宋氏太極拳的著名人物，在民國初年，由許禹生率領的紀子修、吳鑑泉、劉恩綬、劉彩臣、姜殿臣等一幫武術權威、拳技大佬高手，慕名與其較技，均是「奔騰其腕下」「莫能自持」，佩服的五體投地，而執弟子禮。宋書銘傳抄太極拳譜如：八字歌、心會論、周身大用論、十六關要論、功用歌等，都是非常有影響的太極拳理論經典。

他們這些人，都是武功高超，名不虛傳，在太極拳文化傳承中做出了突出貢獻的歷史人物。

然而，幾年前，有位叫做清玄散人的人（真名陳國鎖），於 2013 年 10 月在河南人民出版社出版了一本所謂的《太極拳沿革考》（洪洞通背拳），對上述著名人物多

次、較大篇幅的詆毀和非議，且閱之：

## 一 對武禹襄及其武派太極拳的「言詞」

武禹襄初學於楊露蟬，由於楊露蟬的保守，於是便有了到陳家溝學拳的意願。但由於陳長興當時年事已高，武禹襄只好到趙堡向陳清萍學拳。學拳三十來天的武禹襄，自覺天資不凡，於是寫出了許多相關太極拳的篇章，自此太極拳之名始出，太極拳之歷史也隨之始亂。

而太極拳名稱的盛行，自是由於武禹襄教出楊露蟬兒子班侯、健侯那樣的人物之後，憑空假借了楊露蟬在京教拳盛名的東風，而得以盛行。從此太極拳的名稱不但振動了武術界，更撼動了陳家溝人的乘風慾望。

從清朝（同治六年 1867 年）李亦畬的第一本太極拳譜（馬印書抄本）出現，其序言中即說出了「太極拳始自張三豐」（見唐豪、顧留馨著《太極拳研究》）。這當然是出自其舅父武禹襄的授意，要不然楊露蟬的後人及武萊緒、武延緒等人，也不會那麼異口同聲。

但在武禹襄跟陳清萍學拳之後，諸多的爭論便就風雲變幻；也隨著李亦畬《太極拳譜》（馬印書抄本）「太極拳始自張三豐」之說出台以後，更是紛紛湧出了什麼宋遠橋、李道子等之類的人物。

自從武禹襄式太極拳出現之後，相繼而後的諸多說

法、傳授不少，但都逃不出這種越來越遠離武術性質的本性。

而武禹襄之後所出現的諸多太極拳式，卻是實實在在的已經從實質技術上脫離了武術的性質；

畢竟這就學於趙堡的武禹襄式武術，是極其缺乏武術性質的。

也才有了武禹襄之類的偽劣假冒武術拳法。

其拳法大約被正式稱呼為太極拳的時間，也應該是在其兒子們跟武禹襄學拳之後的事了。

太極拳的出籠，太極拳歷史傳承譜系的出籠，都是由武禹襄其時、由武禹襄其人而拖帶出來的。明白點兒說，也就是說是由武禹襄在河南鹽店所得到的小小一本《陰符槍譜》，而牽出了個王宗岳。再由王宗岳而後牽出了所謂的「太極拳論」，「太極拳釋名」之類的東西；也同時牽出了個張三豐做祖師爺。

這就是所謂的太極拳、「太極拳論」等，以及所謂「太極拳始自張三豐」的歷史，都無非是由武禹襄其人一手製造出來的東西；都無非是由武禹襄其人假借了個王宗岳，而一手炮製出來的東西。

所謂「文化人」的武禹襄，假借王宗岳之名而編造了太極拳，也借此機會而編造了張三豐創太極拳的歷史；

　　而從武禹襄時期的太極拳出現至今，傳統武術實際上已經進入了一個沒落時期。

　　這從武禹襄式的太極拳，及接受了武禹襄式太極拳技術性質的楊式，與諸多的後繼者，無一能夠逃出這種缺陷性遺傳的變態屬性。

　　否則就會像武禹襄所搞的那種八勢應對八卦模式一樣，沒有任何的價值意義，只能成為捉弄無知者的迷魂陣。至於武禹襄的這種八勢八卦對應模式，是如何來的？這似乎是自己瞎琢磨的成果？焉或是在就學於陳清平時，接受了陳清平的八綱說法而改變的？不過從他所編造的理論上和技術方法上看，似乎後者的因素可能性幾乎等於零。畢竟其中所缺乏的，是武術及其相關文化的基本基礎知識，所體現出來的是愚昧無知。

　　儘管武禹襄也費盡了心機的想要完成這項壯舉，並假借王宗岳之名搞了許多名堂，但終由於基本知識的缺乏，而卻進入了旁門斜道。這把許多武術愛好者引入了瀰漫混亂的錯誤認識斜徑，而難以進入正規武術道法之門；更難以達到、進入真正的武術門廳，只能是照貓畫虎的做點武術性遊戲，過一方武術拳法的癮而已。這也就更成了許多不願意下真正武術工夫，而又想達到武術拳法高境界的人

們的不二選擇法門。

　　尤其明顯的是從武禹襄起始的太極拳形成以來，就更把這種武術上的愚昧演繹的淋漓盡致，更凸顯出了這種核心技術本質上退化、脫變的沿革實質。

　　由虎抱頭推山名稱的改變，也就不難明白這個太極拳的禍根，原來就出在武禹襄身上。既然假借了一個王宗岳，捏編了太極拳論與太極拳釋名之類，卻不給王宗岳捏編個套路塞進去。這其實正是武禹襄，為了為自己爭取個武術聖人的地位所留的餘地。而也正是為自己留下這個聖人餘地的套路，就證實了王宗岳既沒有甚麼「太極拳論」，更不會甚麼太極拳。這不過只是武禹襄自己杜撰出來的東西而已。

　　他自覺得神靈機敏，不同凡響，於是便在並沒有認真學到、學好陳家十三式的基礎上；在極度缺乏易經文化基本知識的基礎上；在極度缺乏武術核心技術基本知識的基礎上，捏編出了這個既缺乏易經文化基本知識；又缺乏武術基本知識的太極拳。

　　這種本應該進入垃圾堆裡的東西，卻在百多年間，愚弄了諸多的無知痴迷者。直至如今這種宗教式的迷信盲從者，卻不是越來越少，而是相反。乃至於把這種愚昧無知蔓延到武當山，蔓延到「文化人」（吳文瀚語）中，蔓延到世界各地。

　　這種把無知當精華，把錯誤當國粹的做法趨勢，實在是中華民族的悲哀，實在是中華民族文化的悲哀，實在也

是中華民族歷史的悲哀，也更是傳統武術的悲哀。

　　這也是打從武禹襄之後，出現的一種普遍套路結構現象。更應注重的是一些不合情理的轉身方式，也是貶低套路價值的重要因素。武式太極拳的套路中，普遍存在著這種不合理的結構情形。這是根本就進入不了武術行列的套路結構形式，所以也只能作為一種武術性的遊戲方式。再加上技術招勢和套路的平庸低劣與不合理的結構形式，更把武、楊氏之類的太極拳，拋出了真正武術的格局之中。

　　假借王宗岳捏編太極拳的武禹襄，由於缺乏八卦五行的基本易經知識，故而才在「太極拳釋名」中，弄出個不倫不類的，前進、後退、左顧、右盼、中定，這麼個東西來糊弄人。這既無甚麼實際意義，更不符合五行的基本知識。

　　也正由於有了這太多的遺憾所形成的漏洞，才導致了武禹襄的有空可鑽，有謀可圖，有機可乘，有利可用；才導致了一個缺乏基本武術知識，和傳統文化基本知識的太極拳產生；才會導致哪個本不能迷惑人，而卻在上百年間迷惑了許多人的，悖理、背離基本基礎知識的「太極拳釋名」、「論」的出現；也才會導致陳家溝人，稀里糊塗的被十三勢纏陷入哪個太極拳的愚昧漩渦之中；十三式也才會稀里糊塗的成為十三勢（見陳鑫《陳氏太極拳圖說·十三勢分節》）；十三式也才會稀里糊塗的被叫成太極拳；

武禹襄之後的太極拳，雖然只能被稱之為遊戲性武術，進不了武術大雅之堂。但在武術及其基本知識普遍退化的今天，卻被許多人稱之為高境界的武術。

其後出現所謂的「太極拳釋名」、「太極拳論」，以及十三勢架（太極拳套路）的捏編，及其歷史的造假，皆由武禹襄其人所為。

這個所謂真正太極拳的出現，顯然是由武禹襄一個人鼓搗出來的，楊家也隨著更換了門廳。

至於武禹襄為甚麼要如此的去不懂裝懂瞎折騰？這應是尤其心態所決定的。

其人一是好為人師，而不願意減低高貴的身分而去長期認真學習，更不願意承認兩位地位低下的鄉巴佬師傅。更重要的是要顯露一方自己的「天才智慧」，把自己假借王宗岳所編的一套東西，託付於一位大名鼎鼎的神仙做祖師，便也就會無名而大名赫赫起來；這武術「聖者」（見武萊緒「先王父廉泉府君行略」一文）寶座的美夢，也就會輕而易舉地實現。

二是善耍計謀手段，策劃佈置機關圈套，所以也才產生了如此鉤掛套纏於陳家十三式的釋名。他並不僅僅是要如此而已，更是要把改造楊家人原學武術的形式當作首務，以便使人們更相信自己的說道。如果沒有盛名當時的楊氏做陪伴，這孤單獨鬥可是要費力不討好得很。更何況有了這一力量，陳家溝人也就百口難辨是非了。

由此心態所招致的是，既難與人共事，所以做事不能長久，因此才會在家無所事事的捏編這種毫無武術意義的太極拳；又難為人師表，教書無人願意去學，也只有糊弄一個不識字的楊露禪，捉弄教授他的兒子們讀書、學他的拳，再進而改造楊家所學。因此楊家也就出現了現今徹底脫離了原學於陳家溝拳法的技術形式，而留下了這種毫無武術價值意義的楊式太極拳。這也正是武禹襄的目的成果之一。以致出現現今太極拳歷史的糾纏不休形式，這也正是武禹襄要達到的主要目的成果，好叫陳家永遠也不得舒心寧靜。要不然你根本就無非解釋這其中諸多的奇怪現象。

其實這個太極拳技術套路的問題，是武禹襄給自己設置安排的、太極拳聖人的位置。也正因為此種名利上的貪圖，而露出了狐狸尾巴。

## 二 對楊露禪及其楊派太極拳的「言詞」

楊家完全拋棄了原來就學於陳家溝的拳法，而繼承了武禹襄的衣缽。

也可以肯定的是，楊家所傳的太極拳，仍然是武禹襄式的技術方法和套路形。

楊露禪在自己的兒子們從武禹襄那裡學了武禹襄所編的拳法後，當然也學到了哪些個「太極拳論」之類的東西。當然那些所謂「太極拳始自張三豐」說法的太極拳歷

史，自然也就從武禹襄那裡學來了。

如果從楊家人的權威解釋中看，基本上是缺乏傳統武術基本知識的迂腐說法；從技術招勢的作用發揮上看，基本上沒有跳出推手的初步方法和知識；從技術繼承沿襲上看，既看不出有任何陳家十三式中的技巧方法，卻有著武禹襄式的迂腐與愚昧。

現今楊家人所繼承沿襲的技術招勢和套路結構形式，並不是原來從陳家溝所學去的東西，而是實實在在的，繼承沿襲了武禹襄的技術招勢和套路結構形式；又證明了陳家人對於家傳技術招勢認知上的退化漫漶。

如果說楊家人尚有點武術直覺的話，也就會丟棄了更非武術形式的武式架子，與一些所謂技術招法。畢竟武式已是更為愚昧、迂腐的武術典範形式，尤其哪種東一鎯頭西一棒槌的套路結構形式，與哪種愚昧迂腐技勢的起承轉合，與左顧右盼中定的頑固融合，已把這種愚昧迂腐演繹得淋漓盡致了。

## 三 對武、楊兩派太極拳的「言詞」

因此說楊、武式的太極拳入不了武術拳法的門檻，正是缺乏了這種武術拳法運用施展技術起碼要求的基本基礎。

如果一種套路的結構形式，猶如現今武、楊之類的太極拳套路形式，那就成了毫無武術拳法機勢氣勢用機的套

路形式；毫無武術拳法用機價值意義的套路形式。

這也就注定了非武術性質的、結構不合理的、武、楊氏太極拳的平庸粗劣性技術結構性質，無論如何都是難以發揮出好的套路技勢機勢氣勢來的。

至於武、楊氏類型的太極拳，那種粗劣的所謂技術招勢，那種不知道武術用機的套路結構方式，根本就談不上存在任何的智慧方式，只能是一種武術方式的遊戲罷了。

這其實就正是典型的武、楊氏太極拳，及「太極拳釋名」中所體現出來的，哪種錯誤的十三勢，與哪種缺乏基本知識的八勢八卦應對的荒謬形式。這種荒謬的釋名，這種荒謬的命名，這種荒謬的對應，都把這種無知演繹到了極其荒謬的程度。

而武、楊氏之類的太極拳，所以可以混跡於武術界百多年，正是由於中國傳統武術嚴重的退化形勢；正是由於人們對於傳統武術基本知識的缺失，而造成這種以假混真、以假欺真的難堪局面的。如果人們普遍都具有傳統武術與傳統文化的基本基礎知識，想來這種偽劣粗俗的假武術拳法，是絕對難以混跡到現在的，更難以混跡到可以橫衝直撞到今天的這種聲勢浩大的場面的。這豈不是中華傳統武術、傳統文化的悲哀？而更可悲的，是這種愚昧無知的持續發展，是這種愚昧無知的繼續鼓吹宣揚，致使這種粗俗偽劣的東西更為膨脹得肆無忌憚。

有許多人為了一些經濟上的利益，而不顧一切的為這種低劣粗俗不堪的假武術奔走奮鬥，大有非要以這種假東西擊敗、替代真武術不行，似乎不達目的是不會罷休的。這不僅僅是個人行為的問題，而一些利益相關的集團部門的大力支持，致使這種偽劣的東西橫行世界各地，而缺乏任何的有效遏制，這才是真正更可悲的！

　　反觀以武、楊氏太極拳為代表的所謂掤、捋、擠、按、採、挒、肘、靠，與前進、後退、左顧、右盼、中定的十三勢，既不具備規範運化技術方法模式的價值意義，又不具備核心技術擴張化機的典型價值意義；既無條理技術招勢使用優勢的合理套路結構方法形式，又無眾多技術招勢支撐的有力後盾；更無一個像樣的、合理的技術招勢，更缺乏著技術招勢的嚴密結構支撐。如果再加上理論上的顛三倒四，與八勢、八卦方位上的限制；再加上運化技勢過程中不知所從式的前進、後退、左顧、右盼、中定等，直把個毫無知識的武敵、文丑，演繹得淋漓盡致。更何況尚存在武術整體訓練結構上的缺位呢！這哪裡會有造就武術人才的門路呢！

　　這種既缺乏《易經》八卦太極的基本知識，又缺乏太極的基本結構形式的所謂太極拳，本來是根本就進入不到武術門檻的，但卻被吹捧得天花亂墜。致使在武術基本知識嚴重退化的今天，卻會成為所謂高境界的高級武術，而橫行無阻與世界各地。

　　這種把無知當知識，把錯誤當國粹、把垃圾當精品的趨勢形式，不僅是武術界與傳統中國武術文化上的恥辱，

更是傳統中國五千年文明上的恥辱。但這種愚昧無知的恥辱，卻在極力吹捧的包裝下，被美化的無以倫比，風行於世界各地。這也致使名利之爭的唇槍舌劍、筆墨砲彈，亂刺橫飛；也致使被捏編出來的偽劣拳法，以及太極拳的假造歷史，成了胡攪蠻纏無理強爭的歷史局勢。

## 四 宋書銘及其宋派太極拳的「言詞」

其後不單楊家也跟稱張三豐為始祖，而所謂宋氏的太極拳，也由此得到了啟發，有了改換門庭的意願。他們不但改成太極拳為祖傳的「三世七」，更改稱始祖為宋時的宋遠橋。自然這種家傳祖傳模式，就要比陳家溝的家傳祖傳要遠、要老得多；比所謂的張三豐傳王宗岳，自然更是優越了許多。

宋氏太極拳說是傳至遠祖宋遠橋，也似乎逃不出武、楊兩式太極拳脫離武術性質的範式模樣。

## 五 對於許禹生、吳文翰的「言詞」

如果沒有許禹生這些「文化人」的積極參與，也許不會滋生出那麼多的太極拳傳承系統；

而且如果沒有吳文翰之類的「文化人」積極參與，也許不會把假的說成真的，把無的說成有的，把錯的說成對的文字性記載。

至於哪些扭扭捏捏、老太太式「文人化」（吳文翰

「武派太極拳技擊訓練紀要」）的所謂武術，其實根本就是武術中的垃圾。

儘管有吳文瀚等諸多的吹鼓手，在多方吹捧與掩飾著諸多技術與文化上的劣跡，但卻類似於兔子嘴吹豬尿泡，吹得越大漏得越響；捏編的越多，越凸顯出其劣跡斑斑。

## 六 對陳家溝的說道

遺憾的是當今的陳家溝人，卻嚴重的遺失漫漶了寶貴的祖遺武藝文化資產；十三式拳法，也被遺憾的叫成了太極拳。

如若把十三式叫成太極拳，也就從根本上顛倒了正確的知識概念。因此，盲目跟隨別人的無知說法，把十三式叫成太極拳，使人總有些甚為遺憾地感覺。

這也就是為甚麼後陳家十三式的太極拳，進不了武術門檻的真正問題所在。並不是誰要貶低、排斥它們的問題，而是它從娘胎裡就沒有具備武術性質的問題。畢竟是「燕雀不生鳳」的呢！又何能祈望狐兔生出馬來呢？顯然是絕無可能的事情！一個根本上就缺乏武術與文化基本基礎知識的人，所捏編出來的武術，能具備武術拳法的基本技術要素嗎？既缺乏基本的基礎技術要素，能成為真正的武術拳法嗎？能進入武術的門檻嗎？顯然是不可能的！

若以此為基礎，縱觀後陳家十三式的太極拳，既無易

經太極的基本知識，又缺乏正確的理論方式；既缺乏武術的基本知識，又不懂得如何正確結合易經太極文化的基本技術和知識；既不懂得技術招勢的基本正確結構方式，更不懂的武術套路的運作機制；既不知道技術招勢的機勢氣勢的運作，更不懂得套路中技術招勢的正確銜接方法；既不懂得基本的文化知識，更不懂得技術招勢命名的價值涵義。

縱觀後陳家十三式的所謂太極拳，既無太極的基本知識，更無八綱的定製形式，還缺乏著技術招勢正確的結構知識。在如此基礎上構築起來的太極拳，實在是稱不起這個太極拳名稱的。

## 七 對王薌齋、都文才、王振華等拳藝現象的說道

這就如都文才、王振華之類人的不知天高地厚一樣，只拿著陳家溝遺失拳法的拳譜，而去恢復演練、傳授面目全非的所謂「太極長拳」（纏拳一百單八勢）、「短拳」（二十四勢）一樣，也只能體現出無知的主觀臆想性的折騰，並體現不出任何真正武術核心技術的意味。這種缺乏武術基本知識的招搖行為，不但是有自欺欺人之嫌，更是妨礙著武術的健康發展。

從這些意義上講，就不能像後來的太極拳所體現的那樣粗劣混亂；也不能像現今人們所用的散手、散打式的訓練哪樣粗樸簡單；還不能像現今有人提倡的所謂實戰性訓練，哪樣簡樸原始；更不能像意拳哪樣無招無勢；也更不

能像王薌齋哪樣，污衊貶低套路的作用價值；也還不能像現今的人哪樣，毫無知識原則的，任意修正改變傳統的技術招勢和套路的結構方法形式。

## 八 清玄散人陳國鎖對「掤」字的出現與應用也是信口開河！

早在 2010 年 6 月人民體育出版社為清玄散人陳國鎖出版《通背纏拳》一書的第 42 頁，就把「掤」字和武禹襄聯繫起來，並有下面的一段話：

掤字在武術中的應用，大約是在 1853 年菊軒氏的《通背纏拳譜》中出現的，但在具體技勢的說法與用法中，仍然是用的捧字，好像是極偶然的一個錯字。而更多廣泛的正式應用，則是武禹襄及其以後。掤，原字讀 bing（兵）音，武禹襄改變了此字的原讀音，而唸成了 penq（棚）音，也隨之改變了此字的原意。

其在 2014 年出版的另一本書中也有類似的說法：

掤字替代捧字之用，始於咸豐癸丑年間菊軒氏通背纏拳譜本中的一個偶然錯字。而後被武禹襄襲用之後，始被廣泛應用於武術中來。因為這個「掤」字並不讀捧音，而讀冰音，字意亦非與捧相通者，而是指箭壺。其實這裡的這個掤字是錯誤的，應該是「崩」或「進」才恰當。進，是指打進的意思；崩，是指技術招勢的威力而言，是指把對手打倒如山石崩垮之勢。

（註：以上凡楷體字顯示的部分，都是清玄散人書中的原話。）

## ▌ 下面我們就「掤」字來談談：

關於「掤」字的研究，我手頭有兩篇資料。一篇是魏坤梁先生發表在《武林》雜誌 2005 年 12 期的「十三勢中的『掤』字談」；另一篇是署名二水居士發表在《武當》雜誌 2015 年第 4 期的「『掤』字新探」。都是很有力的說明：

### 魏坤梁先生「十三勢中的『掤』字談」有如下論述：

太極拳十三勢中的「掤」字，一般讀音為「peng」，其義可泛指彈性外向的勁力和動作，這是練太極拳的人熟悉不過的，但是自古以來問世的所有字典、辭書等文字工具書中卻都沒有「掤」字這種音、義的記載，《康熙字典》裡這個「掤」字讀者為「bing」，義為箭筒蓋等。另外，十三勢中的「攦」字，在《康熙字典》裡則連個字形也沒有記載。

《康熙字典》是清康熙四十九年（1700 年）康熙皇帝命張玉書、陳廷敬等主持編纂的大型文字工具書，是在明代梅膺祚的《字彙》和張自烈的《正字通》兩書基礎上補充擴展而成的，《重刊（節本康熙字典）小識》指出《康熙字典》實際收字 46600 多個，另收古文字 1995 個，《康熙字典》是一部收字之多沒有前例、引用資料豐富的字典，至今仍是閱讀古籍的一本重要工具書。

對於「掤」字，古代使用的音和義並非只有《康熙字

典》所記載的，如「掤」字讀音為「beng」，還有多義，如《朱子語類》卷二十一中的「只緣氣未掤裂」，文中的「掤」，音 beng 義同「崩」；《西遊記》六十五回中的「苦掤苦拽來相戰」，文中的「掤」，音 beng，義同「繃」；《水滸傳》五十一回中的「兄長，沒奈何，且胡亂掤一掤」，文中的「掤」，音 beng，義為「捆綁」。

根據現有資料，張三豐、王宗岳有關太極拳的歌文中、楊氏古譜、宋氏古譜中，太極拳音義的「掤」字已經出現，這些文獻中出現的一些使用頻繁的語法修辭現象，清代已漸屬罕見，反映這些文獻中不少篇目都是古文獻，也反映了「掤」字自古至今的使用歷史已十分悠久。

太極拳音義的「掤」字，沒有別的異體寫法，因此不存在「別寫」的可能，這個字的音義究竟何時、何地、何人、如何確定的，現已無從考究。

太極拳是一種有獨特內容和術語的道家武術，古代傳承十分隱秘。

太極拳音義的「掤」字，音、形與義十分合適，其音 peng，與膨脹之「膨」同音，與彈繃之「繃」音近，使人聯想到向外擴張和彈性；「才」偏旁使人聯想到太極拳的掤勁常施展於手臂；「月」字使人聯想到月亮，在傳統文化中，天體中的月相對屬陰、屬柔，而月又常呈弧形，是太極拳掤的形象化；兩個「月」字又使人聯想到兩手臂，

張三豐歌訣所謂的「胸背開勁兩捶爭」，所以用這個字形和音來表示太極拳的掤義不是太合適了嗎？

二水居士「『掤』字新探」更是引經據典，並配以文獻插圖。有力的說明「掤」字在明代戚繼光、程沖斗、吳殳的著作中出現，且白紙黑字記載：

許禹生的《太極拳勢圖解》第四章之《推手術八法釋名》云：「掤，捧也。上承之意。膨也，如蓄氣於皮球中，用力按之，則起，膨滿不已，令力不得下落也。《詩・鄭風》：抑釋掤忌。杜預云：箭筒也。又通作冰。《左傳・昭二十五年》：執冰而距。註：箭筒，蓋可以取飲。又以手扶矢，亦曰掤。太極功，搭手訣內，逆敵之勢，承而向上，使敵力不得降者，皆謂之掤。」

台灣張肇平在其《論太極拳之掤》專文中，云：「掤，讀 peng，與捧同義。如果對方打來，我因彼力斜而上掤之，使其力復還於身而不得下降。掤時兩臂圓撐如彈簧，兩肩下肢部似置彈簧球，兩臂之掤力似是受此彈簧球支持，如蓄氣之皮球，接觸彼手，此按彼起，逆彼之勢，承而向上，使彼力不得下降。所以掤字從手、從雙月，恰似雲手的雙掤，而接手時雙方各出一手相承，又宛如新月兩個，說明掤字兼具形聲和會意兩義。掤古讀冰，係指圓形的箭筒蓋，《左傳・昭公二十五年》註：箭筒蓋可以取飲。又讀 Peng，朋音。兩月兩粘，是友非敵。是以掤字列為八法之首，說明掤法不只是一個式所獨有，即所有太極拳八法，甚至太極拳任何之一手都含有掤勁。太極拳出手就掤，其意即在防禦，無意與人為敵，這與兩朋相交為

友，粘而不抗，寓守於攻同其意義」。

明戚繼光《紀效新書》卷十之《長兵短用說篇》，綜合楊家梨花槍、沙家竿子、馬家長槍的特點，編著六合之法並二十四勢繪錄。二合云：「我捌退救護拿你槍，你扎我，我攔下，我搖花槍，乃鳳點頭。」四合云：「先有白拿槍，捌退槍救護，後有白攔進步，如貓捉鼠救護。閃賺是花槍，名曰鐵掃帚」、「我白拿進步，上扎你，你拿槍還槍，我捌退救護拿槍。」（圖1略）

新都程沖斗（今安徽黃山休寧人）編著《秘本長槍法圖說》，其中《長槍勢圖目》中，就有：「活捌對進槍勢、活捌對退槍勢、死捌對槍勢、翻身捌退槍勢」四勢（圖2略）。另外，在「青龍獻爪槍勢」、「勾槍勢」、「鐵牛耕地勢」等圖目的文字解釋中，都出現有「捌」字。

吳修齡《手臂錄》卷二之《馬家槍二十四勢說》之蒼龍擺尾勢云：「古訣云，乃捌退救護之法，電轉風回，驚破梨花閃賺」，「彼若單殺手來，我捌起即勝」。（圖3略）白猿拖刀勢後，吳修齡批語云：「戚公云回伏之槍，俱是誘我發戳，彼即捌起還槍。此勢不能發戳。」另青龍獻爪勢批語、鷂子撲鵪鶉勢、跨劍勢等古訣中均有捌法。《手臂錄》卷四之《行著》篇，吳修齡對「捌法」相關的術語作了簡要的解釋。「捌：揭之大者，從下而起。」「捌靠：拖刀勢。誘敵戳來，我從下捌起其槍，反戳。」另有「活捌對」、「死捌對」、「活捌退」、「翻身捌退」等的釋義（圖4略）。另附錄《程沖斗十六勢槍勢》

也多有「掤法」介紹。

從上述二位先生的研究結果看，掤字在武術中的應用，與 1853 年菊軒氏的《通背纏拳譜》出不出現沒有什麼關係！也與武禹襄改不改變原讀音更無什麼關係！

**清玄散人陳國鎖的話，簡直是信口胡謅！**

## 結語

中國傳統武術幾千年來，都是以功深技高，武藝絕倫，身體力行，獲得社會公認為標誌的，絕不是口頭吹出來的。就像武禹襄、李亦畬師徒，楊露禪、楊班侯父子，公認為「楊無敵」，之後，才有太極拳的馳名。可想，如果沒有太極「楊無敵」的打天下，太極拳至今也不過是中國武術中一個默默無聞的普通拳種；如果沒有「楊無敵」曾學於陳長興，哪有陳家溝今天的榮耀！恐怕更沒有清玄散人今日的借光上靠，為自己尋祖師！

清玄散人可以隨心所欲，信口開河，自吹自擂說的頭頭是道、天花亂墜，你敢展示一下「無敵」功夫嗎？哪怕就是一點點也行，可惜幾本書裡都見不到顯示技擊的圖片，太遺憾了，給人的印象是：光耍嘴皮子，只說不練，假把式！

那麼，誰給他這麼大的膽兒呢？請看：

清玄散人在 2008 年 11 月 2 日寫的《自序》裡，曾有這麼一段話：

這外在動力因素，便是武術研究院的康戈武研究員的鼓勵。康教授鼓勵我整理通背纏拳，既在於對於武術事業

十分可貴的責任心，也似乎更在意於通背纏拳傳統的文化性和系統的完整性。也許其重要的歷史地位和武術沿襲變革的連接性，也是引起他們關注的重點。尤其是它和陳家溝十三式（太極拳）的特殊親緣關係性及其技勢技擊技巧的特殊性，以及其中兵法陣機變化的技巧藝術性，尤其技術招勢的囊括厚涵性，與其訓練形式技法的系統性、多樣性、特殊性與完整性，也是他們所感興趣的。大概對於武術研究者來講，其重要性尤在於體系結構的完善性、獨特型、繁雜性和可深入探討研究性，更在於它既可以使世人明白纏拳的神祕所在，又可以使人們在探討研究太極拳的歷史時，能有更多充實的歷史足跡的實際依據，使太極拳歷史研究的部分中間缺失環節得以有了填補、完善的可能。這無疑是極具價值意義的東西。

（看，與康戈武鼓勵和有祿如出一轍！）

清玄散人還在 2009 年 5 月 25 日寫的《跋》中，開首便道：

沒有清玄散人，就沒有今天的陳王廷；而沒有陳王廷，更沒有今天的清玄散人。

原來如此……

《武當》2017.09、10 期 李萬斌「清玄虛無 散人言奇——清玄散人關於太極拳的言論錄」

卷三——

# 趙堡太極拳及其研究

# 傳統太極 一條老根

## ——趙堡太極拳源流

　　在中華武術史上，太極拳不但是著名的拳種，而且是一個較大的門類，研究它的歷史源流有助於瞭解中國武術發展史，揭示太極拳在技擊、健身以及訓練方法上的奧秘，更好的繼承和發揚民族文化的優秀遺產。

　　北崇少林，南尊武當。太極拳即武當內家拳。正如著名太極拳研究專家顧留馨指出：「太極拳是中國武術著名的拳種之一，屬於短打型的內家拳。」關於內家拳的源流，明學者黃宗羲在《王征南墓誌銘》中明確肯定「起於宋之張三豐」。1930 年武術史學家唐豪先生在《少林武當考》一書中也認為，張三豐為內家技擊之祖者，李瑞東在《太極拳譜・序》中所講：「本門乃張三豐祖師內家嫡派真傳，後有宗譜可證」。均是言而有據的。

　　傳統的說法認為太極拳由張三豐所創。張三豐傳王宗岳，王又傳蔣發，蔣隨王學拳七載，悟太極真諦，蔣先師又將武當太極傳至河南溫縣趙堡鎮的邢喜懷與陳家溝的陳王廷，從此，武當太極拳在趙堡鎮與陳家溝紮根落戶，代代相傳。後來並由此而衍生出楊、武、吳、孫、李諸家太極，即被稱為太極北派。

　　近年來，關於太極拳為何人所創及承傳關係有了進一步的研究確認：

陳王庭不是中國太極拳術的創始人。

王宗岳的太極拳早於陳氏族人所沿襲的太極拳。

原來陳溝的兩種打手歌均是由王宗岳《打手歌》轉化而來的。陳溝的四句《打手歌》之所以少兩句，那是由於陳氏族人當時未能得全之故。

王宗岳傳蔣發。

蔣發把太極拳術傳給了陳氏族人之後，陳氏族人們結合自身實踐加以改進、創新，從而形成風格獨特的陳氏太極拳。

從上述可見，在太極拳史上，蔣發是一位具有豐功偉績的顯赫人物，他對太極拳的承傳和發揚，做出了卓著的貢獻，有關他的傳拳情況，各派太極拳歷代傳人均有記載。今年是蔣發先師誕辰 417 週年，因而開展對蔣發問題的學術討論，將有深遠的歷史意義和現實意義。

蔣發，河南溫縣趙堡鎮小留村人，生於明萬曆二年，即公元 1574 年，曾赴山西太谷縣（有說為山西晉陽縣）隨王宗岳（諱林禎）學藝，得太極真傳，技藝超群，名聞鄉里。明萬曆三十二年（1605），蔣發把武當太極拳始傳於趙堡街的邢喜懷，後傳給陳家溝人陳王庭。

民國 24 年（1935），河南開封出版了杜元化（字育萬）先生所著《太極拳正宗》一書。該書作為當時河南省國術館太極拳的教科書（石印本），因限內部使用，故流傳極少。但該書在太極拳的源流及有關理論方面，卻給我們提供了很有參考價值的史料。

《太極拳正宗》首頁便是當時河南省國術館館長陳泮岑先生為該書所作的序言，其中寫到：「河南溫縣趙堡鎮

之太極拳也，余觀其拳系師承懷慶府溫縣蔣先生發。蔣發生於明萬曆二年，學拳於山西太谷縣王林禎。王之師曰：『雲游道人有歌曰：太極之先，天地根源，老君設教，宓子真傳。宓子而後代有傳人，因姓氏未傳，不克詳徵，』至三豐神而明之，發揚光大，號曰武當派。」

該書之「太極拳溯始」曰：「余先師蔣老夫子，原籍懷慶溫縣人也，生於大明萬曆二年，世居小留村，在縣之東境，距趙堡鎮數里之遙，至二十二歲，學拳於山西太原太谷縣王老夫子諱林禎，事師如父，學七年，禮貌不稍衰，師亦愛之如子。……歸家後，其村與趙堡鎮相距甚近，趙堡有邢喜槐者，素慕蔣老夫子拳術絕倫，因素無瓜葛，無緣從學，每逢蔣老夫子到鎮相遇，必格外設法優待，希圖浹洽，意在學拳。如此，蔣老夫子閱二年之久，見其持己忠厚有餘，待人誠敬異常；察知其意，如以此術傳之，其中奧妙無不盡洩。其後，有張楚臣者，邢先生之同盟弟也‧想其人不卜必端，所以，邢先生又盡情授給之。張楚臣先生原籍山西人也，初在趙堡鎮以開鮮菜鋪為業，後駿發，改作糧行，察本鎮陳敬柏先生人品端正，凡事可靠，所以，將此術全盤授之。其後，陳先生欲擴張此術，廣收門徒至八百餘，能得其一技之長者十六人，能得其大概者八人，能統其道者，惟張宗禹先生一人，其後，傳給其孫張先生彥，先生又傳給陳先生清平……」

陳家溝十六世陳鑫也曾明確的記載了杜先生所傳蔣發受山西師傳拳訣，被收錄在他的名著《陳氏太極拳圖說》一書內，標題為「杜育萬述蔣發受山西師傳歌訣」。該訣之首行為「筋骨要鬆，皮毛要攻，節節貫串，虛靈在

中」。後有四句歌訣，每句之後加注詳文解釋，歌曰：「舉步輕靈神內斂，莫教斷續一氣研，左宜右有虛實處，意上寓下後天還。」由此歌訣每句後的解釋合為一篇，可證其的確與張三豐有關。因為它正是久已廣泛流傳的張三豐所著《太極拳論》。

此論各家均有承傳，所以直到今天趙堡、武、楊、吳、孫、李諸家均尊張三豐為祖師，特別是楊家，昔日還供奉有張三豐祖師神位，這不是沒有道理的。正如孟乃昌教授所說：「中國各門學術技藝，師承有自，流傳有緒，決不會錯認宗系。」

劉會峙先生在《武當趙堡太極拳的源流及特點》一文中，亦詳述了武當趙堡太極拳的傳遞關係，並列出了《武當正宗趙堡太極拳源流表》，說明其係趙堡張彥先生之子張應昌所傳至他恩師侯春秀一系。這一情況並且已得到西安楊式太極拳傳人趙幼斌、路迪民二人在其《楊氏太極拳源流辨》一文中的證實。該文其中這樣寫到：

趙堡太極在鄭悟卿、侯春秀及鄭伯英老師的傳授下，廣泛流傳西北地區。二鄭所傳為陳青萍弟子和兆元一支，在西安稱為和式太極。侯春秀所傳為陳青萍師兄弟張應昌一支。我們從侯老師的入室弟子羅及午工程師那裡，早已見到侯師所傳趙堡太極傳人表。其中以張三豐為祖師，王宗岳為宗師。後有蔣發→邢喜懷→張初臣→陳敬伯→張宗禹→張彥一脈相承。張彥之下分為張應昌與陳青萍兩支並列。張應昌一支，後有張汶→張金梅→張敬之→侯春秀；陳青萍一支，後有和兆元→和敬之→和慶璽→鄭悟卿。

此外，《武林》雜誌在 1986 年第 2 期上亦曾發表了

黎錦忠先生《太極拳起源探討》一文，該文不但據理提出了自己對陳溝創太極拳說的質疑，而且也公佈了一份趙堡太極拳史料，文中說：

「近幾日，我在恩師宦大海書房中，還抄錄了一份河南省趙堡鎮傳拳系統表（俗稱趙堡架太極拳傳人表）感到頗值得研究。據此表所志，陳王廷原是跟蔣發學的太極拳。而蔣發者，有這麼一段傳文：蔣發，祖居河南溫縣東鄉劉村，後遷水運村，曾至山西，於王宗岳處學藝十餘年後際遇事敗，隱入陳溝，匿名為僕，傳弟子陳王廷（河南溫縣陳溝村人）、邢喜懷（河南溫縣趙堡街人，傳張初臣）。王宗岳：山西晉陽城縣七里堡人，人稱華北大俠，業客店。」

蔣發是否「隱入陳溝，匿名為僕」，暫且不論。但「傳弟子陳王廷」，則有陳溝「村人所言，蔣為奏庭之師」（見唐豪，顧留馨《太極拳研究》163 頁）為證。「村人所言」，當更說明「蔣發先師也曾被陳溝陳王庭請到其家求蔣發先師傳授武當太極」一事，是真實可信的。

蔣發生於明萬曆二年，為明末人，而非像有人所言為乾隆時人。《武林》雜誌 1988 年第 11 期上刊登的陳旭東《山西「鬼扯攢」》一文便是旁證。該文中有「此拳為河南名拳師蔣發所創」。

並據鬼扯攢傳人講，鬼扯攢三字各有講意。「鬼」字為訣法，即要計謀多端，千變萬化，神鬼不測；「扯」，是要扯開牽引；「攢」，為河南古縣名，為紀念蔣發祖師而定。此拳是在「清朝康熙年間，定襄縣小王村」一個青年鐵匠叫宋本意的人，因「叔父宋老二誤傷人命被判流放

河南開封府三年，為報答叔叔養育之恩，以免叔叔再遭不測之禍，宋本意跟隨叔叔一直護送到河南開封」，並住下來一面行藝一面等待叔叔期滿同歸故里。宋本意落腳於開封普濟寺，一次深夜解溲意外發現寺內和尚集體練功，很是喜愛，後幾經曲折，歷十年之苦，終於學得寺內「秘傳拳法鬼扯攢」。

該文表明此蔣氏就是後來傳習太極拳的蔣發。由此證明，康熙以前確有蔣發其人其事，這與明末蔣發生辰年代的記載是吻合的。

唐豪先生的考證與杜元化在《太極拳正宗》中的記載相同，均認為蔣發生於明萬曆二年（1574），而陳王庭約生於 1600 年（見陳小旺《世傳陳氏太極拳》），陳鑫筆記認為「其九世祖陳奏庭為康熙（1622－1672）時人」（見唐豪、顧留馨《太極拳研究》163 頁）。

1600 年蔣發已 26 歲，1622 年已經 48 歲，已得王宗岳太極拳「技藝超群，名聞鄉里」。所以，陳氏家譜認為陳王庭後來只是「精於太極拳」而不是創始了太極拳。

陳氏十四世陳長興生於清乾隆 35 年（1771），他晚於蔣發 197 年之遙，其間相隔已有多代人，是不可能直接學於蔣發，有言陳長興學於蔣發顯然是誤傳。所以，只能是蔣發傳給陳王庭之後，再經陳氏家族下傳五代到陳長興，這才是符合實際的。

為了更進一步說明這一點，請看下表中趙堡鎮與陳家溝兩處太極拳傳遞關係（年代輩份順序），以及各個時期代表人物的吻合情況，便會一目了然。

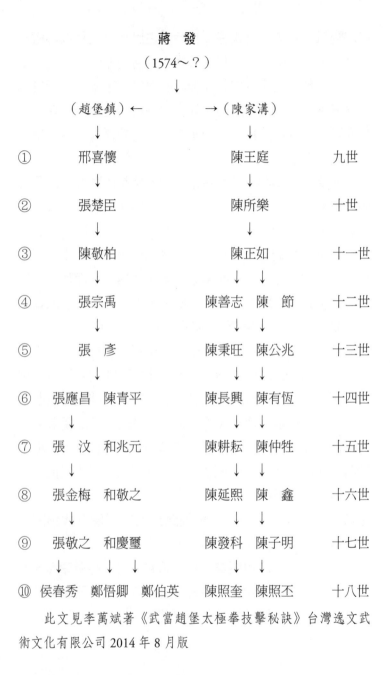

蔣　發

（1574～？）

↓

（趙堡鎮）←　　→（陳家溝）

↓

| | 趙堡鎮 | 陳家溝 | 世 |
|---|---|---|---|
| ① | 邢喜懷 | 陳王庭 | 九世 |
| ② | 張楚臣 | 陳所樂 | 十世 |
| ③ | 陳敬柏 | 陳正如 | 十一世 |
| ④ | 張宗禹 | 陳善志　陳　節 | 十二世 |
| ⑤ | 張　彥 | 陳秉旺　陳公兆 | 十三世 |
| ⑥ | 張應昌　陳青平 | 陳長興　陳有恆 | 十四世 |
| ⑦ | 張　汶　和兆元 | 陳耕耘　陳仲牲 | 十五世 |
| ⑧ | 張金梅　和敬之 | 陳延熙　陳　鑫 | 十六世 |
| ⑨ | 張敬之　和慶璽 | 陳發科　陳子明 | 十七世 |
| ⑩ | 侯春秀　鄭悟卿　鄭伯英 | 陳照奎　陳照丕 | 十八世 |

此文見李萬斌著《武當趙堡太極拳技擊秘訣》台灣逸文武
術文化有限公司 2014 年 8 月版

# 陳鑫子明武澄清　首肯趙堡真傳承

## ——陳武兩家權威及較多文獻均證陳清平之前
## 趙堡太極拳多代傳承的存在

筆者查閱了大約二十多個版本的權威著作和工具書，有關對趙堡太極拳和陳清平，以及和氏太極拳的條目記述，幾乎都是「據唐豪考證」，都形成了譬如：「陳青萍……陳式……主要傳人……新架代表人物」「陳清萍得有本新架之傳，而創趙堡……」「陳清萍……趙堡鎮一系皆出其傳」「和兆元是陳青萍的入室弟子……將其所傳拳架名之為和式太極拳」等等的文字。都懶得動腦筋、去研究，從而掩蓋了在陳青萍之前趙堡太極拳即有多達六代人傳承的歷史事實……

## 一 權威著作和工具書掩蓋事實的緣由

為什麼會這樣呢？經查，前因應該是陳鑫 1928 年左右寫的《陳氏家乘》，其中說：「有本習太極拳，尤得驪珠。……有本門人陳清平、陳有倫……均有所得，清平傳趙堡鎮和兆元、張開……」（其實，陳鑫在已有《家譜》的情況下另寫《家乘》是為了爭奪太極拳的發明權，在陳家的人名後加入「太極拳」字樣，因為此前所有的記載都沒有）。後果就是唐豪在明知造假的情況下，為了利用陳家溝的武術資源為自己服務，確立「發現太極拳創造者的地位」，所以，就對陳鑫的說法採取了「取捨」的態度。

譬如，不採陳鑫「陳卜創拳或帶拳」說，卻採所謂只「精太極拳」的陳王廷及其「遺詩」（實為陳鑫寫自己），以及所謂「有本門人陳清平」（目的很清楚，就是為了截斷和掩蓋趙堡太極拳的真史）為自己挖空心思樹立的「陳王廷創拳說」「陳溝發源地」所服務。硬是對為好友陳子明《陳氏世傳太極拳術》一書寫入「太極拳源流考」時，明知書內「陳清萍傳」中表述為「**陳清萍為陳有本張炎門徒**」（張炎即張彥，實為陳清萍之前趙堡派的第六代掌門——筆者注）而不顧，視而不見的強行提出「十五世陳清萍得有本新架之傳，而創趙堡派。」（見 1932 年 12 月版（民國 21 年）陳子明著《陳氏世傳太極拳術》76 頁）

## 1、唐豪、顧留馨身居要職說話居高臨下

因為唐豪解放前身居中央國術館並任編審，又被視為研究中國武術史的「權威」，解放後又身居國家體委專門從事體育史和武術史的研究，甚至被尊為中國武術史研究的「拓荒者」，其崇拜者和追隨者隨後大多都是體育界武術界的權威，或權威加老革命，更有師生、好友之誼，唯唐豪是從。

這其中最為典型的要算顧留馨，這位老革命兼地下黨出身的政府官員以太極拳權威自居（唯一一個被黨和國家

選中，被派送越南專門教授胡志明主席太極拳的人），自稱為唐豪的好友（就像結拜兄弟），對唐豪的說教不但全盤繼承而且還隨意發揮。譬如，在唐豪逝世（1959 年）後，1964 年顧留馨即以他們二人（唐豪名字在前）的名義出版了《太極拳研究》一書，書中不但推崇虛假的「陳王廷創拳」說，而且為了加大陳王廷的功名，把其吹捧成像戚繼光那樣的戰將，有更大的說服力，搜腸刮肚，絞盡腦汁的在《明史》裡面對號入座弄出了一個「戰將陳王庭」，把人家一切的功績一股腦的全套扣在了陳溝的陳王庭（廷）頭上。

其實，此人為文官，是河北人，與陳溝毫無關係，這事被人揭穿了老底，弄出了天大的笑話，人丟大了，弄得後來不得不登報糾正說自己弄錯了，所以他在 1982 年著《太極拳術》時，不得不放棄原來的說法。

他說：「……《拳經總歌》和其遺詞『悶來造拳』都未明言其所造拳名為『太極拳』，陳氏後裔從何時採用『太極拳』名稱，有待繼續考證。」（見《太極拳術》396 頁）此為其一；其二是顧還隨意捏造陳清平「贅婿」說，以順理成章的截斷和掩蓋趙堡太極拳真正的傳承史，更為「陳王廷創拳說」服務，以穩固「天下太極出陳溝」的謊言。還利用執筆《中國大百科全書・體育卷》「太極拳」條的機會，將其謊言塞進其中。

## 2、中國武術研究院專家的定調

在顧留馨之後，曾身居國家體委武術研究院的康戈武先生，是恢復高考制度後首批武術專業研究生，師從可尊

為當代中國武術泰斗的張文廣教授。先是主研八卦掌史，後又涉足太極拳史的研究，他可謂真正的專家學者，上世紀八十年代也曾親自去過陳家溝趙堡鎮考察過太極拳的情況，對太極拳在當地的歷史傳承是清楚的。

他在《中華武術》雜誌發表「全面梳理太極拳發展脈絡」一文，說「唐豪、顧留馨的考證雖在是否確有『王宗岳』其人等個別問題上有待進一步研究，但在總體上來說，其結論是可信的。」為此，他還提出了一個驚人的論點──「王宗岳是位查無其人的託名符號」！

他還利用執筆《中國武術大辭典》《中國武術史》及重要著作的機會，繼續維護「陳王廷創拳說」「陳家溝（溫縣）發源地說」，有意掩蓋趙堡太極拳的真正傳承史，除了繼承唐、顧的說教外，還用「早期傳人為陳青萍」之語掩蓋和截流趙堡陳清平之前已有的蔣發、邢西懷、張楚臣、陳敬柏、張宗禹、張彥等六代人的傳承（這裡需要說明的是，僅邢西懷、張楚臣、張宗禹、張彥這四代太極拳大師的名字，在陳家溝和趙堡鎮一帶，至始至終盡人皆知，家喻戶曉，他們與陳家溝不管是在宗親還是拳術傳承上，都沒有任何關係，康先生就是避而不談）。同時又把唐豪說的「**趙堡派**」擠壓為「**拳架的一種**」並說其「**散見於各地**」……

## 二 唐豪、顧留馨、康戈武一脈相承

下面我們就來看看唐、顧、康三位在書中的表述及其演繹遞進情況：

1、唐范生著《太極拳源流考》（見 1932 年 12 月版

陳子明著《陳氏世傳太極拳術》76頁）：

　　十五世陳清萍得有本新架之傳，而創趙堡派。

　　2、唐豪在《武術運動論文選》一書（1958年11月版）中，所著「太極拳的源流及其發展」一文：

　　……趙堡新架……第二套稱為「圈」的為陳溝所無，我判斷第二套是陳有本的傳人陳清平編的。

　　3、唐豪、顧留馨著《太極拳研究》1964年1月版（18頁）：

　　有本的學生、族侄青萍，也創造了一套架式，小巧緊湊，動作緩慢，練會後逐步加圈，以至極為複雜；在不改變套路的原則下，由簡入繁，逐步提高技巧。因為青萍贅婿於距陳家溝不遠的趙堡塡，遂在趙堡鎮教拳，因此人們稱作趙堡架。

　　4、顧留馨執筆《中國大百科全書・體育卷》「太極拳」條目（1982年12月版）：

　　陳式新架套路也有兩種，一種是陳有本（陳家溝拳師）編創的，……陳家溝村人稱之為「小圈拳」，把老架稱為「大圈拳」。……新架另一種套路是由陳有本的弟子陳青萍創編的，……因為是在河南溫縣趙堡鎮首先傳開的，故人們稱為「趙堡架」。

　　5、康戈武編著《中國武術實用大全》1990年8月版（185頁）

　　趙堡太極拳是太極拳架的一種，因流傳於河南溫縣趙堡鎮一帶，故名。此拳架早期傳人為陳青萍……

　　……「關於陳青萍師承的說法有兩種，一說認為其師承張彥，溯其技源自張三峰（見杜元化《太極拳正

宗》）；一說認為其繼承陳有本，溯其技源自陳王廷（見顧留馨《太極拳術》）。這兩種源流說，都有待進一步考證。」

……「1933 年，沁陽人杜元化著《太極拳正宗》，敘述趙堡太極拳練法及源流。」

和式太極拳「源於趙堡太極拳」。

6、康戈武執筆《中國武術史》「太極拳」條目（1997 年 9 月版）

296 頁：

……曾從楊露禪和陳清萍學得陳氏拳械的儒塾師武禹襄……

319 頁：

趙堡太極拳早期傳人為陳氏十五世拳師陳青萍（1798～1868 年）。青萍師承於其族叔有本。……青萍得傳後創編了一套架式小巧緊湊，動作緩慢的套路，傳於陳家溝鄰鎮趙堡，後人遂稱之「趙堡架」或「趙堡太極拳」。

綜上情況，可以看出，唐豪說趙堡太極拳為一個「派」，而到了康戈武卻僅僅成了「拳架的一種」；唐豪稱「第二套稱為『圈』的為陳溝所無，我判斷第二套是陳有本的傳人陳清平編的」，而到了顧康時，「陳溝所無」「我判斷」都不講了，完全成了肯定語；「贅婿」更是毫無根據的無中生有，只講到「早期傳人為陳青萍」，完全截留和掩蓋了趙堡陳清平之前已有六代的傳承，這與2008 年 1 月山西科學技術出版社再版陳子明《陳氏世傳太極拳術》時，特別怕人知道陳清平也是「張炎門徒」，

特意費盡心機，將「張炎」二字竄改成「得意」二字，即完全成了「有本得意門徒」的字樣（只因為張炎傳陳清萍的事實成了「陳王廷創拳說」和「陳清平創趙堡架」的絆腳石、剋星也），完全違背原著意願，這不僅僅是道德問題，其性質都是一樣的——做賊心虛！

與此同時，也產生了一個奇怪的現象，即真真假假，真假參半，使人難辨，不知為了說明什麼！譬如，從上述康戈武 90 年到 97 年兩段文字的變化中可以看出，90 年在自己的專著中說的「關於陳青萍師承的說法有兩種，一說認為其師承張彥，溯其技源自張三峰（見杜元化《太極拳正宗》）；一說認為其繼承陳有本，溯其技源自陳王廷（見顧留馨《太極拳術》）。這兩種源流說，都有待進一步考證。」「1933 年，沁陽人杜元化著《太極拳正宗》，敘述趙堡太極拳練法及源流。」和式太極拳「源於趙堡太極拳」都不再講了。

然而，一年後的 98 年版《中國武術百科全書》由陳式太極拳名家闞桂香執筆的「趙堡太極拳」條，卻仍然採用：

趙堡太極拳　太極拳流派之一。因流傳於河南省溫縣趙堡鎮一帶，故名。此拳架早期傳人為陳青萍（1795～1868）。關於陳青萍師承的說法有二：一說其師承張彥，追其技源自張三豐；一說其師承陳有本，追其技源自陳王廷。這兩種源流傳說，至今均無定考。

趙堡太極拳較陳家溝流傳的太極拳架小巧緊湊，動作緩慢柔和。……1933 年，河南沁陽人杜元化著《太極正宗》，述及趙堡太極拳練法與源流。

……源於趙堡太極拳的「和式太極拳」……

2006 年 1 月版，余功保著《中國太極拳辭典》在 85 頁介紹陳清平時寫到：

【陳清平】（1795～1868）著名太極拳家。有作「陳清萍」或「陳青平」。……以陳姓族侄從學於陳有本。陳鑫《陳氏家乘》中記載：「有本習太極拳，尤得驪珠。……有本門人陳清平、陳有倫……均有所得，清平傳趙堡鎮和兆元、張開……」，……世稱「趙堡太極拳」。

也就是在同一版本同一本書中的 497 頁，再介紹到「趙堡太極拳」時，又寫到：

【趙堡太極拳】太極拳重要流派。因主要傳承於河南溫縣趙堡鎮，故名。趙堡太極拳尊王宗岳為師尊，由陳清萍廣傳於世。流傳的趙堡太極拳分高、中、低三種架式，除拳法外，還有各類推手以及太極劍、太極六合刀、太極十三把棍、春秋大刀、九節鞭等器械。……在技擊方面擅長拿、跌、擲、打、靠等功夫，又有各種擒拿與反擒拿動作融於套路中，使其技擊特點甚為突出。

以致形成了霧裡看花……

## 三 有關文獻和傳人對趙堡太極拳傳承的明確記述

那麼，到此，人們不僅要問，難道與此同時就沒有較為明確的文獻或者趙堡的太極拳傳人來肯定的表述過其真正的傳承史嗎！回答肯定說是有的！下面二則就是有力的證明！

一則是杜元化先生於民國 22 年（1933 年）為陳鑫編定出版《陳氏太極拳圖說》一書時，附錄了《杜育萬述蔣

發受山西師傳歌訣》，此即說明由蔣發所傳的趙堡太極拳是由山西傳來的，與陳溝無關。隨後，杜元化先生又於民國 24 年（即兩年後的 1935 年）出版的個人專著《太極拳正宗》一書，更加詳細的闡述了趙堡太極拳的由來及其各代主要傳人的情況。在該書中，首先是時任河南省國術館館長的陳泮嶺先生為之所作的《序》，其《序》中也寫道：「河南溫縣趙堡鎮之太極拳也。余觀其拳，係師承懷慶溫縣蔣先生發。蔣生於明萬曆二年，學拳於山西大谷縣王林禎。」

其次是杜元化先生在書中的《太極拳溯始》部分，其較為詳細的寫道：

王老夫子諱林禎……學於雲遊道人，學時即告以此拳之來歷久矣。……蔣老夫子學成歸家之後……趙堡有邢喜槐者，素慕蔣老夫子拳術絕倫……無不盡洩。

其後，有張楚臣者，邢先生之同盟弟也。想其人不卜必端，所以，邢先生又盡情授給之。……察本鎮陳敬柏先生人品端正，凡事可靠，所以，將此術全盤授之。

其後，陳先生欲擴張此術……能統其道者，惟張宗禹先生一人。

其後，傳給其孫張先生彥，先生又傳給陳先生清平。清平先生傳給其子景陽及本鎮其少師張應昌、和兆元、牛發虎、李景顏、李作智、任長春、張敬芝，歷代傳人很多，不能備載。

以上所錄老夫子，皆有事蹟可考，另注有冊。

二則是和有祿先生於 1998 年發表在台灣《太極拳》雜誌第 116 期的《趙堡和式太極拳源流特點及其傳人》一

附件1：原载台灣高雄市出版之《太極拳》雜誌1998年4月　第118期

文，其中寫道：「河南省溫縣趙堡鎮是近代太極拳發祥地之一。太極拳傳入趙堡鎮近四百年，代代承傳：由武當山張三豐輾轉傳至山西王林貞（字宗岳），文武兼備，學識淵博的王宗岳繼承了張三豐的太極拳經典，學而後化，創作了著名的《太極拳經》等理論。到明朝萬曆中葉，由王宗岳將太極拳傳給溫縣小留村人蔣發，再由蔣發將太極拳傳給趙堡鎮的邢西懷。以後邢西懷→張諸臣→陳敬柏→張宗禹→張彥等繩繩不絕歷經近二百年。趙堡鎮王圪壋村人陳清平，久慕張彥先生「拳藝非凡」，號曰「神手」，遂遷居趙堡拜師學藝（趙堡素有非趙堡人不傳之門規）。清平勤奮好學，經張彥悉心傳授，有繼承、有發展，成為趙堡鎮一代太極拳名師。」

　　和少平在《武當》雜誌1991年第2期發表的「太極拳探源──兼談和式太極拳源流」也證實說：「據和式太極拳傳人抄本所知，有一段師承記載：『蔣先師太極受山西之師傳，於萬曆末年授吾鎮邢公喜懷，喜懷為人殷勤，蔣師樂之，始得此拳，邢將此術傳本鎮張楚臣，張又傳陳敬伯，敬伯有驍勇之名，義憤打死山東強客之舉，陳公傳

張宗禹，張傳其後張彥，張彥乃拳林高手，曾披錢裕獨創山東，大鬧僧寺，留下神手威名，王圪壋小村陳清平，自小酷愛拳腳，久慕張公功夫絕倫，為學此術，遂遷居吾鎮，拜張為師，得其真諦，陳公乃是吾恩師也．』」

這一情況同時也得到了戚建海先生的證明，他說：「和有祿先生 1990 年贈寄筆者和氏家族秘傳《和氏拳譜》之複印本。首頁的《太極拳師之姓名》筆錄：『始宋時，武當山有位老師，名叫張三峰。次、老師住山西，名王林禎。三、老師住趙堡鎮，名蔣法。四、老師名邢西懷。五、老師名張初臣。六、老師名陳敬柏。七、老師名張宗雨。八、老師名張彥。九、陳清平』」

其實，更有力的證明、比趙堡上述拳家更早表述趙堡陳清平之前有多代太極拳傳人的卻是陳溝的權威陳鑫、陳子明師徒。

陳子明早在其民國 21 年（即 1932 年）出版的《陳氏世傳太極拳術》一書寫「陳清萍傳」時，認為陳家不敢獨占陳清萍的功名，而表述為「陳清萍為陳有本張炎門徒」！

陳鑫更早在民國 17 年（即 1928 年）農曆九月初二撰文《辨拳論》（參見《和式太極拳譜》第 271 頁）即寫到：「前明有父女從雲南至山西，住汾州府汾河小王莊，此事容或有

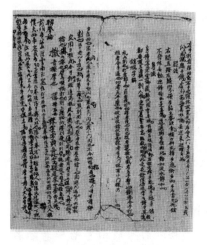

之。至言陳氏拳法得於蔣氏，非也。陳氏之拳不知仿自何人，自陳氏遷溫帶下，就有太極拳。後攻此藝者，代不乏人，如明之奏庭（王廷）、清之敬柏、季（甡），好手不可勝數。後有趙堡邢西（喜）懷、張宗禹，又後陳清平、牛發虎皆稱名手。陳必顯不摸原由，謂學於蔣氏，大為背謬。」

陳鑫在此即明確表明：王宗岳、蔣發為前明人氏，早於陳王廷；陳王廷是太極拳「後攻此藝者」，不是創始人；承認趙堡太極拳派的存在，已證實趙堡的邢喜懷、張宗禹、陳清平、牛發虎等名師。

陳溝的廣大村民，以陳必顯為代表，證明蔣發是陳王廷之師。他們遵照前輩人留下的遺訓，如實反映歷史，沒有私心干擾，比較真實。陳鑫為了維護陳氏的面子，否定村民的真話，但也無法掩蓋真相。在二十天後，即農曆九日二十日，在文修堂抄本上留言，戒村人不得再說蔣發為陳王廷之師，因為蔣發是乾隆人，陳王廷是明末人，人不同時，不能為師。僅僅二十天，蔣發便由前明人變成清乾隆人，暴露了陳鑫的矛盾心理，也反襯出以陳必顯為代表的村民所言真實。1930 年左右，唐豪去陳家溝調查也說：「村人所言，蔣為奏庭之師」（見唐豪，顧留馨《太極拳研究》163 頁）則更可為證。

這裡順便也可以說說，對於陳王廷曾向蔣發學過拳的事，還是有一份資料可以佐證：

　　《武林》雜誌在 1986 年第 2 期上亦曾發表了黎錦忠先生《太極拳起源探討》一文，該文不但據理提出了自己對陳溝創太極拳說的質疑，而且也公佈了一份趙堡太極拳史料，文中說：「近幾日，我在恩師宣大海書房中，還抄錄了一份河南省趙堡鎮傳拳系統表（俗稱趙堡架太極拳傳人表）感到頗值得研究。據此表所誌，陳王廷原是跟蔣發學的太極拳。而蔣發者，有這麼一段傳文：蔣發，祖居河南溫縣東鄉劉村，後遷水運村，曾至山西，於王宗岳處學藝十餘年後際遇事敗，隱入陳溝，匿名為僕，傳弟子陳王廷（河南溫縣陳溝村人）、邢喜懷（河南溫縣趙堡街人），傳張初臣。王宗岳：山西晉陽城縣七里堡人，人稱華北大俠，業客店。」

　　這份《河南省趙堡鎮傳拳系統表》見下：

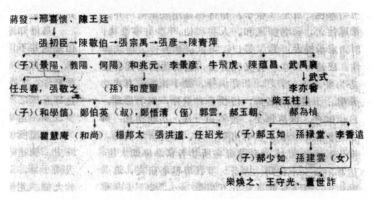

　　《武林》雜誌 1988 年第 11 期上刊登的陳旭東《山西「鬼扯攢」》一文也證明了蔣發的存在。該文中有「此拳為河南名拳師蔣發所創」。並據鬼扯攢傳人講，鬼扯攢三

字各有講意。「鬼」字為訣法，即要計謀多端，千變萬化，神鬼不測；「扯」，是要扯開牽引；「攢」，為河南古縣名，為紀念蔣發祖師而定。此拳是在「清朝康熙年間，定襄縣小王村」一個青年鐵匠叫宋本意的人，因「叔父宋老二誤傷人命被判流放河南開封府三年，為報答叔叔養育之恩，以免叔叔再遭不測之禍，宋本意跟隨叔叔一直護送到河南開封」，並住下來一面行藝一面等待叔叔期滿同歸故里。宋本意落腳於開封普濟寺，一次深夜解溲意外發現寺內和尚集體練功，很是喜愛，後幾經曲折，歷十年之苦，終於學得寺內「秘傳拳法鬼扯攢」。該文表明此蔣氏就是後來傳習太極拳的蔣發。由此證明，康熙以前確有蔣發其人其事，這與明末蔣發生辰年代的記載是吻合的。

還有一個佐證就是譚大江先生在《武當》雜誌 2005年第 9 期發表的「趙堡太極古傳一支驚現天津」一文中介紹的情況：

……會中，路迪民先生帶天津喻承鏞先生來訪，不經意間，喻先生向我們披露出了趙堡太極拳古傳一支新信息。喻老師的趙堡太極拳是他於上世紀 60 年代調新疆工作後，在同一工作系統認識了一位從陝西彬縣來的岳紹義同志，岳因羨慕喻的「楊班侯大功架太極拳」，於是便以自己秘承之趙堡太極拳交換。二人以後成為摯友。但當時喻老師所得之趙堡太極拳並不叫「趙堡太極拳」。其名為「武當真傳正宗太極」，是從河南趙堡傳出。他當時給我列了一個大概的傳承關係表，名《武當真傳太極正宗》，傳承關係如下：

王林禎→蔣發→張楚臣→陳我陽→張宗禹→霍文毅→

霍秉昌→霍金龍（陝西彬縣東西安幹裁縫活）→岳紹義→喻承鏞。喻老師說，岳紹義傳給他這套拳時，按歷代傳承名字就叫《武當真傳正宗太極》，關於「趙堡太極拳」這一說法只是現在順應大家約定俗成的說法而言的。

那麼，按照這個傳承關係表，這一支趙堡太極拳應是從趙堡太極拳第四代傳人張宗禹這裡分支傳承到了陝西的。按照本刊 2004 年第 12 期歐達寧《趙堡太極拳前賢生卒年探析》，張宗禹（一作張仲禹）生卒年約為公元 1673—1753 年，此時正是清朝康熙、雍正和乾隆時代，說明趙堡太極拳在清朝前期就由第 5 代傳人霍文毅帶到了關中，且在自己家門中下傳了兩代人，而後又外傳。

喻老師所傳承的趙堡太極拳為 108 式，其中有一部分式名如「翻掌」、「鐵扇一揮」、「雀地龍」、「三步捶」、「霸王敬酒」、「跌叉」、「當頭炮」等，與現行趙堡太極拳的式名有所不同。當時房間裡正好有西安趙堡太極拳界的幾位朋友在場，喻老師便演示了幾個式子，大家認為，果與現行趙堡太極拳的一些式子有所不同，但屬大同下的小異。通過這些，我隱約意識到，這一支系趙堡太極拳的發現，應是趙堡太極拳史研究上的活化石，值得重視。

趙堡太極拳家鄭鈞先生曾於 1994 年 5 月向張傑提供過陳鑫 80 歲時寫的手稿，內言「**蔣發受山西師傳**」一語（見張傑「陳王廷與太極拳無關」《武當》2002 年第 6 期）。

一般認為蔣發生於明萬曆二年（1574），而陳王庭約生於 1600 年（見陳小旺《世傳陳氏太極拳》），陳鑫筆

記認為「其九世祖陳奏庭為康熙（1622～1672）時人」（見唐豪、顧留馨《太極拳研究》163 頁）。1600 年蔣發已 26 歲，1622 年已經 48 歲，已得王宗岳太極拳「技藝超群，名聞鄉里」。所以，陳氏家譜認為陳王庭後來只是「精於太極拳」而不是創始了太極拳，這才比較切合實際。

趙堡鎮位於河南省焦作市溫縣縣城之東部 9 公里處，北依巍巍太行山，南傍滔滔黃河水，東通鄭州，西達洛陽，至今已經有 2500 多年的悠久歷史。在春秋時期，晉昭公封大卿趙公食邑於溫縣，在溫縣東 15 里的地方挖地築堡居住，因此稱趙堡。古趙堡有宏偉的城池，有眾多的古建築等豐富的人文資源。不僅如此，在古代趙堡還是山西會館的所在地。趙堡僅就其古城而言就有九里十三步，其共有四門四閣，另有四大天王像。至今在趙堡仍流傳著一首民謠：「鐵三關，楊裏槐，金銀二，風火台，浚梁廟，捨身台。」故就其古代之建築狀況而言，當今趙堡人就說，它並不亞於今天的嵩山少林寺。

趙堡在明清時期，不僅是一個大集鎮，而且還是一個水漢碼頭。它兩天一個集市，四面八方的人都到這裡來趕集，如當時的懷慶府所在地河內縣（今沁陽市）、鄭州市的滎陽縣、還有鞏縣的人們都到這裡來做生意，另外，今在趙堡還流傳有；「趙堡街擺簸籮，南北孟遷賣甜瓜，東西水銀織白貨（粗布），甫保串賣竹貨，南北孟封蹲台窪，大小黃莊光出渣（製作豆腐）。」

趙堡太極拳由來已久，早在清康熙年間，四皇子胤禎（雍正皇帝）曾慕名來到趙堡，為褒揚趙堡太極拳技，特

為趙堡之關帝廟題寫了「**乾坤正氣**」四個大字。

從上述情況可以看出，趙堡自古以來，不僅交通便利、商賈雲集、拳家輩出，出現過一批批將軍、武舉、俠客義士，這種尚武的風俗延續至今，而且還是個兵家必爭之地。

翻開《近代史資料》總八十一號，就可以看到其收錄有一篇《太平軍攻懷慶府實錄》（原名《粵匪犯懷實錄》）。作者田桂林，字小山，本地人，是「候選教諭」。清咸豐三年（1853 年）太平天國北伐軍圍攻河南懷慶府期間，他負責「督守西域」防務，事後著有《粵匪犯懷實錄》，其中作為日記的二十九日載：「……賊人大怒，領大隊到趙堡街……放火焚燒……」就是真實發生過的事情。

武式太極拳的創始人之一武澄清，字霽宇，晚號秋瀛老人。是武禹襄的長兄，酷愛太極拳，其功夫造詣也較高，為太極拳的發展作出過不可磨滅的貢獻。

1834 年（道光十四年）武澄清中舉，時年 35 歲。先主講秀銘書院，後又擔任樂亭縣的教育主管。1852 年（咸豐二年）武澄清中了進士，二年後補授舞陽縣。在舞陽任上，他聯絡鄉團，親練壯勇與犯境之捻軍作戰，入山剿捕，督率民勇困守危城，先後二次擊退捻軍的萬人攻城。後因協同拿獲捻軍頭領張文成，奉旨賞藍翎並加同知銜。

武澄清一生讀書稽古，經世致用，文武兼備，才德相濟，是一個很能幹的人，「司教則稱人師，出宰則能為健令，及其歸田養母，則不愧為孝子，為高人」（史夢蘭撰墓誌銘，李鴻藻撰傳、武勳朝撰墓表略同，轉引自龐大明

著《武式太極拳闡秘》第 268 頁）。

武澄清熱衷習練太極拳，從政餘暇研習太極拳，頗有所得，寫出《釋原論》，以闡發王宗岳《太極拳論》的精義，這是存世最早的清代人詮解王宗岳《太極拳論》的文章。此外，武澄清還寫了《摟字訣》、《釋名》、《打手論》、《太極拳跋》等有關太極拳的文字，其中《釋原論》、《打手論》是很重要的拳論，時有高見，而太極拳《跋文》則是極其珍貴的太極拳史料。

這篇作於光緒九年（1883）的《跋文》，是存於永年人李子實在 1932 年為贈原永年國術館長先師韓欽賢先生的工楷手抄本。《跋文》附於《太極拳譜》之後。

《跋文》第一段記載：「明季山右王宗岳傳於懷慶府武陟縣趙堡鎮蔣姓、蔣氏父子藝皆精越，數傳有張宗禹、張言，叔侄俱有盛名。」

《跋文》第三段記載：「近日趙堡鎮等村，習是拳者尚夥……」

《跋文》說明：「咸豐年間武陟縣趙堡鎮還是太極拳的活動中心」。

由此看來，趙堡所傳絕無虛言！

## 四 對趙堡太極拳源流史中有關人事的調研

趙堡鎮人王海洲，為此也做過專門的調研，他發表在《武當》雜誌 2006 年第 1 期「對趙堡太極拳源流史中有關人事的調研」，就是一個很好的說明，譬如：他說：「我是趙堡人，從小聽前輩講說趙堡太極拳的很多的故事。長大後，在趙堡太極拳前輩的指導下練習趙堡太極

拳，到現在已有 40 年。」在調研到「趙堡太極拳」名稱時，情況如下：

在趙堡鎮，自太極拳傳入後，後人對太極拳有這樣評說，「軟十三，不敢粘」，由此推知，當時的名稱為「十三勢」。另外，口頭上也有：「十三手，你學了幾手」的問法。「十三手」也是歷史上對太極拳的一種通俗的說法。總之，「十三勢」、「十三手」等，這是太極拳在趙堡古老的名稱。後來，隨著時代的變化，「十三手」、「十三勢」在趙堡逐漸演變為「趙堡太極拳」的稱謂。而在正式出版的文字裡，第一個記載和提出「趙堡太極拳」這個稱謂的是原河南省國術館館長陳泮嶺先生，他於1935 年為杜元化《太極拳正宗》一書寫序時有這樣一段話：「世傳太極拳精微奧妙，名同實異者是繁有，徒令尚有湮沒弗彰河南溫縣趙堡鎮之太極也。」這是作為一個省的武術領導者對趙堡太極拳的稱呼和評價。而《太極拳正宗》裡正式使用的是「趙堡鎮太極拳」。從口傳和文字記載，趙堡太極拳的歷史上一貫使用的稱呼是「趙堡太極拳」，從蔣發到陳清平七代，沒有以個人的名義或者以姓氏稱呼趙堡太極拳的。

在調查到蔣發時，情況如下：

根據趙堡歷代師傳，特別是根據河南沁陽人、趙堡拳第九代宗師杜元化的調查記載，是蔣發將太極拳傳入趙堡的。

蔣發生於明萬曆二年，出生於趙堡鎮東面兩里地西水運村，父親去世後，與母親一起在母親老家趙堡鎮西邊兩里地的小留村（現小劉村）居住。山西人王宗岳經商路過

小留村，認識蔣發並將他帶回山西。蔣發在王宗岳家學拳七年，得到太極拳和各種功法要訣的傳授。

王宗岳只有一個女兒，因王師經常外出，蔣發長時間與王宗岳的女兒也就是他的師姐一起練拳，所以很多動作是模仿師姐的。因此，在趙堡鎮也有人說趙堡太極拳是「大姑娘拳」。在拳譜中，也有一些與女性有關的名稱，如「玉女穿梭」、「單擺蓮」、「雙擺蓮」、「束手解帶」等。

關於蔣發先師，儘管如今太極拳界有不同的說法。但趙堡人幾百年來直到現在，都沒有改變自己的說法。

蔣發先師在趙堡傳播太極拳時，明確地講了三點：

一是他的老師王宗岳說，這個拳是雲遊道人所傳，說明趙堡太極拳是道門所傳的一種拳術。

二是趙堡太極拳是以無極、太極、陰陽、八卦的原理作為指導理論的。

三是遇得可以傳授的人要廣傳。

以上有趙堡太極拳歷代傳承的拳譜作證明。

蔣發根據老師的要求，在趙堡鎮選擇傳人，以後就這樣一代一代將太極拳傳了下來。

關於蔣發在趙堡鎮的七代傳遞，其情況是：

## （1）蔣發傳邢喜槐

蔣發學成回家後，與當地的拳師較藝，無人能敵過他，於是他的太極拳藝開始在趙堡鎮遠近聞名。趙堡鎮上有一個叫邢喜槐的，蔣發經過長時間的考察，感到邢喜槐為人忠厚，在趙堡鎮口碑很好，於是將自己所學對邢喜槐傾囊相授。不但傳授了太極拳的絕藝，還將王宗岳所傳太

極拳秘訣、論著等也傳給了邢喜槐，邢喜槐的後代在趙堡鎮繁衍到現在已經是 19 代。

## （2）邢喜槐傳張楚臣

張楚臣原籍山西，從山西到趙堡鎮經商，開始是開鮮菜鋪，後來生意有所發展，改為開糧行。由於他品行端正，在趙堡鎮備受尊敬。他和邢喜槐接觸後，兩人結拜為異姓兄弟，邢喜槐將太極拳全部傳授給了他，張楚臣的後代現在還居住在趙堡。

## （3）張楚臣傳陳敬柏

陳敬柏的家族系尤其祖父陳文舉開始在趙堡鎮落戶，陳敬柏的父親陳來朝出生在趙堡，陳敬柏「敬柏」是他的字，他的名字叫陳基。張楚臣見陳敬柏人品端正，辦事可靠，就收他為徒，傳他太極拳。陳敬柏武功高強，他廣傳了趙堡太極拳，跟他學拳的有 800 多人，其中得授一技之長的有 16 人，得到他基本傳授的有 8 人，能全面繼承他拳藝的只有一人。陳敬柏去世後，安葬在趙堡村西北，墳內埋有他生前使用過的各種兵器兩籮筐。

陳敬柏的孫子陳鵬是趙堡鎮太極拳名家，陳敬柏在趙堡鎮至今還有兩支傳人。現在趙堡太極拳總會副會長的陳學忠是陳敬柏的後人。

近年在陝西銅川發現了張楚臣的另一位傳人王柏青保存和傳下的趙堡太極拳歷代先師王宗岳、蔣發、邢喜槐、張楚臣等人和他自己所寫的關於太極拳的論著《太極秘術》。王柏青在雍正六年（1728 年）所寫的序言中說，他跟張楚臣學太極拳學了 40 多年。從王柏青的太極拳論文中有趙堡太極拳「以神打人」、「以氣打人」、「以形

打人」的絕妙論述看，王柏青是一個武功非常高深的太極拳專家。從《太極秘術》看，在張楚臣年代，王宗岳《太極拳論》等著作已經在趙堡太極拳門人中流傳。現在無法考證到王柏青是那裡人，如果不是趙堡鎮人，那麼說明趙堡太極拳在蔣發所傳的第二代就已經打破了趙堡太極拳不出村的規矩。

### （4）陳敬柏傳張宗禹

張宗禹，趙堡鎮人，關於他的拳史記載留下來的不多。張宗禹後裔現在還生活在趙堡鎮，他們對自己先人的情況很熟悉。

### （5）張宗禹傳張彥

張彥從小跟爺爺張宗禹習拳，在趙堡，人們稱張彥為「神手」、「神掌」。張宗禹在臨終前將太極拳的拳譜和絕藝傳給了張彥。張彥下苦功練拳，太極拳功夫達到了登峰造極的地步。張彥一生行俠仗義，好抱打不平，流傳於世的故事很多。例如流傳他在山東曹縣為民「除三害」，被當地人奉為神來供奉，張彥的後人現在仍居住在趙堡。

### （6）張彥傳陳清平和張應昌

張彥傳陳清平，據陳敬柏的後人陳學忠家傳資料記載，張彥與陳敬柏的孫子陳鵬是朋友，陳鵬介紹陳清平給張彥，說陳清平為人正直，年輕好學，並且十分喜愛太極拳藝，請張彥收他為徒。張彥聽從了好朋友的建議，將太極拳傳給了陳清平。張應昌是張彥的兒子，他生前身後被尊為「少師」，得到家傳。

關於對陳清平家世的考證，也比較明確，是趙堡人，練得也是趙堡拳，也無「贅婿」一說。情況如下：

陳清平是趙堡太極拳歷史上一個具有改革、開拓精神的太極拳專家，他把趙堡太極拳進一步發揚光大，使趙堡太極拳的傳播超越了上幾代的傳人。他除了將拳藝傳給兒子陳景陽、陳漢陽外，還教了很多徒弟，並且因材施教，後來形成了趙堡太極拳的代理、領落、騰挪（权拖）、呼雷四種練功方法。這四種練功方法雖然在外形上有所不同，但是其內勁轉動，內丹修練，拳理拳法的運用，都是一致的。陳清平所傳的有和兆元、牛發虎、李景顏、李作智、任長春等人。和兆元擅長代理練法，任長春精領落練法，騰挪練法李作智最著，而李景顏長於呼雷架。

　　河北永年人武禹襄仰慕陳清平的太極拳術，親自到趙堡鎮找到陳清平要拜師學藝。恰逢陳清平面臨官司危難，武禹襄通過在舞陽縣當縣令的哥哥武澄清幫助疏通官場關係，使陳清平倖免於難，陳清平對此十分感激，於是，將趙堡太極拳的精要練功方法教給了武禹襄，並傳他太極拳秘訣。後來，武禹襄將陳清平所教發揚光大，創編成了武式太極拳。

　　現代有一些人士考證趙堡太極拳，將陳清平在趙堡的太極拳活動歸納為「陳清平 19 歲招婿趙堡吳家，在趙堡經商、教拳」，因此認定趙堡太極拳是某式太極拳的一個支流，稱之為「趙堡架」，這跟歷史真實性是不符的。

　　關於陳清平的家世，趙堡村黨支部和村領導近年安排專門人員進行了廣泛、深入的調查和考證，得到以下幾點結論：

　　① 陳清平家族第一次遷徙是陳清平祖上從山西洪洞縣搬遷到河南溫縣趙堡鎮小劉村。

②　陳清平家族第二次遷徙是陳清平的爺爺陳萬拔、叔爺陳萬選兄弟兩人從小劉村遷入王圪壋村。

③　陳清平的家族第三次遷徙是陳萬拔的長子陳錫輅又從王圪壋村再遷入趙堡鎮，陳錫輅是陳清平的父親。陳清平的叔叔陳萬拔的二子陳錫章仍住王圪壋村。陳清平的父親在趙堡鎮上開糧行、棉花店、酒作坊，於道光二十五年冬（1845 年）病逝。

④　陳清平 1795 年生於趙堡。

⑤　陳清平的父親在趙堡鎮去世並安葬在趙堡。1997年 12 月 12 日，趙堡村人在村西南自留地挖出陳清平父親的墓碑一塊，一面寫著：

「皇清處士陳公諱錫輅字記民德配任氏之墓。

子太學生清平……道光二十五年冬月謹志」。

這塊幕碑現在放在陳清平的後人陳通處。

陳清平父親去世後，由他繼承家業至 1868 年去世。

⑥　陳清平有三房夫人：朱氏、侯氏、王氏，沒有其他姓氏的夫人。

⑦　關於過去招婿的風俗。趙堡所在的地方，凡是被招為上門女婿的必須將自己原來的姓氏改變。比如，如果陳清平被吳家招為女婿，必須將陳清平的名字改為「吳清平」。但是陳清平為自己父親立碑時還是以陳清平的名義。

2003 年，趙堡村民張虎家拆老房建房子時，發現舊房的樑上寫有：

「大清道光二十五歲次乙己八月十六日申戌吉時宅主太學生陳清平暨第從九品清光、安男增廣生河陽侄經未人

流涇、河、陽孫化男創建上房三間，自己立木之後永保合家清吉謹誌」。

這是陳清平 51 歲時建的房子，是第三側院，土改時分給了現在的房主。這說明陳清平在晚年的時候也沒有改變自己的姓氏，他絕不是像某些人說的招婿趙堡。

⑧陳清平的後代對自己家世的認定。

陳清平的第五代孫子陳忠森於 2000 年元月 19 日書面對自己的先祖陳清平的生平經歷作出了說明：

「我從小聽我祖母陳李氏和父親陳乃芳說，我祖上是陳氏家族人，從 13 世陳萬拔、陳萬選開始由溫縣小劉村遷入王圪墻村，在乾隆末葉，14 世祖陳錫輅也就是我的直系祖由王圪墻村遷入趙堡鎮，置門面店房開糧行、棉花店、酒作坊等。14 世叔祖仍留王圪墻村。在道光 25 年冬，陳錫輅在趙堡鎮病故後，由 15 世祖陳清平也就是我的直系祖繼承家業。陳清平生於乾隆 60 年，卒於同治 7 年，享年 74 歲。陳清平在趙堡取妻三房朱氏、侯氏、王氏，有二個兒子陳河陽、陳漢陽。陳清平在趙堡鎮關帝廟西鄰建造房屋數十間，圍村田地數百畝。16 世祖漢陽有一子。也就是我的爺爺，我爺爺是個啞巴，所以，執掌家業全由我祖母一人。我祖母從小就到我家做童養媳，我曾祖父請教書先生教我祖母讀四書五經，學管家本領，並將家史情況告訴她。祖母一生樂善好施，加上遭受荒年、戰禍，家境逐漸貧困。爺爺餓死後，祖母將房屋變賣所剩無幾，隨領全家逃荒到山西運城縣。為活命餬口，在民國年間，祖母含淚將祖上陳清平傳下的拳譜賣給本鎮張瑞南老師收藏。祖母經常說，咱祖上陳清平的武藝是經北頭（村

北）神手張彥教成的，師父是張彥。那時，咱家的徒兒東頭有和兆元，南頭有牛發虎，辛莊有任長春，南張羗村有李作智，陳辛莊村有李景顏，西頭有張敬芝，還有河北武禹襄等人。叮囑我們千萬不要忘了我家的歷史，更要記住練拳。近年來，我不斷聽到社會上有人說我祖上陳清平是贅婿趙堡，經商趙堡，學拳於陳家溝。這些言語純屬對我祖上不敬，我希望以後社會上和武術界人士慎言。」

陳忠森 1939 年 11 月生於河南溫縣趙堡鎮，1956 年 3 月從溫縣入伍，1982 年 2 月轉業到河南焦作市，在市司法局工作，曾任市司法局政工科長、法律顧問處副主任、律師、勞改大隊政委等職，2000 年元月退休在家。

根據上面的對陳清平家世的考證，陳清平不是趙堡人的「倒插門」的女婿。

由此，有以下幾點應引起太極拳界和當今武術管理人員注意：

① 陳清平是陳氏大宗族的人，但是沒有在陳家溝居住過。

② 陳清平的父親已在趙堡居住，陳清平出生於趙堡、長大於趙堡。

③ 陳清平的太極拳活動主要在趙堡，他學拳傳拳於趙堡，他的太極拳老師是張彥。陳式太極拳名家陳子明於 1932 年出版的《陳氏太極拳術》一書中也說到陳清平是張彥的「門徒」。陳清平所教的弟子、學生，從現有的資料中看，沒有陳家溝的學生。

④ 一些沒有經過嚴格的考證或出於其他目的的人，硬說陳清平招婿趙堡而在趙堡傳授陳式太極拳小架，將趙

堡太極拳稱為「陳式小架」、陳式「趙堡架」等，是沒有任何根據的。

⑤ 我誠懇希望太極拳界有關專家和國家武術管理部門的人員對我上面所說的事實進行考察，其中如果有不實事求是的地方，我可以負任何責任。

文後即附蔣發後人的證詞！

## 五 眾多學者的相關研究

事實上，類似的情況，早在上世紀八十年代，即《武當》雜誌 1986 年第 1 期發表的署名為澄史、求實的文章《淺談趙堡太極拳源流及流傳》一文，對此亦有同樣的論述，特別是關於陳清萍的證辯：

陳清萍贅婿於趙堡鎮，此說不能成立。原因是：一、在當時的封建社會，入贅後是必須改變原姓氏的。但陳清萍陳姓未改，子孫後代亦姓陳。二、歷代把襲入贅都是貧家子弟，但陳清萍並非貧寒。有人就此問及陳清萍的後人，其後人說：一從未聽說前輩人說過是入贅的。二、俺家還姓陳，三、先人陳清萍是從劉圪墻村遷入趙堡的，那時置有全磚瓦房數十間，並有裙房、耳房，為當時一般農家所無。再者，陳姓有規定，贅婿的、過繼的，家譜上均不記載，而先人陳清萍與後代家譜上皆有名。（據瞭解，當地無論何姓，續家譜都是如此規定。——作者注）

或云：陳清萍是為教拳而遷入趙堡的，陳清萍到趙堡以後趙堡才有了太極拳——趙堡架。此種說法有何根據？曰：無。史料證明，陳清萍以前，太極拳在趙堡已傳六代，現以陳敬伯的有關資料為證：陳敬伯家譜記載，陳敬

伯家尤其祖父陳文舉從陳伯莊遷入趙堡。家諾中有《敬伯公傳》曰：陳堪，又名敬伯，字長青，生於康熙丁亥年（1707 年），卒於乾隆辛亥年（1791 年），理精太極，已達妙手神化境也」。由此可證，陳清萍以前趙堡即有太極拳。

除了上述所提及的有關文獻資料、論文和調查報告所揭示出趙堡太極拳真實傳承外，許許多多的專家學者和有識之士，幾十年來也從未曾間斷過辯證、揭示、公告趙堡太極拳真史的努力，這其中較有代表性的就有：

薛紀峰發表在《汴梁武術》雜誌 1983 年第 5 期的「和式太極拳簡介」

劉會峙發表在《武當》雜誌 1987 年第 1 期的「武當趙堡太極拳的源流及特點」

戚建海發表在《武當》雜誌 1987 年第 1 期的「武當派和式太極拳簡介」

劉會峙發表在《武當》雜誌 1987 年第 2 至 1988 年第 1 期的「武當趙堡傳統三合一太極拳」

戚建海發表在《中華武術》雜誌 1987 年第 7 期的「鮮為人知的和式太極拳」

戚建海發表在《中華武術》雜誌 1988 年第 8 期的「武當趙堡太極拳探源」

戚建海發表在《氣功與科學》雜誌 1988 年第 10 期的「蔣發傳拳之說」

李萬斌發表在《武當》雜誌 1989 年第 2 期的「一心撲在太極拳事業上的人——記武當趙堡太極拳第十四代傳人劉會峙先生」

張朝和、和少平發表在《少林與太極》雜誌1990年第2期的「和式太極啟秘」

戚建海發表在《武當》雜誌1990年第6期的「蔣發秘傳太極拳經典——兼談王宗岳、陳清平」

吳文翰發表在《武當》雜誌1992年第2期的「初識趙堡太極拳」

劉會峙、屈馬龍、李萬斌發表在《武當》雜誌1992年第3期的「太極拳源流新探——紀念武當太極拳一代宗師蔣發誕辰417週年」

吳文翰發表在《武術健身》雜誌1992年第5期的「趙堡藝傳播大西北」

譚大江發表在《武當》雜誌1992年第6期的「太極拳之鄉趙堡鎮見聞」

王海州發表在《中國太極拳》雜誌1993年第1期的「趙堡太極拳源流及其特點」

張傑發表在《中華武術》雜誌1994年第1期的「獻身太極名垂千古——中國近代著名太極拳家杜元化」

張傑發表在《武當》雜誌1994年第5期的「趙堡與趙堡太極拳之概況」

張滿宏發表在《武魂》雜誌1994年第11期的「也談陳清平與趙堡太極拳——兼與李濱先生商榷」

劉瑞發表在《武當》雜誌1995年第3期的「神手張彥」

周荔裳發表在台灣《太極學報》1995年第4期的「趙堡太極拳考源——太極拳源流考」

李師融發表在《中國太極拳》雜誌1995年第6期、

1996 年第 1、2、3 期的「王宗岳、蔣發年代考」

　　路迪民發表在《武當》雜誌 1996 年第 5 期的「陳清平身世考略」

　　張滿宏發表在《武當》雜誌 1996 年第 5 期的「坦蕩無私揚太極　藝理俱精德高潔——寫在太極拳大師陳清平誕辰二百週年之際」

　　梁宏達發表在《精武》雜誌 1997 年第 10 期的「六出太極法自然——六派太極拳源流考」

　　王震川、譚大江發表在《武當》雜誌 1998 年第 8、9 期的「孤本殘卷秘典　隱世歷劫重光——記評趙堡太極拳歷史文獻的重大發現」

　　原寶山、李師融發表在《精武》雜誌 1998 年第 11 期的「太極宗師蔣發小傳」

　　羅名花發表在《武當》雜誌 1999 年第 4 期的「武當趙堡太極拳技法闡秘——僅以此紀念侯春秀大師逝世十四週年」

　　《精武》編輯部發表在《精武》雜誌 2000 年第 5 期的「武當趙堡太極拳專輯」

　　蒙一丁發表在《人民日報》2000 年 12 月 15 日星期五第十版「體育天地」欄目的「集體智慧的結晶——紀念鄧小平『太極拳好』題詞 22 週年」

　　羅名花發表在《武當》雜誌 2003 年第 1、2 期的「陳式太極拳新架子與趙堡太極源流考」

　　歐達寧發表在《武當》雜誌 2004 年第 12 期的「趙堡太極拳前賢生卒年探析」

　　戚建海發表在《武當》雜誌 2005 年第 9 期的「武當

趙堡太極拳脈系」

譚大江發表在《武當》雜誌 2005 年第 9 期的「**趙堡太極古傳一支驚現天津**」

李師融、李永傑發表在《武當》雜誌 2006 年第 1 期的「**陳敬柏傳拳陳溝考**」

林泉寶 張長林 張順林發表在《武當》雜誌 2006 年第 10 期的「**趙堡太極拳李作治脈系拳法闡秘**」

路迪民發表在《武當》雜誌 2009 年第 4、5、6 期的「**王宗岳蔣發考辨──兼與康戈武先生商榷**」

李萬斌發表在《武當》雜誌 2010 年第 4 期的「**陳家溝不是太極拳的發源地**」

李萬斌發表在《太極》雜誌 2010 年第 5 期的「**太極拳史研究的最新突破──明代山西王宗岳家族譜系被發現**」

李萬斌發表在《武當》雜誌 2010 年第 10、11、12 期的「**與陳家溝無關的太極拳述列**」

劉會峙著《**武當趙堡傳統三合──太極拳**》陝西科學技術出版社 1991.3 第 1 版

宋蘊華著《**趙堡太極拳圖譜**》陝西技術出版社 1991.5 第 1 版

王海洲、嚴翰秀演整《**秘傳趙堡太極拳**》廣西人民出版社 1991 版

李萬斌、羅名花著《**太極拳技擊實踐**》陝西科學技術出版社 1992.7 第 1 版（內收《趙堡太極拳推手上中下明暗四十八技法》）

劉瑞著《**武當趙堡和式太極拳**》廣東高等教育出版社

1995.6 第 1 版

趙增福、趙超著《武當趙堡大架太極拳》陝西科學技術出版社 1995.8 第 1 版

劉榮淦 杜甲辰編著《精義太極拳——趙堡太極拳健身、養生、技擊法》北京體育大學出版社 1996.6 第 1 版

王海洲、王長青、嚴翰秀編著《趙堡太極拳械合編》廣西人民出版社 1996.7 第 1 版

趙增福著《中國趙堡太極》世界圖書出版公司西安分公司 1997 年 9 月第 1 版

王海洲、嚴翰秀編著《杜元化〈太極拳正宗〉考析》人民體育出版社 1999.10 第 1 版

原寶山編著《武當趙堡太極拳大全》世界圖書出版公司 1999.11 第 1 版

鄭悟清傳授、鄭瑞、譚大江編著《武當趙堡太極拳小架》人民體育出版社 2000.2 第 1 版

李師融著《北派太極拳源流揭謎》武當雜誌社出版 2000.5 第 1 版

鄭琛、山新樓著《太極拳道》（趙堡太極拳）陝西科學技術出版社 2001.1 第 1 版

王海洲 嚴翰秀著《趙堡太極拳詮真》人民體育出版社 2003 年 2 月第一版

戚建海著《太極拳技擊和煉丹術之奧秘》台灣逸文出版有限公司 2005 年 9 月第二版（內收《杜元化〈太極拳正宗〉論述選錄》《顧留馨「贅婿」之說不能成立》《和氏拳譜》《王柏青編著〈太極秘術〉》

李師融、李永傑編著《古今太極拳譜及源流闡秘》台

灣逸文武術文化有限公司 2007 年 6 月出版

　　林泉寶著《武當趙堡侯氏太極拳與行功心悟》台灣逸
文武術文化有限公司 2007 年 12 月第一版

　　王海洲著《趙堡太極秘傳兵器解讀》人民體育出版社
2008 年 1 月第一版

　　艾光明、張昱東著《侯氏太極拳》（趙堡太極拳）
陝西科學技術出版社 2010 年 6 月第一版

　　劉曄挺著《太極拳聖王宗岳考》台灣逸文武術文化有
限公司 2012 年 3 月第一版

　　李師融、李萬斌、劉曄挺著《太極拳源流與發展研
究》台灣逸文武術文化有限公司 2012 年 3 月第一版

## 六　周荔裳先生發表「趙堡太極拳考源」

　　這其中，最有說服力的就是周荔裳先生的「**趙堡太極
拳考源**」。該文發表於 1995 年，她時任人民體育出版社
編審。在該文的一開始，她即說：「太極拳究竟創於何
時、何人，至今是太極拳界爭論的熱點之一。自本世紀三
十年代始，不少太極名家均參與了這一論爭。都由於史料
匱乏，致眾說紛紜，莫衷一是。」

　　接著，她就說：「在職任《中華武術》雜誌副主編兼
記者期間，結識了不少太極拳名家，涉獵了不少流派的太
極拳，參加了一些太極拳的學術活動並就太極拳的源流、
技術特點等問題與各流派太極拳傳人進行過探討。還於一
九九三年八月親赴河南溫縣的陳家溝及趙堡鎮進行過採訪
和調研。在趙堡鎮與趙堡太極拳總會的核心人物及趙堡鎮
一些太極拳傳人進行座談；深入各老拳師家各太極拳輔導

員，趙堡學校觀看了趙堡太極拳、械的表演，閱讀了他們各自保存的趙堡太極的重要資料；如陳鑫《太極拳圖畫講義》的手抄本，杜元化所著《太極拳正宗》，觀看了《永安寺碑記》，並對以上情況做了攝影和報導。」

下面就是她的調查研究的過程和結論：

她首先講到：趙堡太極拳不是陳氏太極拳新架！

從河南省國術館館長陳泮嶺為杜元化《太極拳正宗》所寫的序言（以下簡稱《序》）及其為陳鑫《陳氏太極拳圖說》所寫的《太極拳譜的題詞》（以下簡稱《題詞》）比較分析，說明趙堡太極拳不是陳氏太極拳新架。

《序》曰：「余觀其拳系師承懷慶溫縣蔣先生發」；「其術由來之久矣，其術神理奧妙，通天地人而成一家，技也近乎道矣！余酷嗜拳法，歷訪名家，冀得其精秘，不料今得杜先生育萬所著，秘而不傳太極拳圖解十三樣，公之同好，方覺太極拳名實相符」。

《題詞》曰：「吾宗溫人，天縱英義，實闢拳宗，悉本太極，其嗣昌之，推闡以易」。陳泮嶺認為趙堡太極乃「師承懷慶溫縣蔣先生發」，是「名實相符」的太極拳；而陳家溝太極拳（實）則是由（溫人）陳（英義）所（闢），悉（本）太極，推闡以（易）的一種拳術。陳泮嶺先生亦為武術名家，當時，他是河南省國術館館長，也是中央國術館副館長，是教育部及軍訓部國術編寫委員會主任。他「酷嗜拳法，歷訪名家」，他十分明確地指出杜元化所著的太極拳「其術由來之久矣」，是「師承」「蔣先生發」的，是「名實相符」的太極拳；卻隻字未提此太極拳是陳氏拳之宗派，是陳氏所創；而陳英義之拳，只是

「本」太極，以「易」推理與闡述的一種拳術。

《序》中還寫到「其（指杜元化所寫的拳）最妙者，始由天道起，中抱六十四勢，每勢能夠十三樣手法，即一圓、兩儀、四象、八卦是也，末以天道終」。讚賞、欣喜之情躍然紙上。

《題詞》中陳泮嶺先生只說「愚耽國術，所見多矣，功用之神，莫若此極」。只讚賞了陳家拳的「功用之神」。

其次，她認為：趙堡太極拳為蔣發所傳！

據《太極拳正宗·太極拳溯始》稱「余先師蔣老夫子，原籍懷慶溫縣人也。生於萬曆二年（一五七四年），世居小留村》。至廿二歲（一五九六年）學拳於山西省太谷縣王老夫子諱林禎；其後蔣發傳邢喜槐，邢傳張楚臣，張傳陳敬柏，陳傳張宗禹等八百餘人。其後傳其孫張先生彥，先生又傳給陳先生清平，清平先生傳給其子景陽及本鎮其少師張應昌、和兆元、牛發虎、李景顏、李作智、任長春、張敬之，歷代傳人很多，不能備載，以上所錄諸老夫子皆有事績可考」。

這段文字說明：

（1）趙堡太極拳為蔣發所傳；

（2）蔣發之師是山西太谷縣人王林禎。（王林禎是否是王宗岳，由於資料匱乏，不敢斷言。但據考「王宗岳一七九一年曾居洛陽，後又設館於汴 」；而蔣發生於一五七四年，顯然，蔣發不可能師從晚出生於己一百多年的王宗岳。王林禎雖也是山西人，但他是太谷人；而王宗岳則是絳州人）。今新降縣，在山西汾城縣之南。

（3）趙堡太極拳傳承脈絡清晰，有據可考。

《太極拳正宗》中提及的邢喜槐、張楚臣、陳敬柏等在「太極拳溯始」一節中均有具體介紹。陳清平、陳敬柏、和兆元等人的後裔至今仍居住在趙堡鎮，習練趙堡太極拳；任長春之徒，即《太極拳正宗》的作者杜元化（萬育，一九三一年考取河南國術館武士，後留該館任教）之孫杜太靈，現住在北京，他曾目睹其祖父杜元化撰寫該書。

其中陳敬柏在《陳氏家乘》中雖有記載；但只用了「好太極拳」四個字。而《太極拳正宗》中卻有較具體的記述：

「陳敬柏先生，人品端正，凡事可靠，所以（張楚臣）將此術全盤授之。其後陳先生卻擴張此術，廣收門徒至八百餘，能得其一技之長者十六人；能得其大概者八人；能統其道者，惟張宗禹先生一人」。這段話說明陳敬柏既是受教於張楚臣習趙堡太極之傳人；又是推廣此術之功臣。

據我去趙堡鎮調查，得知陳敬柏雖也是陳家溝人，但從其宗族第十代陳文舉起，即遷至趙堡鎮做生意，陳敬柏出生於康熙二十六年（一六八八年）的趙堡鎮。

又據趙堡太極拳總會提供的情況稱：在張楚臣、陳敬柏時代，趙堡太極拳名聲很大，致引起當時康熙的四皇子胤禛的關注。因此，他曾親自去過趙堡鎮，並在關帝廟題寫了「乾坤正氣」之匾額。

據筆者去趙堡調研發現，至今趙堡習太極拳之風仍十分興盛，不僅各家各戶都練太極拳；趙堡學校（一座上千

人的含中、小學制的全日制學校）還將趙堡太極拳列為體育課、課間操的內容，還可隨意組織幾個班的數百名學生集體表演，其氣勢之恢宏，參與者之眾多是相當可觀的，說明趙堡鎮習拳之遺風尚存。

像陳敬柏這樣一位在太極拳推廣方面卓有成效的人，在《陳氏家乘》中竟只有「好太極拳」四個字；在陳氏太極拳主要傳遞系統表中亦無記載。是陳溝有意冷落他，還是另有原因？是否也可據此說明陳敬柏習練的確非陳家拳，而是蔣發所傳之太極拳？

接著她又說：「從杜育萬訂補陳鑫《陳氏太極拳圖說》，說明蔣發是將太極拳傳入陳家溝和趙堡鎮的重要傳人！」

陳鑫所著《陳氏太極拳圖說》版權頁上有「訂補者沁陽杜元化育萬」的字樣。據瞭解杜元化為該書訂補了「任脈督脈論」、「重要穴目並歌」及「蔣發受山西師傳歌訣」三章，並將該書原名《太極拳圖畫講義》易名為《陳氏太極拳圖說》。杜補之前二章已列入卷首篇；第三章則列入該書的附錄部分。總目錄上名之為「研手法」，篇中名之為「杜育萬述蔣發受山西師傳歌訣」。

杜育萬為何要將此歌訣放在該書的附錄裡，為何將《太極拳圖畫講義》易名為《陳氏太極拳圖說》？這裡反映了杜育萬用心之良苦。杜的《太極拳正宗》當時也已成書不知何故當時未能出版，當局卻請他為陳鑫的《太極拳圖畫講義》增補內容。杜在其《太級拳正宗》的首篇「太極拳溯始」中已明確說明趙堡鎮所傳之太極拳是由蔣發所傳的源自「老君設教、宓子真傳」的太極拳；而不是由陳

家溝傳來的太極拳。為正視聽他有意在陳鑫的太極拳書名前加了一個「陳氏」太極拳的界定，以區別於由蔣發所傳之太極拳；為了說明蔣發不是師承於陳家，而是師承於山西師傳家，故將「蔣發受山西師傳歌訣」附錄在陳鑫的書內。當時編者亦未提出異議，陳氏族人亦無異議，這就在客觀上承認了蔣發是傳拳於陳家溝和趙堡鎮的太極傳人；而不是像陳家宣揚的蔣發是師從陳王廷的。

透過比較，她再次肯定的說：「從《陳氏家乘》所載陳王廷之事蹟者，蔣發不可能從陳王廷習太極。」

「公遇一敵手，公追之三過，御寨未及」，「李際遇事敗，有蔣姓僕於公，即當日所追者，其人能百步趕兔，亦善拳者也」。有人說此蔣姓僕即蔣發。從以上描述可見蔣之技高於陳王廷而蔣乃太極高手。是否由此又可作蔣不是師從陳王廷之旁證？

綜上所述，可見趙堡太極非陳氏太極之支派，而是「老子設教，宓子真傳（宓子即宓喜，號尹文，老子之徒）」，由「雲遊道人」傳經數世至張三豐，三豐次傳王宗，再傳王林禎，傳蔣發，再傳趙堡鎮及陳家溝。此派太極之傳承脈絡至王林禎前，雖不甚清晰；但從王林禎至蔣發→邢喜槐→張楚臣→陳敬柏→張宗禹及八百餘門徒→張彥→陳清平→張應昌、陳景陽、和兆元、牛發虎、李景顏、李作智、任長春、張敬芝、武禹襄，則是清晰可見，有據可考的。

她最後得出切實的三點結論，即：

1、趙堡太極拳由蔣發所傳。

2、蔣發所傳之太極拳是老子太極拳式，張三豐太極

拳——即道家太極拳；而不是陳溝太極拳。

3、陳王廷是陳氏太極拳之創始人；而不是太極拳之創始人。

看到這裡，人們都會明白，這就是事實！

## 七 使中國太極拳史及其趙堡太極拳正本清源的代表性著作

事實上，從上世紀三十年代唐豪拋出擬設的「陳王廷創拳說」陳清平傳或創「趙堡」說至今，質疑、駁斥、揭露、批駁的聲音，即從未間斷過，據不完全統計，出自從各們各派的專家學者及其主要傳人所出版和發表的調查報告、公佈的文獻資料、文章、論文、著作來看，不下千條，鑒於目前互聯網的發達，那就更多了，都是一致要求太極拳史「正本清源」，不要在「冤枉古人、欺騙今人、貽誤後人！」

這其中，最具有代表性的著作就是：

劉曄挺著《太極拳聖王宗岳考》台灣逸文武術文化有限公司 2012 年 3 月第一版

李師融、李萬斌、劉曄挺著《太極拳源流與發展研究》台灣逸文武術文化有限公司 2012 年 3 月第一版

于志鈞著《中國太極拳史》中國人民大學出版社

2012 年 4 月第一版

《太極拳聖王宗岳考》全面系統的考證和闡述了明代山西新絳縣（古絳州）成為太極拳發祥地的地理環境和人文條件、王宗岳生平考、對王宗岳墓地的考證、對王宗岳考證證據附錄、王宗岳的主要拳譜、王宗岳太極拳在山西的傳承及其主要傳人等。

《太極拳源流與發展研究》除全面系統的考證和批駁了唐、顧、康虛假的「陳王廷創拳說」「陳溝發源地說」外，專門在第四編第八章論述「趙堡太極拳的歷史功績」，講「趙堡太極拳的拳史無可非議」「趙堡太極拳是現代太極拳六大派的母派」「趙堡太極拳派對太極拳譜的貢獻」「趙堡太極拳的成長歷史」，然後附有較為完整的「趙堡太極拳專遞表」。

《中國太極拳史》最大的亮點是全面揭露了陳家溝的拳術真相及其唐、顧的虛假行為，的確是針針見血。譬如，該書研究認為：

陳家溝史上所謂「披堅執銳，掃蕩群氛」的「英雄們」，實為鎮壓農民起義的地主武裝；

陳家溝除「陳氏拳手有戰大刀可考」「悶來時造拳」以外提供不出任何證據；

所有關於陳王廷的「造拳」史料全部都是出自戚繼光；

太極拳是誰發明的不能由唐豪一個人說了算；

如果說《拳經總歌》是太極拳理論，那麼太極拳的發明人就是戚繼光而不是陳王廷；

　　《拳經總歌》根本就不是太極拳的理論，於太極拳不沾邊；

　　陳家溝只存有族譜沒有拳術傳承譜；

　　陳家溝長拳就是山西洪洞通背拳顯然是從外面傳入的；

　　趙堡太極拳的傳承得到陳家溝陳氏的部分驗證；

　　唐豪從一篇無人署名的既無王宗岳又無陳家溝的所謂「陰符槍譜敘」和「陰符槍總訣」中，詭辯出「王宗岳在陳家溝學得太極拳和春秋刀」來！這種偷天換日的伎倆，不是研究歷史的嚴肅態度。所以唐豪的這個驚人「推論」除其後繼者顧留馨外，至今沒有一個人敢支持他的信口雌黃的詭辯；

　　「《陰符槍譜》合抄本」的作者最合理的解釋是「發現」它的唐豪本人；

　　《陰符槍譜》是從《紀效新書》抄編的；陳家溝曾流傳兩個版本的蔣發故事；

　　對唐豪在中國武術史學科中的作用應該重新評價；

　　追隨唐豪的始作俑者是顧留馨；

　　陳家溝陳氏對於其拳術的歷史有多種說法；

　　詭辯論下的「陳王廷創造太極拳」；

　　陳家溝的歷史背景是鎮壓歷次農民革命起義軍的反動地主武裝根據地；

　　「明末抗清戰將」是有人處心積慮為陳王廷捏造的；

　　陳王廷「官宦家庭」也是顧留馨為其編織的；

「陳王廷」實際是被人有意弄成了明朝武將戚繼光的化身；

近代史上陳家溝地主武裝殘酷鎮壓太平天國革命軍；

陳家溝地主武裝鎮壓晚清農民起義軍捻軍、長槍會；

唐豪要利用陳家溝的武術資源為自己服務；

如果唐豪從陳鑫說失去了發現太極拳創造者的地位；

《長短句》的真正作者是陳鑫，說的「蒙恩賜」實際上說的是他的父親陳仲甡；

「黃庭一卷隨身伴」實際是指陳鑫自己；

是陳鑫自己在「造拳」；

寫《長短句》的確非陳王廷，實乃陳鑫也；

陳王廷畫像實乃「關公顯聖圖」；

畫像隨意變化幾易其稿，就是為證明武藝高超的蔣發從陳王廷的友人變徒弟；陳家溝《拳經總歌》是抄襲戚繼光《紀效新書·拳經捷要篇》之作；

唐豪說的太極拳實系戚繼光拳經；

如果《拳經總歌》為太極拳的理論，那麼戚繼光《拳經》就應該是太極拳了，你信嗎；

陳鑫抄襲王宗岳《太極拳論》；陳家溝製造了中國近現代上重大的太極拳知識產權侵權案；

在清光緒三十四年（1908 年）以前陳家溝沒有太極拳一字一物之證；

## 八 陳清平的太極拳業師是張彥才是準確的

陳鑫《陳氏家乘·陳有本傳略》「有本門人陳清平、陳有綸……均有所得」；杜元化《太極拳正宗·太極拳朔

史》「先生（張彥）又傳給陳先生清平」；陳子明《陳氏世傳太極拳術·陳清平傳》「陳清平為陳有本張彥門徒」。三書的出版時間，前後只相差三年。作者中陳鑫和陳子明是同村同族又有師生關係；杜元化是沁陽縣人，屬懷慶府籍。對陳清平的師承，是陳鑫與杜元化兩人各執一端，陳子明則是雙重承認。究竟誰的說法真實可信？我們認為杜元化之說最具權威性。因為他是陳清平的再傳弟子，一代之隔，對他師爺的業師不會不清楚。其師任長春也不可能把自己師爺的名字記錯。任長春去世後，杜又隨師叔張敬芝深造。因此與趙堡人有過較多的接觸，對陳清平的瞭解比較清楚。杜在《正宗》中寫的師承關係，是指趙堡太極拳的歷代嫡系傳人。他寫張彥傳給陳清平，當然也是指「嫡傳」，不是僅「有所得」的非入室弟子，所以杜對陳清平師承記載的真實性與確切性要超過陳鑫、陳子明之說。

趙堡忽雷架太極拳家張滿宏先生在《武魂》1994 年第 11 期發表的「也談陳清平與趙堡太極拳——兼與李濱先生商榷」一文，在陳清平的太極拳業師是誰的問題上，做了較為詳盡的調研和辯證。他講，陳鑫的說法，需要做具體研究。陳鑫出身於太極拳世家，平生主要從文，他晚年將家傳太極拳整理成冊流傳後世，確實為太極拳的繼承與發展做出了一定貢獻。然而，作為一個封建文人，由於受時代的侷限，從其所著《圖說》中不難看出，他具有較強的宗族門戶觀念，特別是在太極拳的淵源歷史及師承方面牽強附會失實之處頗多。對陳清平師承的記載便是如此。陳清平住的趙堡村距陳家溝只有五六華里，作為同族

晚輩，曾經向陳家溝太極名家陳有本請教問藝是極有可能的，但不能因此就說陳有本是陳清平的業師，陳清平也可能只是受過陳有本的指點而已。陳鑫在《陳氏家乘》中並未為陳清平立傳，敘其師承實情。但因陳清平技精名高，為了提高自己家族的名聲，才在其祖父有本的傳略中提及陳清平為「門人」，而對張彥卻隻字未提。如果陳清平在有本處僅僅是「有所得」，而無其他名師精心傳授恐難成為一代太極名師！

從「有所得」還可以看出，陳鑫已經明確陳清平並非有本的入室弟子。有本嫡傳弟子，陳鑫認為是其父仲甡、叔季甡，因此，才為二人立傳，介紹業績。《圖說》與《正宗》雖然都記載了陳清平的師承，但記述的情節及所反映的師徒關係程度卻大不一樣。因此，談陳清平的師承不能將有本與張彥相提並論。張彥是陳清平的業師，陳有本有可能只是指點過陳清平而已。

陳鑫在《圖說》中有關師承的不準確記載，並非只此一例。譬如，陳清平的弟子李景延，曾先向陳仲甡及陳有綸短暫學藝。因二人保守才拜陳清平為師，後來成為陳清平弟子中的佼佼者，晚年創編「忽雷架」有「鐵胳膊李盾（乳名）」之稱。

陳子明在《世傳》中也承認陳清平「弟子中以李景延為最」。杜元化在《正宗》中把李景延列為陳清平的七位著名弟子之一。現在不管是「忽雷架」傳人，還是陳家溝、趙堡鎮的老拳師公認李景延的業師是陳清平。可是陳鑫是如何記載李景延的師承呢？《家乘》寫道「有綸傳李景延、張大洪；景延兼師仲甡」。對李景延的業師是陳清

平的事實，隻字未提。可見，陳鑫為了宣揚自家前輩的太極拳成就，在《家乘》中卻做了不確切的記載，所以陳鑫之說，不能視為信史。

至於陳子明在書中同時承認陳清平有兩位老師的說法，自有其特殊的原因和一定的歷史背景。陳子明之父陳復元，係陳仲甡的弟子。陳子明自幼隨父習拳，後又師於陳鑫。在二三十年代曾創辦「中州粹武學會」，並在上海教過拳，是一位比較開明的拳師。他編著的《世傳》一書，在拳理、拳史方面參考了陳鑫《圖說》手稿，《圖說》中與事實出入甚大之處也做了修改。在《太極拳家列傳》中，專門介紹了陳清平「為陳有本張彥門徒……弟子中以李景延為最。」

陳子明是陳家溝陳氏族人中公開承認張彥為陳清平之師的第一人。他之所以承認陳清平有兩位老師，是因為當時陳家溝與趙堡鎮在太極拳的淵源以及太極名家陳敬柏、陳清平的身世等問題上都是清楚的。他作為陳氏後裔，又曾師於陳鑫，不是不明白陳鑫有意不寫張彥的用意。但當自己著書立說時，他是會權衡利弊的。

如果完全按《圖說》的記載不寫張彥，與事實出入太大，恐怕會受到知情者及陳清平傳人的指責。如果只寫張彥，不寫陳有本，與《圖說》的記載不符，會招致族人指責，對師對己都不太合適。於是就來了個「陳清平為陳有本張彥門徒」的雙重承認。試想，假如陳有本是陳清平的業師，而張彥是非正式老師的話，那麼陳子明完全可以尊重乃師陳鑫的說法，不提張彥。陳子明的雙重承認，反而證明張彥是陳清平的業師。

我們在考查陳清平的師承關係時，不僅要重視文字資料，還應尊重陳清平傳人的口傳資料。陳清平在趙堡村以及外村所傳弟子的傳人一致公認陳清平的業師是張彥。而且還能講出許多有關張彥武功軼事的傳說，而對陳清平是否曾師於陳有本，則多數傳人不清楚。張滿宏先生曾拜訪過王圪壋村陳清平的本家後代陳印新老人。他直言相告「從小就聽大人們說我老爺爺陳清平的老師是張彥」。還曾向前去向他考證陳清平師承的趙堡拳師按指印作證。這些寶貴的活資料豈能忽視！

如果說「陳清平從陳有本學太極拳而有所得，後遷居趙堡鎮，遂在那裡教授太極拳」，當然也不對。陳清平的第五代嫡孫陳運通，至今還藏有他家一百多年前的《分單》（係舊時弟兄分家另居時由中證人寫的文書）。

《分單》上記載了清同治六年，由陳清平的弟弟陳清光主持為陳清平弟兄三人的子姪，三分家產的情況。《分單》上寫有「將祖遺房院地土」等話。當時陳家已「人口漸多，日日不足」，走向衰落，但仍有房屋 38 座，墳地約 16 畝，麥地約 65 畝。如果說這些資產是陳清平遷居趙堡後經商所置，那麼陳清平的弟弟及姪子是沒有理由分這些資產的，所以，陳家這些資產，至少是從陳清平的父親就已遷居創置。

陳清平是遷居趙堡的第二代，已是趙堡人了。既然陳清平是趙堡人，本村又有著名的拳師張彥，他不可能捨近求遠先從陳有本學，「有所得」後，再投師張彥。更不可能隨陳有本學「有所得」後，就立即在著名拳師張彥的村裡「教授太極拳」。

## 九 趙堡太極拳在現代的發展

趙堡太極拳在民間代代相傳，在 20 世紀趙堡太極拳經歷了三個歷史發展階段。

**第一階段** 19 世紀末葉，外族入侵，社會內部震盪，動亂不斷，趙堡太極拳的發展受到了影響，轉入了低潮。在 20 世紀 20～30 年代才得到了一次較大的發展。在這個發展階段，其主要標誌是張敬芝、和慶喜授拳和杜元化《太極拳正宗》的出版。

張敬芝是張應昌的太極拳傳人，他長期堅持在趙堡傳授太極拳，他將太極拳傳給了村人侯春秀和王連清等人，在趙堡鎮影響較大。和慶喜是和兆元的孫子，他從小得到父輩太極拳傳授，到中年因家庭困難而棄拳經商。到他70 歲左右，國家提倡武術強種救國，他在師弟陳桂林的協助下重新教授太極拳。當時向和慶喜學拳的有郝玉朝、郭雲、鄭伯英、和學敏、鄭悟清等人。鄭伯英曾參加了1931 年在開封舉行的國術比賽，並勇奪冠軍。

杜元化是任長春的傳人，他青年時接觸趙堡太極拳，就被這一絕藝所折服，以後在老師的指導下刻苦練拳，終於掌握了太極拳的精髓。在他被聘任為河南省國術館教授時，他將老師所傳和自己的體會，以及在趙堡名師張敬芝的幫助下所收集的資料進行綜合，以極大的熱情整理成趙堡太極拳劃時代的著作《太極拳正宗》一書。這本書的內容有趙堡太極拳的源流、理論、練法、架式以及有關秘訣，保留了趙堡太極拳一些已經失傳的理論和秘法，是全面系統地反映趙堡太極拳全貌的太極拳著作。這本書在當

時就產生了很大的影響，就是在當代太極拳界，也對太極拳運動有指導意義。他與河南省國術館館長陳泮嶺等人參與了陳鑫《陳氏太極拳圖說》一書訂補工作。

在趙堡太極拳進入較好發展時期，日本發動了對華戰爭，並占領整個河南。同時，黃河氾濫，淹沒了家園，蝗蟲連年發生，毀滅了莊稼。趙堡太極拳傳人被迫流離失所，到處逃荒。趙堡太極拳的發展又進入了低谷。

**第二階段　20世紀50～60年代，是趙堡太極拳的恢復階段。**

20世紀30至40年代是中國社會動亂的年代，趙堡太極拳的各地傳人無法在較大範圍內傳授太極拳。新中國成立後，國家大力推廣和發展傳統武術，趙堡太極拳獲得了新的發展機會。在20世紀30年代末逃荒到陝西西安的趙堡太極拳傳人鄭伯英、鄭悟清、侯春秀等人在西安開始傳授趙堡太極拳，並參加了一些國家組織的比賽。

鄭伯英於1938年逃荒到古城西安後，不久被聘為趙壽山部下第四集團軍總部武術教官。新中國成立後，任西安市武術協會會員。1952年5月，他參加了西北五省武術觀摩大賽，表演了趙堡太極拳，在社會上引起了關注。以後他在西安公開傳授太極拳，並以太極拳功夫再次聞名於世。趙堡太極拳傳人鄭悟清、侯春秀也在西安廣泛傳授趙堡太極拳。居住在西安的趙堡太極拳傳人首先在西安將太極拳推向社會，並輻射到西北數省。

在這一時期，趙堡太極拳在趙堡鎮也得到了逐步恢復。趙堡太極拳名師王澤善（在縣體委工作）和另一位太極拳老師陳照丕一起在溫縣舉辦太極拳培訓班，較早地推

廣了太極拳。王澤善老師在趙堡任學校武術教師，主要是教授趙堡太極拳和各種器械、太極拳對練。他曾率趙堡鎮武術隊參加了省、市舉辦的武術表演賽。時逢節假日，他帶領武術隊在趙堡鎮各鄉村表演趙堡太極拳等。著名太極名家劉士英此時也由僧人還俗，傳授村人趙堡太極拳。在趙堡村，村民們也對自己祖先所傳的太極拳進行了回憶和整理，出現了一批認真練武青年。在西安的趙堡太極拳傳人也紛紛回到趙堡，傳授指導趙堡太極拳的練習，特別是向趙堡的後起之秀傳授趙堡太極拳的技擊要領，對趙堡太極拳在趙堡鎮的中興起到了關鍵性作用。

正當趙堡太極拳蓬勃發展時，「文革」不期而至，太極拳不能公開練習了，大量過去傳下的太極拳資料、遺物、兵器等被當作「四舊」銷毀，太極拳名師、愛好者被批鬥，太極拳的傳播又一次遭受挫折。但是，很多趙堡人認為，太極拳是祖上留下的寶貴文化財富，他們在夜深人靜時偷偷練習，使得趙堡太極拳在趙堡得以繼承下來。

**第三階段　20 世紀 80～90 年代是趙堡太極拳獲得發展的高潮期。**

改革開放以後，國家對太極拳運動非常重視，提出了挖掘整理民間武術的號召，為趙堡太極拳的發展提供了新的機遇。全國各地的趙堡太極拳傳人迎來太極拳發展的春天。幾十年來，趙堡太極拳在國內外得到了較為廣泛的傳播。

**1. 在趙堡成立了趙堡太極拳總會，對趙堡太極拳的發展作出了整體規劃。**

1980 年，改革開放不久，在趙堡鄉黨委、政府的支

持下，成立了趙堡太極拳總會，會長由趙堡村領導吳金增擔任，副會長有侯魏邦、王海洲、陳學忠、王慶升、鄭鈞等人，秘書長劉耀森。總會聯絡了散居在全國各地的趙堡太極拳傳人，提出了「進一步弘揚趙堡太極拳、為造福人類作出貢獻」的口號。在趙堡村設立 13 個太極拳授拳點，在中小學設立太極拳課程，安排專人負責收集社會上趙堡太極拳歷史上遺留下來的資料、遺物等。並對趙堡太極拳的歷史進行系統的整理，撥出經費，成立趙堡太極拳武術隊，培養趙堡太極拳人才。

**2. 打破趙堡太極拳不出村的村規。**

過去，趙堡鎮有「趙堡太極拳不出村」的村規，多少年來，除了特殊情況外，趙堡太極拳一般不外傳，致使趙堡太極拳得不到較大範圍的傳播，影響了趙堡太極拳的發展。90 年代，趙堡太極拳總會對凡是到趙堡鎮學拳的人都熱情接待，安排拳師教授，並向居住在趙堡鎮的太極拳拳師頒發證件，鼓勵他們走出趙堡，到全國各地授拳。

**3. 出版太極拳的著作。**

趙堡和各地的太極拳傳人在國家挖掘整理武術遺產的號召下，將各自得到傳授的趙堡太極拳的套路、理論、秘訣整理成書出版。在 1991 年出版趙堡太極拳著作的有西安侯春秀傳人劉會峙的《武當趙堡傳統三合一太極拳》，隨後就有王海洲的《秘傳趙堡太極拳》《杜元化〈太極拳正宗〉考析》《趙堡太極拳詮真》《趙堡太極秘傳兵器解讀》、鄭悟清傳人宋蘊華的《趙堡太極拳圖譜》，劉瑞的《武當趙堡和式太極拳》，鄭伯英傳人趙增福的《武當趙堡大架太極拳》《中國趙堡太極》，以及劉榮淦的《精義

太極拳——趙堡太極拳健身、養生、技擊法》，原寶山的《武當趙堡太極拳大全》，鄭瑞的《武當趙堡太極拳小架》，鄭琛的《太極拳道》（趙堡太極拳），戚建海的《太極拳技擊和煉丹術之奧秘》（趙堡太極拳），林泉寶的《武當趙堡侯氏太極拳與行功心悟》，艾光明、張昱東的《侯氏太極拳》（趙堡太極拳）等等。

據不完全統計，趙堡太極拳傳人陸續出版了近 20 多著作，其中王海洲的《趙堡太極拳、太極劍、太極棍、太極單刀、太極春秋大刀、太極散手合編》是趙堡太極拳兵器的代表著作。一些趙堡太極拳的傳人也出版了太極拳光碟，人民體育出版社出版了王海洲和他的兒子王長青的趙堡太極拳和兵器的光碟，作為中華武術系列展現工程的項目向全國推薦。這些趙堡太極拳著作和光碟教學片廣泛地傳播了趙堡太極拳，方便了廣大太極拳愛好者和專家對趙堡太極拳的研究和學習、演練。

**4. 在國內、國際太極拳賽場和會議上對趙堡太極拳的傳播。**

多年來，全國各地舉行了各種太極拳的會議和賽事，趙堡太極拳總會組織趙堡太極拳名家和選手參加。這些名師在各個場合宣傳了趙堡太極拳獨特的理論和技擊方法，引起了國內外太極拳人士的關注。全國有不少省市建立了趙堡太極拳的組織。美國、日本、德國、葡萄牙、韓國、泰國、新加坡、馬來西亞等國家和香港、台灣的太極拳愛好者來到趙堡鎮學拳，一些國家和地區還成立趙堡太極拳研究會。趙堡太極拳的選手在各個級別的比賽中也獲得了優異的成績。早 2000 年河北邯鄲國際太極拳聯誼會上，

趙堡太極拳選手一次獲得了 15 枚金牌、24 枚銀牌、24 枚銅牌。目前，趙堡太極拳聯盟網站也已網上開播，趙堡太極拳在國內、國際上得到了前所未有的廣泛傳播。

## 十 對趙堡太極拳及其陳清平的真正傳承史應廣而告之

至此，問題就再清楚不過了，問題根本不像一些權威著作和工具書說的那樣，甚至還有一些院校的教科書，都是不加思索的一概「據唐豪考證……」。問題出在哪裡呢？問題就出在有關武術行政主管部門及其所謂官員專家的干預，正像于志鈞先生在其《中國太極拳史・自序》中講：

研究太極拳源流，有很多不好處理的問題。最不好處理的問題是，有關武術行政主管的干預，定調「太極拳是明末清初河南省溫縣陳家溝陳王廷創造的」，醞釀向聯合國教科文組織申報「世界非物質文化遺產」，所以不願意聽到不同聲音。更嚴重的問題是扣政治帽子，把不同意見說成是「附會仙、佛、聖人」、「封建士大夫」、「御用文人」、「毒害勞動人民」。我們想「太極拳源流」這樣的中性題目，應該回歸學術研究來解決，不需要過多地行政干預。

最典型的例子就是由國家有關文化和武術行政主管部門於 2007 年強行認定，為陳家溝或溫縣懸掛「太極拳發源地」的匾牌，致使陳家溝弄虛作假建起了「中國太極拳博物館」，並廣泛發展「傳承人」和肆意進行「中華太極拳傑出傳承人評選」（收費斂財）活動……

假話說千遍，自然就成真的了，由於有關武術行政主

管長期干預並定調「陳王廷創造太極拳說」，致使一些不明真相的人信以為真，加之又有意掩蓋事實、挑撥離間等等。譬如再版陳鑫《陳式太極拳圖說》時，故意刪掉了《杜育萬述蔣發受山西師傳歌訣》；再版陳子明《陳氏世傳太極拳術・陳清平傳》時，故意刪掉了「張炎」的名字；挑撥離間以和有祿為代表的所謂「和式太極拳」默認歸於陳家溝系統之下等等。所以，對虛假的揭穿除了要不斷進行外，還要大力的、廣泛的宣傳，讓廣大民眾都知道真相。這就聯繫到近來中日釣魚島爭端，日本政府長期掩蓋事實，欺瞞民眾，又上演購島鬧劇，不讓日本民眾看到和瞭解釣魚島自古就是中國的歷史文獻和相關證據（事實上日本現在的國立圖書館就有，日本歷屆政府都心知肚明），從而煽動民眾對中國的不滿情緒，甚至在國際上也是大肆進行欺瞞宣傳，掩蓋事實。如果我們中國不徹底揭穿其陰謀，就會讓其得逞，所以，我國也要不但在國內，而且還要在世界範圍內廣泛和大力的揭示和宣傳釣魚島自古以來就是中國的固有領土……

本文就是為此目的而撰寫，當然，如果國家有關文化和武術行政主管部門能認識錯誤，及時糾正，使太極拳歷史儘早正本清源，則正是本文所希望的！

此文見 李萬斌 羅名花著《武當趙堡承架太極拳闡秘》人民體育出版社 2019 年 1 月版

附錄：《武當》雜誌 2018 年第 5 期載：

# 陳清平世居趙堡鎮不是聱婿

## ——陳清平同治年墓誌新證　王選

趙堡鎮趙堡村發現陳清平墓與清朝同治年所立墓碑一一證明陳清平趙堡人世居趙堡鎮不是聱婿

陳正雷發文出書說陳清平聱婿趙堡，遭原寶山質疑，歪曲歷史遭打臉。歷史證明陳清平是趙堡太極拳第七代宗師，陳清平清朝墓碑被發現，有力批判了陳家溝太極大師的謠言！（陳正雷歪曲歷史在《發展》文中與著書中均說陳清平聱婿趙堡）

公元 2016 年 3 月因引渠灌溉工程從趙堡村西過趙堡幾處墳地需遷移。趙堡村陳通（陳清平後人）家祖墳也在遷移之列。2016 年 3 月 21 日發掘出：皇清太學生陳清平墓誌如下：

公諱清平溫東趙堡家也錫輅公生子三人長即公其次清安又次清光兄弟怡怡公母氏任諳家政為公娶王氏佐理焉生子二長河陽幼入邑庠次漢陽早沒無出側室耿氏生女一女子共四孫一★（★註：字典無此字，劉字的左半邊）女孫一皆河陽出公生於嘉慶元年九月十一日卒於同治四年八月二十九日享壽七十歲同治四年十月下旬志

因原志保存特此墓誌之：（原碑保存複製展出）

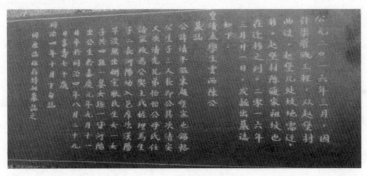

2016 年 3 月 21 日發掘出皇清太學生陳清平墓誌如下：（陳清平墓誌原件片）

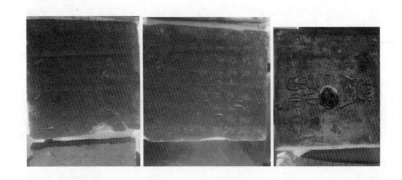

## 【相關資料一】

陳清平趙堡鎮人，陳清平第五代孫趙堡鎮陳忠森證實：陳清平學拳於趙堡鎮太極神手張彥，陳清平所傳為趙堡太極拳。見《趙堡太極拳詮真》一書第五頁陳忠森證詞。

目前由於太極拳源流之爭，『挺陳派』以陳清平姓陳為由，歪曲歷史宣揚陳清平下傳的太極拳是陳式新架。推理出趙堡太極拳源於陳式新架。以達到打壓趙堡太極為目的……（轉載）關於陳清平的家世的考證（註：未發現墓

誌前的考證）⋯⋯王海洲《趙堡太極拳詮真》

　　陳清平是趙堡太極拳歷史上一個具有改革、開拓精神的太極拳專家，他把趙堡太極拳進一步發揚光大，使趙堡太極拳的傳播超越了上幾代的傳人。他除了將拳藝傳給兒子陳景陽、陳漢陽外，還教了很多徒弟，並且因材施教，後來形成了趙堡太極拳的代理、領落、騰挪（权拖）、呼雷四種練功方法。這四種練功方法雖然在外形上有所不同，但是其內勁轉動，內丹修練，拳理拳法的運用，都是一致的。陳清平所傳的有和兆元、牛發虎、李景顏、李作智、任長春等人。和兆元擅長代理練法，任長春精領落練法，騰挪練法李作智最著，而李景顏長於呼雷架。

　　河北永年人武禹襄仰慕陳清平的太極拳術，親自到趙堡鎮找到陳清平要拜師學藝。恰逢陳清平面臨官司危難，武禹襄透過在舞陽縣當縣令的哥哥武澄清幫助疏通官場關係，使陳清平倖免於難，陳清平對此十分感激，於是，將趙堡太極拳的精要練功方法教給了武禹襄，並傳他太極拳秘訣。後來，武禹襄將陳清平所教發揚光大，創編成了武式太極拳。現代有一些人士考證趙堡太極拳，將陳清平在趙堡的太極拳活動歸納為「陳清平 19 歲招婿趙堡吳家，在趙堡經商、教拳」，因此認定趙堡太極拳是某式太極拳的一個支流，稱之為「趙堡架」，這跟歷史真實性是不符的。

　　關於陳清平的家世，趙堡村黨支部和村領導近年安排專門人員進行了廣泛、深入的調查和考證，得到以下幾點結論：

　　（1）陳清平家族第一次遷徙是陳清平祖上從山西洪

洞縣搬遷到河南溫縣趙堡鎮小劉村。

（2）陳清平家族第二次遷徙是陳清平的爺爺陳萬拔、叔爺陳萬選兄弟兩人從小劉村遷入王圪墻村。

（3）陳清平的家族第三次遷徙是陳萬拔的長子陳錫輅又從王圪墻村再遷入趙堡鎮，陳錫輅是陳清平的父親。陳清平的叔叔陳萬拔的二子陳錫章仍住王圪墻村。陳清平的父親在趙堡鎮上開糧行、棉花店、酒作坊，於道光二十五年冬（1845年）病逝。

（4）陳清平1795年生於趙堡。

（5）陳清平的父親在趙堡鎮去世並安葬在趙堡。

1997年12月12日，趙堡村人在村西南自留地挖出陳清平父親的墓碑一塊。一面寫著：

「皇清處士陳公諱錫輅字記民德配任氏之墓。

子太學生清平……道光二十五年冬月謹志」。

這塊幕碑現在放在陳清平的後人陳通處。

陳清平父親去世後，由他繼承家業至1868年去世。

（6）陳清平有三房夫人：朱氏、侯氏、王氏，沒有其他姓氏的夫人。

（註：正妻王氏，各方認定是一致與趙堡鎮趙堡村發現出土墓誌石碑記載也相符。另墓誌石碑記，側室耿氏所生，是女兒，出嫁後，有子女4人。可能其他妾室無出墓誌石碑無記載，加之陳清平之後幾代陳氏家境漸敗，第五代嫡孫家曾遭受荒年戰禍，家境貧困至極，啞巴爺爺餓死，祖母賣房產、為活命餬口，全家逃荒山西，變賣陳清平傳下的拳譜……一百五十多年前的陳清平家室後人記不太清實屬正常，第五代孫子陳忠森謹記陳清平有三房夫

人：朱氏、侯氏、王氏。現墓誌石碑己出土願以墓誌記載為準。現陳後人均為正妻王氏所出一脈，側室耿氏所生女出嫁為外姓不再考證。）

（7）關於過去招婿的風俗。趙堡所在的地方，凡是被招為上門女婿的必須將自己原來的姓氏改變。比如，如果陳清平被吳家招為女婿，必須將陳清平的名字改為「吳清平」。但是陳清平為自己父親立碑時還是以陳清平的名義。

2003 年，趙堡村民張虎家拆老房建房子時，發現舊房的樑上寫有：

「大清道光二十五歲次乙己八月十六日申戌吉時宅主太學生陳清平暨第從九品清光、安男增廣生河陽侄經未人流涇、河、陽孫化男創建上房三間，自己立木之後永保合家清吉謹誌」。

這是陳清平 51 歲時建的房子，是第三側院，土改時分給了現在的房主。這說明陳清平在晚年的時候也沒有改變自己的姓氏。他絕不是像某些人說的招婿趙堡。

（8）陳清平的後代對自己家世的認定。

陳清平的第五代孫子陳忠森於 2000 年元月 19 日書面對自己的先祖陳清平的生平經歷作出了說明：

「我從小聽我祖母陳李氏和父親陳乃芳說，我祖上是陳氏家族人，從 13 世陳萬拔、陳萬選開始由溫縣小劉村遷入王圪壋村，在乾隆末葉，14 世祖陳錫輅也就是我的直系祖由王圪壋村遷入趙堡鎮，置門面店房開糧行、棉花店、酒作坊等。14 世叔祖仍留王圪壋村。在道光二十五年冬，陳錫輅在趙堡鎮病故後，由 15 世祖陳清平也就是我的直系祖繼承家業。陳清平生於乾隆 60 年，卒於同治 7

年，享年 74 歲。陳清平在趙堡取妻三房朱氏、侯氏、王氏，有兩個兒子陳河陽、陳漢陽。陳清平在趙堡鎮關帝廟西鄰建造房屋數十間，圍村田地數百畝。16 世祖漢陽有一子。也就是我的爺爺，我爺爺是個啞巴，所以，執掌家業全由我祖母一人。我祖母從小就到我家做童養媳，我曾祖父請教書先生教我祖母讀四書五經，學管家本領，並將家史情況告訴她。祖母一生樂善好施，加上遭受荒年、戰禍，家境逐漸貧困。爺爺餓死後，祖母將房屋變賣所剩無幾，隨領全家逃荒到山西運城縣。為活命餬口，在民國年間，祖母含淚將祖上陳清平傳下的拳譜賣給本鎮張瑞南老師收藏。祖母經常說，咱祖上陳清平的武藝是經北頭（村北）神手張彥教成的，師父是張彥。那時，咱家的徒兒東頭有和兆元，南頭有牛發虎，辛莊有任長春，南張羌村有李作智，陳辛莊村有李景顏，西頭有張敬芝，還有河北武禹襄等人。叮囑我們千萬不要忘了我家的歷史，更要記住練拳。近年來，我不斷聽到社會上有人說我祖上陳清平是贅婿趙堡，經一商趙堡，學拳於陳家溝。這些言語純屬對我祖上不敬，我希望以後社會上和武術界人士慎言。」

——陳清平的第五代孫子陳忠森於 2000 年元月 19 日

陳忠森 1939 年 11 月生於河南溫縣趙堡鎮，1956 年 3 月從溫縣入伍，1982 年 2 月轉業到河南焦作市，在市司法局工作，曾任市司法局政工科長、法律顧問處副主任、律師、勞改大隊政委等職，2000 年元月退休在家。

根據上面的對陳清平家世的考證，陳清平不是趙堡人的「倒插門」的女婿。

由此，有以下幾點應引起太極拳界和當今武術管理人

員注意：

1、陳清平是陳氏大宗族的人，但是沒有在陳家溝居住過。

2、陳清平的父親已在趙堡居住，陳清平出生於趙堡、長大於趙堡。

3、陳清平的太極拳活動主要在趙堡，他學拳傳拳於趙堡，他的太極拳老師是張彥。陳式太極拳名家陳子明於1932 年出版的《陳氏太極拳術》一書中也說到陳清平是張彥的「門徒」。陳清平所教的弟子、學生，從現有的資料中看，沒有陳家溝的學生。

4、一些沒有經過嚴格的考證或出於其他目的的人，硬說陳清平招婿趙堡而在趙堡傳授陳式太極拳小架，將趙堡太極拳稱為「陳式小架」、陳式「趙堡架」等，是沒有任何根據的。

5、我誠懇希望太極拳界有關專家和國家武術管理部門的人員對我上面所說的事實進行考察，其中如果有不實事求是的地方，我可以負任何責任。——摘自王海洲《趙堡太極拳詮真》

【相關資料二】

陳正雷歪曲歷史在《發展》文中與著書中均說陳清平聾婿趙堡，遭原寶山質疑：

陳子明在中華民國二十一年出版的《陳氏世傳太極拳術》中說：「陳清平為陳有本張彥門徒，得太極拳理‧趙堡一系皆其所傳。」陳子明很英明，他說陳清平為陳有本張彥門徒，掛了一點陳有本得邊，接著有張彥，得太極拳理，明說是得張彥真傳，成了趙堡一系皆其所傳。那麼陳

溝僅有《拳經宗歌》，連你們都不學、不用；陳長興的《太極拳十大要論》、《用武要言》是抄趙堡的，陳有本哪有太極拳理呢？陳子明知陳清平之師是趙堡神手張彥，也是趙堡第七代宗師，只能說「趙堡一系皆其所傳。」

（編者註：陳清平自幼拜趙堡太極拳神手張彥門下練趙堡太極拳，陳清平成年後與陳有本同時期人會常有過武術切磋交流拳藝，現在有地方權支持下的陳式太極後人把陳清平說成是陳有本的門人，因此推理將趙堡太極拳說成是陳有本之門徒陳清平所創陳式太極新架。在地方政府支持下陳式傳人惡意竄改中國太極拳傳歷史，把僅有二百多年的陳式太極拳，妄圖將有四百多年傳承的趙堡太極拳一網打盡歸壓在陳式太極拳之門下，真可謂惡毒之極！）

再者陳清平祖居王圪墰，自其父陳錫絡在趙堡鎮開糧所定居趙堡，清平子承父業，自幼拜神手張彥為師，悉得太極拳的奧妙，拳藝精湛，成為趙堡第七代宗師。清平糧出興旺，是趙堡一大富戶，有的三房妻妾，異在鎮南門永安寺沒場授拳。有關部門與學術研究者採訪清平的後人，皆承認趙堡太極拳神手張彥為陳請平之師。否認陳有本。

奇怪的是，陳正雷先生竟在《發展》文中與你著書均說陳清平贅婿趙堡，歪曲屬史。致使多人對你之說，進行指責。誰都知道，窮的可憐，招上門的女婿，必改名換姓，為什麼還姓陳？你總不能將全國有名望、有權威的人，都稱是你祖先吧！

陳正雷先生，你對上邊陳子明的說法，陳清平的歷史，以及你說贅婚之說，請說明白。

——原寶山

# 趙堡太極拳代表性傳承架圖示（演示者：侯春秀大師）

| 圖 001 | 圖 002 | 圖 003 | 圖 004 | 圖 005 |
|--------|--------|--------|--------|--------|
| 起勢→ | → | → | 金剛→ | → |

| 圖 006 | 圖 007 | 圖 008 | 圖 009 | 圖 010 |
|--------|--------|--------|--------|--------|
| → | → | → | 攬扎衣→ | → |

| 圖 011 | 圖 012 | 圖 013 | 圖 014 | 圖 015 |
|--------|--------|--------|--------|--------|
| → | → | 白鶴亮翅→ | → | → |

| 圖 016 | 圖 017 | 圖 018 | 圖 019 | 圖 020 |
|--------|--------|--------|--------|--------|
| 單鞭→ | → | → | → | 斜金剛→ |

圖 021 　　→　　圖 022 　　→　　圖 023 　　→　　圖 024 　　→　　圖 025 　　→

圖 026 　　圖 027 　　圖 028 　　圖 029 　　圖 030

卸步白鶴亮翅→　　→　　→　　斜行→　　→

圖 031 　　圖 032 　　圖 033 　　圖 034 　　圖 035

→　　→　　→　　上琵琶→　　→

圖 036 　　圖 037 　　圖 038 　　圖 039 　　圖 040

→　　下琵琶→　　躍步斜行→　　→　　→

| 圖 041 | 圖 042 | 圖 043 | 圖 044 | 圖 045 |
|---|---|---|---|---|
| → | → | 小開合→ | → | 轉身下琵琶→ |

| 圖 046 | 圖 047 | 圖 048 | 圖 049 | 圖 050 |
|---|---|---|---|---|
| → | 躍步→ | 斜行上金剛→ | → | → |

| 圖 051 | 圖 052 | 圖 053 | 圖 054 | 圖 055 |
|---|---|---|---|---|
| 束手解帶→ | → | 伏虎→ | → | |

| 圖 056 | 圖 057 | 圖 058 | 圖 059 | 圖 060 |
|---|---|---|---|---|
| 小擒拿→ | 串捶→ | 肘底捶→ | 倒捲肱→ | → |

圖 061　　　圖 062　　　圖 063　　　圖 064　　　圖 065

→　　　　　→　　左白鶴亮翅→　　　→　　　斜行→

圖 066　　　圖 067　　　圖 068　　　圖 069　　　圖 070

→　　　　　→　　　　　→　　　　　　　　閃通背→

圖 071　　　圖 072　　　圖 073　　　圖 074　　　圖 075

→　　　掂椿倒米→　　　→　　　　　→　　白鶴亮翅→

圖 076　　　圖 077　　　圖 078　　　圖 079　　　圖 080

→　　　　單鞭→　　　　→　　　　　→　　　　　→

圖 081　　圖 082　　圖 083　　圖 084　　圖 085

云手→　　　→　　　→　　　→　　　→

圖 086　　圖 087　　圖 088　　圖 089　　圖 090

手揮琵琶→　　　→　　　高探馬→　　　→　　　右插腳→

圖 091　　圖 092　　圖 093　　圖 094　　圖 095

→　　　→　　　高探馬→　　左插腳→　　　→

圖 096　　圖 097　　圖 098　　圖 099　　圖 100

→　　　→　　　轉身蹬腳→　　　→　　　三步捶→

圖101　　　　　圖102　　　　　　圖103　　　　　圖104　　　　　圖105

→　　　　　→　　　　轉身二起腳→　　　　→　　　　　→

圖106　　　　　圖107　　　　　　圖108　　　　　圖109　　　　　圖110

分門椿抱膝→　　　　→　　　　　→　　　喜鵲蹬枝→　　　　→

圖111　　　　　圖112　　　　　　圖113　　　　　圖114　　　　　圖115

鷂子翻身→　　　　→　　　旋腳蹬根→　　　　→　　　右攔腰掌→

圖116　　　　　圖117　　　　　　圖118　　　　　圖119　　　　　圖120

左攔腰掌→　　　　→　　　掩手肱捶→　　　　→　　　虎抱頭→

圖121 　→　 圖122 　→　 圖123 　→　 圖124 單鞭→　 圖125 　→

圖126 　→　 圖127 前後照→　 圖128 　→　 圖129 　→　 圖130 野馬分鬃→

圖131 　→　 圖132 　→　 圖133 　→　 圖134 玉女穿梭→　 圖135 　→

圖136 　→　 圖137 　→　 圖138 轉身攬扎衣→　 圖139 　→　 圖140

| 圖 141 | 圖 142 | 圖 143 | 圖 144 | 圖 145 |

| → | 白鶴亮翅→ | → | 單鞭→ | → |

| 圖 146 | 圖 147 | 圖 148 | 圖 149 | 圖 150 |

| → | 雲手→ | → | → | → |

| 圖 151 | 圖 152 | 圖 153 | 圖 154 | 圖 155 |

| → | 童子拜佛→ | → | 雙峰貫耳→ | → |

| 圖 156 | 圖 157 | 圖 158 | 圖 159 | 圖 160 |

| 跌岔→ | 掃堂→ | → | 右金雞獨立→ | → |

圖161　　　　圖162　　　　圖163　　　　圖164　　　　圖165

→　　　　左金雞獨立→　　　　→　　　　→　　　　→

圖166　　　　圖167　　　　圖168　　　　圖169　　　　圖170

雙震腳→　　　倒捲肱→　　　　→　　　　→　　　　→

圖171　　　　圖172　　　　圖173　　　　圖174　　　　圖175

左白鶴亮翅→　　　→　　　　→　　　斜行→　　　　→

圖176　　　　圖177　　　　圖178　　　　圖179　　　　圖180

→　　　　　→　　　　　→　　　　閃通背→

尊師重道 正本清源 ｜ 太極拳研究之匡正源流〈上〉

圖181　圖182　圖183　圖184　圖185

→　　掤掫倒米→　　→　　→　　→

圖186　圖187　圖188　圖189　圖190

白鶴亮翅→　　→　　單鞭→　　→　　→

圖191　圖192　圖193　圖194　圖195

→　　→　　雲手→

圖196　圖197　圖198　圖199　圖200

→　　→　　十字手→　　小擒拿→

| 圖 201 | 圖 202 | 圖 203 | 圖 204 | 圖 205 |
|---|---|---|---|---|
| → | 十字手→ | → | 單擺蓮→ | → |

| 圖 206 | 圖 207 | 圖 208 | 圖 209 | 圖 210 |
|---|---|---|---|---|
| 指襠捶→ | → | → | 金剛→ | → |

| 圖 211 | 圖 212 | 圖 213 | 圖 214 | 圖 215 |
|---|---|---|---|---|
| → | → | → | → | 攬扎衣→ |

| 圖 216 | 圖 217 | 圖 218 | 圖 219 | 圖 220 |
|---|---|---|---|---|
| → | → | 砸七星→ | → | → |

圖 221　　圖 222　　圖 223　　圖 224　　圖 225

連環捶→　　　→　　　→　　　回頭看畫→　　　→

圖 226　　圖 227　　圖 228　　圖 229　　圖 230

指襠捶→　　　→　　　沖天炮→　　　單鞭→　　　→

圖 231　　圖 232　　圖 233　　圖 234　　圖 235

→　　　砸七星→　　　→　　　→　　　→

圖 236　　圖 237　　圖 238　　圖 239　　圖 240

→　　　跨虎→　　　→　　　→　　　→

圖241　　圖242　　圖243　　圖244　　圖245

→　　　　→　　轉身雙擺蓮→　　→　　　　→

圖246　　圖247　　圖248　　圖249　　圖250

→　　　　→　　　　→　　彎弓射虎→　　→

圖251　　圖252　　圖253　　圖254　　圖255

→　　　　金剛→　　　→　　　　→　　　　→

圖256　　圖257　　圖258　　圖259　　圖260

→　　　　→　　　收勢→　　　　→　　　　→

圖 250

→

卷四————

和氏太極拳芻議

# 由「為和式太極拳『正名』」
# 一文所引出的話題

本文以「學術問題越辨越明」的指導思想，擬就《少林與太極》2000 年第 2 期任春堂、鄭文軒二位「為和式太極拳正名」一文所顯示的情況，提出一些問題，以求教於方家。

## 一　原文及其所引出的問題

〔原文〕

近二十年來，對和式太極拳又有數種新的叫法，如蔣氏拳法、趙堡太極拳、和式承架、趙堡武當太極拳等等。起名之多，讓人疑惑不解……。

〔引出的問題〕

1. 對諸種新的叫法是承認還是否定，或是承認其中一種？

2. 為什麼會「讓人疑惑不解」，起名之多的原因為何？（陳、楊、武、吳、孫為什麼沒有此種現象）

〔原文〕

到了 20 年代，太極苑終於形成了陳、楊、和、武、吳、孫六大門派。

〔引出的問題〕

1. 排列順序是否得到公認。

2. 和字是怎麼進入其中的（因為大多書中都是以陳、楊、武、吳、孫五式出現的，從 90 年代永年國際太極拳聯誼會開始趙堡太極拳之名進入五式之中，才始有現時公認的六大派之說）。

〔原文〕

和兆元傳子和瑞芝、和敬芝，和瑞芝傳子和慶喜，遂演化定架和式太極拳，在 20 年代後期已盛行此種命名。《中國武術大詞典》（康戈武著）等已多次明確記載，並成定論。

〔引出的問題〕

1. 陳清平原始架是什麼樣？

2. 從和兆元到和慶喜「遂演化定架」在什麼地方。區別有多大？

3. 康戈武的說法是否完全準確？

4. 立和兆元為「和式」的創始人，其主要依據是什麼，有多大的貢獻，與趙堡原傳太極相比有多大的突破和創新？

〔原文〕

「和兆元宗承蔣老夫子之衣缽，總結太極拳拳理之後，在清道光年間，保三期元老李棠階進京。在京之時，對太極拳理論與實踐進一步研究，集思廣益，搏採眾長，取諸家武術之精華，結合太極陰陽八卦之理，將臟腑經絡

學說及力度、技擊集於一體，創造了一套具有陰陽虛實結合、技擊修身共備的一種新型太極拳。使原始流傳的「領落架」發展為「代理架」產生的質的飛躍。

〔引出的問題〕

1. 和兆元與蔣老夫子相距六、七輩人，怎麼能肯定其宗承了蔣老夫子衣缽？再說蔣老夫子之衣缽當時是個什麼樣，能清楚的表述出來嗎？

2. 和兆元「在清道光年間，使三朝元老李棠階進京」有記載否？

3. 和兆元在京「創拳」的一系列情況有記載和證據嗎？有旁證嗎？

4. 和兆元創的「一種新型太極拳」新在哪裡？和現在流傳的趙堡其他支派（同為蔣老夫子所傳）作過比較嗎？

5. 什麼叫「領落架」？什麼叫「代理架」？為什麼這樣定名？含義是什麼？風格特點各自如何表述？

6. 趙堡原傳的和和兆元創新的拳架有何「質的飛躍」？可以表述得真切一點嗎？

〔原文〕

「自從和氏『代理架』誕生，其他拳種多為同化。」

〔引出的問題〕

「同化」是什麼意思？能說得明白些嗎？

〔原文〕

清朝晚期，太極宗師和兆元依「周易」、「中醫古理論」以理推勢，以弧行圓，一招一式，路運近矣，功倍增

也,獨創「代理」之神拳。皇清欽封例授「武信郎」,和公於京還鄉,拜望恩師陳清平。陳公觀其拳而蘧然,言樹一幟謂和氏,今此一脈而勃興。」

〔引出的問題〕

1.「中醫古理論」與「中醫理論」的區別是什麼?

2.「以弧行圓」是和式的獨創嗎?

3.「『代理』之神拳」神在什麼地方?

4.「皇清欽封例授『武信郎』」史書有記載嗎,有受封的證據嗎?

5.陳公(清平)「言樹一幟謂和氏」是善言還是譏諷也未可知!(因為從現時看,拳架和理論並無什麼創新)

〔原文〕

原在趙堡村流傳的蔣老夫子之拳,即原始的「領落架」,今於趙堡已瀕於絕跡,現趙堡村人都喜歡練和兆元創始的代理架太極拳。

〔引出的問題〕

1. 蔣老夫子之拳,今於趙堡並沒有絕跡,眾所周知的趙堡人侯春秀一支,與和式並無關係,並且現在的傳人也不少(參見劉會峙著《武當趙堡傳統三合一太極拳》一書),另外趙堡太極忽雷架也與和式毫無關係,所以不能以和式取代趙堡太極的名稱叫法,充其量(和式)只是趙堡太極的分支。

2. 趙堡村人都喜歡練太極拳應歸功於和慶喜當年對和家拳的廣泛傳播。

## 二 本文現提供一些信息僅供參考

1. 據筆者所知，趙堡太極拳在西安有三支重要的傳播群體，這三支力量的首位功臣就是抗戰前後相繼定居於西安的趙堡著名拳師鄭伯英（錫爵）、鄭悟清、侯春秀，前二位人稱西北二鄭，以教拳為業，同出和門，同為和慶喜弟子，早年在西安傳拳稱「和家拳」，侯春秀為三輪車工會工人，不以教拳為生，所以對自己的身懷絕技密而不宣，晚年才開始教人，與鄭悟清先生關係甚密，故鄭先生亦有多位弟子求教受益於侯先生。侯先生所持技藝出自趙堡張家，其恩師為張敬芝，其歷代的傳拳係為蔣老夫子傳邢西懷，邢傳張楚臣，張傳陳敬伯，陳傳張宗禹，張宗禹傳張彥，張彥傳張應昌，張應昌傳張汶，張汶傳張金梅，金梅傳至張敬芝。

鄭伯英、鄭悟清、侯春秀三人的趙堡拳架大同小異，區別不大，名稱更無多大的區別，唯不同的是鄭伯英傳架姿勢寬大，下勢較低，所以人們稱為大架（趙增福、王海洲、戚建海都屬此架），鄭悟清傳架小巧緊湊，姿勢較高，輕快圓活（宋蘊華、劉瑞、侯爾良都屬此架），所以人們稱其為小架；侯春秀傳架兼於二者之間，所以人們稱其為中架。當然這可能都是老師們各自的演練風格所形成的，歸根結締還是一家拳。

2. 八四年左右，西安成立武當趙堡太極拳研究會之初，先是由鄭悟清先生的弟子宋蘊華、高峰等人發起，起名為和式太極拳研究會，為了吸收更多的趙堡太極拳愛好者入會，擴大其拳的影響力，經過發起人的不斷努力，使

許多鄭伯英、侯春秀的傳人也加入了進來，但其中的一個小插曲就是有人提議要改掉原擬的「和式」二字，特別是侯春秀一支，因為他們認為自己與和式稱謂無關。最後經過大家的磋商取得了一致，正式定名為《西安武當趙堡太極拳研究會》，高峰任會長，侯春秀任顧問。

3. 趙堡街自古就有張家拳、和家拳之說，鄭伯英五十年代在西安表演其所演練的拳術時，仍稱和家拳，估計和式的稱謂是陳式、武式、楊式、吳式、孫式叫法之後的產物。

〔結語〕

稱和兆元一系所傳拳術為和式也謂尚不可，但若以和式涵蓋趙堡，稱趙堡太極為和式太極拳就不妥了，只能說趙堡太極包括和式架、忽雷架、侯春秀架等等。

# 裝聾作啞依身靠 名利雙收玩實用

—— 從《和譜》策劃看趙堡和氏太極的演變

上篇 《和譜》及其突變

**一 趙堡和氏太極拳的來龍去脈**

不說眾所周知，大概熱愛和關心太極拳源流研究的人們，大都瞭解一些趙堡太極拳的歷史，身在西安、趙堡兩地的習練者更清楚不過，趙堡太極屬於武當派，歷代尊屬張三豐、王宗岳、蔣發、邢西懷、張楚臣……張彥為各代祖師，就是不太瞭解情況的，也都知道有了趙堡，後來又隨著瞭解的深入，逐漸認識了趙堡太極拳的真史，原來陳清平祖上只和陳家溝是為一族罷了，與拳術無關，清平之拳來自於趙堡，是被譽為」神手」的張彥之傳，這一情況多多少少在陳鑫之徒陳子明的著作中即有體現，更何況陳鑫在他的著《辨拳論》中也證實了趙堡邢西懷、張宗禹、牛發虎等太極拳名師的存在，這一切的一切均證明趙堡在陳清平之前就有多代太極拳名師的傳授是真實不虛，這是白紙黑字，這是禿子頭上的蝨子——明擺著嗎！人們不會是睜眼瞎！

和兆元生前就有遺言，承認是山西王宗岳、蔣發至陳清平歷代名師的傳承，不是自己開創。原話是：「**蔣先師之太極，受山西之師傳，於萬曆末年授吾鎮邢公喜懷，喜**

懷為人殷勤，蔣師樂之，始得此拳。邢將此術傳本鎮張楚臣，張又傳陳敬柏，敬柏有驍勇之名，義憤打死山東強客之舉。陳公傳張宗禹，張傳其後張彥。張彥乃拳林高手，曾披錢褡獨闖山東，大鬧僧寺，留下『神手』威名。王圪小村陳清平，自小酷愛拳腳，久慕張公功夫絕倫，為學此術，遂遷居吾鎮，拜張為師，得其真諦，陳公乃吾之恩師也」（引自和少平：《太極拳探源》原載《武當》1991年第 2 期 22 頁）。

陳清平從父輩起即在趙堡生活，經商，同時田產也不少，更有三房妻室。所以，那些別有用心之人的「贅婿」之說，是為無稽之談；在那裡「教」（陳溝）拳更是無從談起，也無證據。要說有，為什麼清平一系至今的面貌與陳溝的現有拳術截然相反？這就是證明，它和陳溝無關！

上世紀八、九十年代，和家兄弟曾是力主和宣揚陳清平一系為趙堡之傳，是張三豐、王宗岳、蔣發、邢西懷……至張彥再到陳清平的，然後再流傳到他家這一真史的急先鋒，這都可以以和家兄弟在《武當》雜誌和台灣的《太極拳》雜誌發表的論說為據；以當年康戈武前往趙堡考查時，他們的接待，反映趙堡真史為據。正因為反映了真史，與康先生主張的陳溝一統天下的太極史而違，所以一直以來也得不到其認可和支持！甚至受到了所謂權威部門、權威人士的冷漠和排斥（或許還在內心狠之入骨）。因為這和他們主張的陳氏一統天下衝突太大了，會被揭露的顏面掃地！

此期間，趙堡太極拳的傳人，雖然受不到國家有關權威部門和權威人士的重視和宣揚，但他們遇到了改革開放

的好年代，確享用著黨的「百花齊放，百家爭鳴」的好政策，力主傳統，尊重各代祖師，傳揚著趙堡太極拳的真史，他們中的眾多人，特別是清平之後的二鄭（鄭伯英、鄭悟清）之傳的大批弟子，大力發揚趙堡太極拳，1984年西安即成立了武當趙堡太極拳研究會，隨後，吉昌秀在在香港成立國際總會，宋蘊華不但發行了《太極拳的輝煌》錄影帶，還成立國際太極拳易拳道，都廣傳國內外弟子。同時，他們也大量著書立說，如王海洲、宋蘊華、劉瑞、原寶山、趙增福等都有著作問世，一時間使趙堡太極拳在國內外大發展、大傳揚，顯示了紅紅火火的氣勢。

從上世紀九十年代初，康戈武去趙堡調研至世紀末的十乃年間，和家拳幾乎沒得到多少康氏的支持，其原因是不言而喻（由於何氏在傳承上講真話）。然而，事情的突變、轉折卻在 21 世紀初，即 2001 年 3 月和有祿參加由中國武協在三亞舉辦的「首屆世界太極拳健康大會」時，康戈武鼓勵他「編一本介紹和式太極拳的書」。

和有祿在《和式太極拳譜・後記》中說，初稿完成後，攜帶書稿到北京請康戈武教授指點，康閱後提出幾點意見。爾後，又用半年時間按照康的意見進一步修改。可見，《和式太極拳譜》的內容，是按照康先生定下的調子。是按其要求和建議弄成了符合康氏意願的、理想的《和譜》。因為看此書，可以很容易的順勢將和氏歸入陳溝的系統版圖之內，這便是」耀祖兆元都得利，投懷送報正所需」，可以《陳式太極拳志》所標示的陳溝發展下的「和兆元」為證！

從此，和有祿便順利地得到了康戈武的扶持和器重，給以各種發展的機會和榮譽，以致今天已擁有了兩所大學客座教授的頭銜（參見《搏擊》2010 年第 10 期和式太極拳的專輯）……

## 二 始得《和式太極拳譜》的感覺

大約是 2004 年春節過後不久，筆者於西安南郊「漢唐書城」購得一本《和式太極拳譜》（簡稱《和譜》），其作者為和有祿先生，出版者為人民體育出版社，同時該書還附送光碟一張。初看，給人的印象是第一，版式、裝幀、紙張、質量很好；第二，出版規格高，屬體育界最高級別出版社；第三，還有國家最高武術管理機構（即國家武術運動管理中心）的權威專家康戈武教授（中心科技部主任，研究生學歷）為之作序；這對於我這樣一位幾十年如一日，如飢似渴長期痴迷武術，特別是關心、熱愛、研

習、探討趙堡太極拳的人來說，真可謂如獲至寶，愛不失手啊！

但在瞬間的興奮之餘，我卻在想，康戈武先生為何要作序？他可是一直主張唐豪、顧留馨之說的啊，是堅持陳家溝創拳說的，怎麼會為趙堡太極拳的著作作序呢？難道康先生尊重了趙堡的史實，放棄了自己的立場？我想，這不可能！因為前不久，我剛剛看過他發表於《中華武術》雜誌上的「全面梳理太極拳發展脈絡」一文，還是唐、顧的觀點。甚至連唐、顧的語言似乎都在照抄，在他眼裡只有唐、顧，只有天下太極出陳溝，別無選擇……

然而這本書讓我翻著翻著，使我漸漸明白了許多，也使我心中的許多謎團逐漸解開了，原來是「名利」和「各取所需」在作怪。

作者為了名和利，以達到「光宗耀祖」，使自己成為名人、名師，代表人物，出書揚名，向國內外招生等等，而不惜以「掐斷歷史，移根錯源」的手法，向序者投其所好，以便序者毫無費力的完善自己「天下太極出陳溝」的理論說教。從此換取國家武術權威部門、權威人士的支持和推崇，進而撈取更多的利益。

當然，這樣的處理，也是經過作者和序者精心設計的，絕不是一種偶然的巧合，這從《和譜》的內容說教，以及「和傳太極拳架與藏譜引發的遐思」序文（以下簡稱「康序」）的標題用詞上，都可以看出，作、序二者是費了一番心機的。最後，看完了本書，除了發現有許多問題，包括有意識的收入與該拳無直接關係的陳式拳械抄本外，整個套路的技術動作（包括光碟顯示的套路，推手器

械動作等）。不管是從動作質量還是武術技擊意識和方法都不敢恭維，不像是從小接受訓練的「門裡出身」，特別是作為和慶喜大師的什麼嫡系傳人，倒像個「半路出家的」。這與筆者所見到的眾多趙堡太極拳家中，特別是二鄭一系，出自和慶喜大師所傳授的人物當中（可參看鄭悟清弟子宋蘊華先生「太極拳的輝煌」技術錄影等）能差到這種地步的，可算是少有。尤其來代表趙堡和家拳，真可謂大失水準了。

所以，由興奮，到失落，再到擔心，這就是我當時拜讀《和譜》的心情。擔心的主要有兩點：

其一是從此可能會使一些不瞭解趙堡太極拳史的人，誤認為趙堡和氏太極就是陳家太極所傳，成為陳式的分支，搞亂、顛倒、掐斷了太極拳幾百年，特別是割斷了陳清平以前太極拳在趙堡流傳了六、七輩人的傳拳歷史，有可能「冤枉古人，欺騙今人，貽誤後人」；

其二是，從此趙堡太極拳界有可能產生內訌，因為《和譜》為了「名利」這麼做，是不得人心的，會遭到絕大多數趙堡太極拳派人士反對的，甚至是自己家族的長輩和兄弟姐妹。

因為他們家族的這些人，多少年以來，都是無一例外的，一直接受著長輩們的「身傳」和「口授」，這當然也包括趙堡和家太極拳源流與發展的真正歷史。

隨後的事實已證明我當初的擔心不是多餘的。有兩件事情恰恰說明了這一點。

其一是一次偶然的機會（大約是 2004 年的 5 月），我和一位身為武術專家的老同學，偶爾會面（他是一位體

育院校的武術系主任），當然免不了閒聊武術。談話中他偶爾問我，「你練習了幾十年太極拳？你知道趙堡太極拳原來叫什麼名字嗎？」初遇這樣的問話，我當時一下子懵住了！我說「趙堡太極拳就叫趙堡太極拳嗎！怎麼還能不叫趙堡太極拳，叫什麼？」他說有人送他一本書，他才知道趙堡太極拳原來叫「和式太極拳」。我頓時恍然大悟，明白是怎麼一回事了，我當即說「書的作者叫和有祿」，他說「對」。由此可見，不瞭解趙堡太極拳歷史的人，特別是只瞭解陳式、瞭解陳氏家族史上曾有個著名的陳清平時，自然會認為「趙堡太極拳即和式太極拳，和式太極拳自陳清平而來，自然是陳家溝太極的分支了」，這不正好吻合唐、顧觀點和康先生之所意嗎？將趙堡太極納入其設計的陳溝傳拳系統下，正是康先生所期待的。現在目的、效用都已達到，真可謂「踏破鐵鞋無覓處，得來全不費功夫」啊！

其二是看到了「《武當》2004 年第 7 期刊發的張傑《和式太極拳譜》引起的風波」一文和同時刊發的康戈武先生為此文「加兩個注」，以及康《序》的原文。康先生的注除了要說明張傑在刊發論文前給他寫過一封信和將《序》文再次公開讓大家看而已外。張傑文章反映的問題即「言中」了我上述擔心趙堡拳界「內訌」的現實。即張傑在文中講：《和式太極拳譜》的出版，在整個趙堡太極拳派中產生了強烈的反響……，張傑在該文中還引述了以下三點評論。

## 1、趙堡太極拳總會負責人的評論

和有祿之所以敢在《和式太極拳譜》欺師滅祖，投降陳氏原因有二：

一是受康戈武的影響，該書後記寫有「攜書稿在北京請康戈武教授閱後，對書文提出了幾點要求與建議」；

二是和有祿的名利思想太重，只要他這本書能在人民體育出版社出版，什麼欺師滅祖、投靠陳氏的事他都敢幹，甚至在和學儉（前任「趙堡和太極拳研究會」會長）於 2003 年 2 月 16 日逝世前，和有祿就自封和式太極拳研究會會長。康教授支持《和式太極拳譜》，在很大程度上是為了維護他在《中國武術史》中「太極拳為明末清初的陳王廷所創」，「趙堡架、楊式、武式、吳式等多種太極拳屬於陳氏太極拳的支派」的個人觀點。

總之，和有祿的做法是趙堡太極拳傳人所不能接受的，趙堡太極拳傳人絕不會欺師滅祖，移根錯源。

## 2、趙堡和式太極拳研究會負責人和保森先生的評論

和保森（與和學儉、夏春龍先生於 1993 年共同創建「趙堡和式太極拳研究會」，亦係和有祿的堂叔父）說：「我對康戈武為《和式太極拳譜》一書寫的《序》，不支持，不欣賞。我父親和學慧同陳家溝人辨論了幾十年，今有那麼一些人，想把趙堡太極拳及和式太極拳拉入陳氏門下，說什麼我也不能答應。和式太極拳是趙堡太極拳的一個重要組成部分，和式太極拳與趙堡太極拳不能分道揚鑣；和式太極拳絕不是『陳氏太極拳』的支流！」

## 3、四川成都的楊式太極拳、趙堡太極拳傳人戚建海先生的評論。

由於和有祿在書中對和式太極拳源流史，只追溯至陳清平，這就為日後陳家溝有將趙堡太極納入陳家溝太極拳的支流定了基調，留下了伏筆，於是，陳家溝人就可以說，天下太極出陳溝。這是因為陳鑫《陳氏家乘》中說「有本門人陳清平」。這樣，趙堡太極拳與和式太極拳「順理成章」地民為陳氏太極拳的支流。又可為唐豪、顧留馨的老調重彈打下基礎。

張傑文中所稱和有祿欺師滅祖，投靠陳氏，自封會長，被清理出會這幾點是否真實，後來在他們的官司中（2004 年 8 月《和譜》作者一紙訴狀將張傑告到了溫縣法院），張傑的代理律師認為張傑文中所述客觀真實：

關於和有祿欺師滅祖，投靠陳氏，張傑就此提供了九份證據（證據 1—9）據以說明。

這應從兩方面來說，一方面是和有祿隱性的欺師滅祖，投靠陳氏表現。

和有祿所著《和式太極拳譜》（見證據 1），是根據其《和氏家傳老譜》（見證據 6）編著而成。和有祿將《和式家傳老譜》內容全部編進了《和式太極拳譜》，只對以下三處進行了刪改：

1、刪去了張三豐的《太極拳論》。

2、將《太極拳經》改為《太極拳論》並刪去了太極拳經的作者指示「山西王宗岳遺著」七個字。

3、刪去了陳清平以上的歷代師承表。

以上的三處刪改是和有祿欺師滅祖、投靠陳氏的隱性表現。刪去張三豐的《太極拳經》就是不認祖。因張三豐係太極始祖，一直被陳氏所否認，故和有祿刪去張三豐的《太極拳經》就是為了迎合陳氏，此為投靠陳氏無異。

將《太極拳經》改為《太極拳論》就是欺師；將《太極拳經》的作者指示「山西王宗岳遺著」七字刪去就是滅祖。又因王宗岳為趙堡太極拳先師之一被陳氏所否認，和有祿刪此七字也是為迎合陳氏，係投靠陳氏的表現。

關於陳清平以上張彥等與陳氏無關的師承名錄，和有祿是再清楚明白不過了。和有祿與其二哥和定乾發表的《趙堡和式太極拳源與流》（見證據 2），《趙堡和式太極拳源流特點及傳人》（見證據 3），以及和有祿的三哥和少平發表的文章《太極拳探源—兼談和式太極拳源流》（見證據 4），均清楚說明陳清平以上師承張彥、張宗禹、陳敬柏、張楚臣、邢喜懷、蔣發、王林貞直至張三豐。這一史實還有杜元化所著《太極拳正宗》（見證據 5），戚建海著《太極拳技擊和煉丹術之奧秘》（見證據 7）等許多文獻書籍都有記載。和有祿不提該師承淵源是有意給陳氏埋下伏筆，讓陳氏作文章，是暗投陳氏。並且，這本身也是欺師滅祖的行為。因為，和式太極拳創始人和兆元曾在恩師陳清平允其自立門派，並以「和氏太極拳」為其命名時，為謝師恩師曰：「和氏太極拳仍以趙堡傳承排列，標異不分宗」（見證據 9《武當趙堡太極拳小架》第 7—8 頁）。和氏太極拳創始人尚且如此，和有祿卻不認師祖，這不是欺師滅祖是什麼。

和有祿積極、公開、明顯地欺師滅祖、投靠陳氏，在其《和式太極拳譜》第 260 頁暴露無遺：「……任長春年輕時曾在陳家溝陳季牲家做工並跟其學拳……」。 和有祿在自己以前的文章中清楚地寫明任長春師承陳清平，從未提過任長春曾向陳季牲學拳，這裡卻杜撰出這一「史實」，將師祖的師承都改了，並且改到了陳氏門下，這是和有祿欺師滅祖、投靠陳氏的典型表現。

　　因為這一點陳氏門派馬上借題發揮，用趙堡太極拳傳人（和有祿）的話來支持陳氏的趙堡太極係陳氏分支這一說法：陳東山於太極網發表的文章《杜元化其人其事與（杜元化正宗考析）之考析》（見證據 8）中講到的「……杜元化，河南沁陽市義莊人……其師任長春青年時代在陳家溝陳仲牲家裡做長工，並隨其學陳氏太極拳……和有祿著《和式太極拳譜》一書中的有關內容也是佐證。任長春無疑是陳氏太極拳名家陳仲牲的弟子，其弟子的弟子無疑就是再傳弟子。」為什麼和有祿在其書中這樣講任長春師承？！為何陳東山文中講任長春系陳溝弟子？！其弟子的弟子無疑是（陳氏）的再傳弟子？！為何這樣一唱一合？！因任長春高徒杜元化著有《太極拳正宗》（1935年出版）而享有崇高聲譽，杜元化書中自報家門係趙堡太極。故，若將杜元化的師父歸於陳溝門下則當然地趙堡太極拳就歸於陳溝門下了。真可謂「用心良苦」啊！

　　另外，和有祿除了刪改其《和氏家傳拳譜》之外，又將陳氏門人陳季牲、陳鑫的抄本錄入其《和式太極拳譜》，也是其欺師滅祖、投靠陳氏的又一明顯表現。

　　本來，在自己書中錄入其他可借鑑之理論精華實屬博

採眾長之常理，但和有祿書中該兩抄本之前的引言表現出了其醉翁之意不在酒。引言中講（《和式太極拳譜》第260頁）拳譜的來歷是任長春在陳溝做工學拳而得。這是在暗示，任長春學的是陳溝的拳，拳譜是陳溝的拳譜，互相說明的結論是任長春實為陳溝傳人！又是用心良苦！

上面談了欺師滅祖、投靠陳氏，下面說一下自封會長，名利思想重。

和有祿著《和式太極拳譜》中原福全序及該書所附光碟（見證據10），以及和有祿寄給武當雜誌社主編的名片，還有和有祿所舉證據《和氏太極拳傳人和有祿》文章中均有「和有祿係和氏太極拳研究會會長」之說。而溫縣民政局證明（見證據11）、趙堡派出所證明（見證據12）、戚建海退會聲明（見證據13）證實了和有祿從未擔任過會長；在老會長和學儉在世時，和有祿已自封會長（這也是他欺師滅祖的另一表現）；研究會原學術部主任戚建海看到和有祿自封會長的文章時憤然辭會。所以說和有祿為名利自封會長確為客觀事實。

最後，說說和有祿被清理出和式太極拳研究會一事。

就此問題，張傑提供了與研究會重要成員和保森談話的筆錄（見證據14）和錄音資料（見證據15）。談話筆錄雖未簽字，但有錄音佐證，說明了「今和有祿在和式太極拳研究會已無一席之地」，確有此事。試想，和有祿從一般會員到副會長，發表多篇文章，參與出入各種大型太極活動及賽事，名氣越來越大，正如日中天，事業有成，又出書製光碟，這本應是更上一層樓當選會長無疑，為何偏偏在出書以後的和式太極拳研究會改選時，連副會長之

職都沒有保住（和有祿證人原福全證詞），要麼是被清理出會，再麼被逼退會，總之是受到了處分。就此問題，和有祿提供了和保森的傳真證言，說是改選時和有祿沒選上，並沒有被清理出會。代理人認為證人證言是證據的一種，但證人應當出庭作證，傳真證言材料與複印件無異，不符合證據形式要求，不具合法性。而張傑提供的錄音材料係證據中的視聽資料，是合法的證據形式，其內容客觀真實與本案直接相關，應予採信。故和有祿被清理出會是應予認定的。

綜上，張傑文章內容客觀真實，不構成侵權。

《武當》雜誌主編劉洪耀事後在接受記者問時說（見《武當》2005年第4期）：

「和案一審有三個焦點：一是和有祿名利思想重，這已被庭審認定。二是和有祿欺師滅祖，這被庭審否定。其實這個否定是沒有道理的。有關理、據我方律師已講得較為清楚。《和式太極拳譜》採取移花接木，偷樑換柱的辦法竄改太極拳歷史，混淆經典拳論的作者，和有祿在他的長輩師尊、原和式太極拳研究會會長和學儉病重期間，就公然對外稱自己是研究會會長，說其在處理這兩件事情上是「欺師滅祖」是恰如其分，精確到位。庭審認為是學術問題，和有祿有著作自由。既然是學術問題，為什麼不用學術辦法來解決？和有祿可以寫文章，據理力爭，反駁張傑之文，《武當》可以刊發和有祿的文章。三是和有祿被清理出和式太極拳研究會，庭審否定。這句話的起因是和保森說過和有祿在研究會無一席之地。和保森的話有三種理解，一種是和有祿在研究會原有地位下降，成為極普通

一員;一種是被迫離開研究會;還有一種就是被清理、開除。被清理一詞可能有些言重,但對和有祿並不構成名譽侵權。和式太極拳研究會是一個普通的群眾性的組織,它既不像共產黨是個先進的政治組織,也無法定的公正權和自然的道德評判權,它更不是真理和正義的化身,和有祿因工作思路或小利益之爭而被研究會開除並不能說明和有祿犯了法或者有道德問題。所以說,這一焦點對和有祿的名譽也絲毫構不成侵害。」

實際上康先生在其「全面梳理太極拳發展脈絡」中,已經像戚先生所說的那麼做了。多年前作者亦曾見過和有祿與戚先生合作撰寫的有關趙堡架太極拳和陳家溝太極拳關係的研究之類的文章,那的確不是現在這樣,還是尊重事實的,大概研究的結論還是陳鑫架源自趙堡,說趙堡太極拳早於陳式太極拳吧!

而現在能有如此的變化,看來關鍵還是像張傑在文章中所指出和法庭所認定的「**名利思想重**」,有意在「書中只言和兆元師陳清平,不言陳清平師張彥,以及張彥上溯至蔣發、王宗岳這段拳史,並將陳家溝的陳季牲的《小四套》(『太祖立腳勢高強……』),《十五紅十五炮拳架記》,陳鑫的《黑旋風大上西天棍子架》、《盤羅棒歌》都收入拳譜中,」加之康先生在《序》文中說法、寫法的巧妙取捨,才產生了上述的情況。

當然,可想而知,如果《和譜》原原本本地講清了和家太極真正的來龍去脈,特別是陳清平與恩師張彥,以及張彥上溯至蔣發各代在趙堡實實在在的傳承關係,康先生還能為之作《序》並推薦出版嗎?當然是不能的,因為對

趙堡太極、和家太極師承真情告白的話，康先生自己首先對其繼承唐顧二人的說教便不能自圓其說，甚至會戳穿唐、顧及其追隨者的荒言。

其實，不光是《和譜》、康《序》，擬或是眾人，大家都心知肚明，能這麼做，完全是一種「互利互惠」。你「投懷送抱」，我「可取所得」，你想出名、得利，我卻也能「撿個便宜又賣乖」（你求我的），又能更加完善我的主張，這不正是「雙贏」嗎，何樂而不為呢？

到此，《和譜》的出現，其前因後果，我們已經基本清楚。為了真正進一步弄清趙堡、和氏、陳氏太極拳的關係，我們還得從《和譜》和康《序》所涉及到的方方面面的人和事來進行較為全面的細緻的分析、比較和研究。

## 中篇　《和譜》所反映的問題

從《和譜》的「目錄」看，其共為五個章節，外加兩個附錄和一個「後記」，此外就是放在目錄前的「前言」和康戈武先生、原福全先生各為之寫的《序》，再就是處於扉頁以彩色畫像（歷代先人的畫像似乎均出自一人之手）出現的和兆元、和潤芝、和敬芝、和慶喜祖孫三代的畫像、扉二的本書作者及小兒的擺姿照、扉三的四兄弟照、部分傳人（包括《和譜》作者與康戈武先生的合影照，以及定名為「趙堡和式太極拳研究會」之橫幅出現於邯鄲國際太極拳聯誼會上的說明照等等）。還有就是於扉三以影印形式顯示的部分存譜，雖然不全，但確實只是證明了屬名為「和士英」（《和譜》作者之父）的落款和「太極拳說」的譜名，並無「和氏」二字的體現。

該書的五個章節，前四章屬於《和譜》作者自編整理，所以每章標題（包括第一節到第五節）全部戴以「和式」的大帽。而唯獨能說明問題的第五章「家傳老譜」部分，卻不見「和式」二字的蹤影（恐怕是拿不出證據又無膽量捏造吧），就連署名為和兆元、和敬芝、和慶喜的多篇論著，也未曾有「和式」或「和氏」的冠名。

## 一 《和譜》在源流問題上稱移根錯源

該書第一章第一節便道：「和式太極拳始自和兆元。兆元公（1810－1890）是河南省溫縣趙堡鎮人，師承本鎮太極拳名師陳清平，是陳清平的大弟子」。但讀完整個第一章，卻看不到陳清平的師承關係。眾所周知，在趙堡和陳溝之間，陳清平是個焦點人物，趙堡鎮的拳家向來都承認陳清平從學於張彥，學的是趙堡自古流傳了多少代的趙堡太極，教的也是趙堡太極，只是陳清平的血統和陳溝有關（同為陳氏後裔），而於拳術方面毫無關係。陳家溝人陳鑫為了光宗耀祖，在其編寫（有人指出為陳鑫有意編造）的《陳氏家乘》中提了一筆「有本的門人，族侄清平」而出現了爭清平以統趙堡太極拳為陳溝傳的目的。這一點陳溝、趙堡兩地拳家都是非常清楚的，正像《和譜》作者的堂叔和保森所說：「我父親和學慧同陳家溝人辨論了幾十年，今有那麼一些人，想把趙堡太極拳拉入陳氏門下，說什麼我也不能答應。」

正因為如此，《和譜》作者才在其書中極力迴避，或許有意要投靠當今受政府扶持，以極力宣傳而得名的陳式源流接軌，以同樣得到宣揚（從書中溫縣體委主任原福全

先生的序來看，也正體現了政府部門的宣傳和扶持）。

《和譜》的做法，相信趙堡太極拳界的同仁都不會答應，至今為止趙堡派出的書也不少，像杜元化的《太極拳正宗》、劉會峙的《武當趙堡傳統三合一太極拳》、宋蘊華的《趙堡太極拳圖譜》、王海洲的《秘傳趙堡太極拳》、《趙堡太極拳械合編》、《杜元化『太極拳正宗』考析》、趙增福的《武當趙堡大架太極拳》、《中國趙堡太極》、鄭瑞的《武當趙堡太極拳小架》、劉瑞的《武當趙堡和式太極拳》、鄭琛的《太極拳道》、《太極拳道詮真》，以及原寶山的《武當趙堡太極拳大全》等十多部專著，無一例外的都尊重史實，原原本本的詳述趙堡太極拳的源流，均一致申明趙堡太極從蔣發傳到張彥時已有六代人，張彥傳陳清平，清平傳和兆元。從此才有和家太極，這是千真萬確，絕沒有絲毫含糊的餘地。

在和家太極的來源上不但趙堡的所有傳人都尊重史實，就連《和譜》作者的同胞兄長和少平（四兄弟之一）在其發表於《少林與太極》雜誌「和式太極拳啟秘」與《武當》雜誌「太極拳探源——兼談和式太極拳源流」等都不例外。和少平介紹說：「據和式太極拳傳人抄本所知，有一段師承記載『蔣先師太極受山西之師傳，於萬曆末年授吾鎮邢公喜懷，喜懷為人殷勤，蔣師樂之，始得此拳，邢將此術傳本鎮張楚臣，張又傳陳敬伯，敬伯有驍勇之名，義憤打死山東強客之舉，陳公傳張宗禹，張傳其後張彥，張彥乃拳林高手，曾披錢褡獨創山東，大鬧僧寺，留下神手威名，王圪壋小村陳清平，自小酷愛拳腳，久慕張公功夫絕倫，為學此術，遂適居吾鎮，拜張為師，得其

真諦，陳公乃是吾恩師也」。從這些傳抄記載中，趙堡歷代皆有傳人。」

和少平在文中也一再駁恥所謂的「趙堡和式太極拳為陳家溝所傳，和氏太極拳為陳氏新架」的論調，並指出這是「陳家溝為達意圖，顯赫自己，竟不擇手段肆意瞞騙」。由此足以說明同為一父所傳的《和譜》作者，的確在利用《和譜》「掐斷歷史，移根錯源」。

## ☲ 欲蓋彌彰，竟有何益

### 1、能詳陳敬柏，更知趙堡拳

在講完「和式太極拳始自和兆元」、「師承本鎮太極拳名師陳清平」，不講陳清平以上各代的趙堡太極拳傳遞時，卻接著又說：「趙堡鎮位於河南省溫縣東 15 里，歷史悠久」、「體現著中華古文化豐富內涵的太極拳曾在這裡傳承、發展，並湧現出了許多太極拳名師。耳熟能詳的有陳敬柏、陳清平、和兆元、李景延等，俠名遠颺，世代為人敬仰。」看來《和譜》作者也盛讚趙堡太極拳歷史悠久，在源淵有序的「傳承、發展」，並人才輩出的「湧現了許多太極拳名師」。而更加耳熟能詳的蔣發、邢喜懷、張楚臣、張宗禹，以及神手張彥等等，只是在《和譜》中不敢提及，僅僅只「有陳敬柏、陳清平、和兆元、李景元等」。其實，瞭解趙堡太極拳的人都知道陳敬柏是趙堡太極拳第四代宗師，比陳清平還高兩輩，李景延是陳清平的著名弟子，更是「趙堡忽雷架太極拳」的創編者，以他們二人名字的出現不但不能說明他們與「和式」有什麼關

係，反而證明趙堡自古即有太極拳，高出陳清平多少代都有，並非「有本門人清平」，「創了一套新架」教了陳溝太極後才有了趙堡太極拳，這裡欲蓋彌彰，反而更說明了問題的本質。或許《和譜》作者的原意還是為了追蹤陳家溝陳氏族人，而有意接軌陳溝也在所難免。

## 2、附錄季鑫本，恰顯其用意

《和譜》的作者不知什麼原因，在《和譜》附錄二中收錄了與和家拳毫無關係的陳家溝人陳季甡和陳鑫的《抄本》，或許是為了證明「和式太極拳」內容豐富，或許是為了和陳家溝拳術拉上什麼關係，或許是為了攪亂趙堡太極拳的傳遞關係吧！在此我們不得而知。但反而展示給我們的是二陳兩個《抄本》均無太極拳的有關內容，可見的盡是「頭套捶、二套捶、三套捶、四套捶」之類的捶、捶、捶；「三十六勢滾跌法、裡摺手、短打、春秋刀、雙刀、花刀、夾槍棍、黑旋風大上西天棍架子、十五紅十五炮拳架記、盤羅棒歌、大戰朴鐮歌、槍法自序、長槍總說」等等之少林類的拳械東西，見不到「太極」字樣，但唯一不同的是陳鑫《抄本》是陳鑫臨終前一年抄的，還是不忘加進一個所謂的《辨拳論》，其寫到：

「前明有父女從雲南至山西，住汾州府汾河小王莊，將拳棒傳與王氏。河南溫東劉村蔣姓得其傳，人稱卜夫。此事容或有之。至言陳氏豢法，得於蔣氏非也。陳氏之拳不知仿自何人，自陳氏遷溫帶下，就有太極拳。後攻此藝者，代不乏人。如明之奏廷、清之敬柏、季口好手不可勝數。後有趙堡邢西懷、張宗禹，又後陳清平、牛發虎皆稱

名手。陳必顯不摸原由，謂學於蔣氏大為背謬。」

　　從文風和筆法上看，陳鑫的這篇東西和其他拳械理論及名目顯然不同，除此其他幾乎是陳鑫照抄什麼地方，陳鑫明知當時村人所言「蔣為奏廷之師」，但為了樹立「太極拳、陳家傳」的標牌，而光耀祖宗，才趁機「辨拳」。但他在此卻還是承認了蔣發學拳於山西「王氏」，以及「趙堡邢西懷、張宗禹、陳清平、牛發虎」等太極拳名師的存在，只是把趙堡的一代宗師拉入了陳溝的門下，也同時表明「陳氏之拳不知仿自何人」。只是自言「遷溫帶下就有太極拳」（已遭人否定）。其實，對此《和譜》作者的同胞兄弟和少平在其發表的「和式太極拳啟秘」一文中亦強調得再清楚不過了，他說：「王又傳蔣發（河南溫縣水運村人，生於 1574 年），蔣隨王學拳七載，悟太極真諦，蔣先師又將武當太極傳至河南溫縣趙堡鎮的邢喜懷與陳家溝的陳王庭（生於 1600 年，比蔣小 26 歲）。此後，武當太極在趙堡鎮與陳家溝代代秘傳。」

　　這裡順便明確一下陳清平的恩師張彥是十分重要，因為堅持「陳王廷創拳說」的人，企圖抹殺張彥傳陳清平的功績，把陳清平硬拉入陳氏的體系，以造成「天下太極出陳溝」的假象。他們的依據是利用《陳氏家乘》中關於陳有本的敘述：「有本門人陳清平、陳有綸、陳奉章、陳三德、陳廷棟均有所得」一語，將陳清平列為陳氏傳人。但是，陳鑫的原話，也很有分寸，在陳有本傳人中，只說「有所得」，意即啟蒙的初級東西，而在《辨拳論》中說是趙堡的名手。其間顯然有高手張彥的培訓之功。所以，如果把陳清平的一切功夫都歸於陳有本所授顯然是不對

的。陳鑫弟子陳子明在 1932 年著《陳氏世傳太極拳術·陳清平傳》中，也承認張彥之傳承就是很好地說明，文曰：「陳清平為陳有本、張彥門徒，得太極拳理。趙堡一系皆其所傳」。此文不僅承認張彥之傳，且承認清平得拳理真傳，就是源出趙堡之傳。因王宗岳、蔣發傳拳理，僅在趙堡內部秘傳，陳家溝在陳鑫以前是沒有拳理著作的，所謂陳長興的「十大要論」、「用武要言」，實際上是陳續甫於 1935 年託名陳長興之偽譜，抄襲的《九要論》（見李師融「我看《和譜》中的〔陳氏二譜〕」）。故陳有本沒有傳授拳理的能力，唯有張彥之師傳才是真實。陳清平之玄孫陳忠森（焦作市司法局退體幹部）在 2000 年 9 月也寫一家史，證明其祖母陳李氏曾對他說：「陳清平學拳於趙堡神手張彥老師。」由此，可以肯定，趙堡的前七代掌門是真實可靠的。

陳鑫在《辨拳論》中把「後攻此藝者」分為兩組，陳家溝統為一組排在前，趙堡名師為一組排在後。陳清平的排名在趙堡一組內，說明陳鑫不同意陳清平為陳氏傳人，足見目前陳氏創拳之說是虛偽的。

《和譜》作者對附錄 2 也做了一些說明，他說：

「趙堡鎮西新莊人劉世鵬先生，為筆者的同窗學友。1900 年，他說他父親有兩本老拳譜。在我們的邀請下，劉世鵬把拳譜原本拿來讓我們看，拳譜為陳季牲、陳鑫手寫的拳譜原文。對拳譜的來歷他是這樣講的：『拳譜是我爺劉清廉流傳下來，我爺從小跟同村人任應極學拳，任應極是任長春（1839-1910）的兒子。任長春年輕時曾在陳家溝陳季牲家做工並跟其學拳，後又跟陳清平等人學拳。

任長春功夫很好，還教有杜元化等人」。後此譜留在和學
儉家收藏，本書附錄這些拳譜，它的真正意義是給太極拳
研究者提供一些真實的原始的歷史資料，以期對太極拳研
究發揮它的價值。」

對於這段不知真假的敘述，很快即被人「利用」。一
篇署名為陳東山《杜元化其人其事與（杜元化正宗考析）
之析》文章說：「杜元化，河南沁陽市人。……其師任長
春青年時代在陳家溝陳季甡家做長工，並隨其學陳氏太極
拳。……和有祿著《和式太極拳譜》一書中有關內容也是
佐證。任長春無疑是陳氏太極拳名家陳季甡的弟子，其弟
子無疑是再傳弟子。」這樣，任長春、杜元化即刻都改為
「陳氏太極拳的傳人」。那麼，事實果真如此嗎？

「陳氏二譜」是同一批傳出的，即在 1928 年農曆九
月以後。任長春於 1910 年逝世，不可能獲得二譜。所以
《和譜》所述二譜之來源不實，任長春與二譜的流傳無
關。由此《和譜》中「任長春向陳季甡學習陳氏太極拳」
之說是捏造之詞。

從另一方面考證，關於任長春是否向陳季甡學拳，任
長春的曾孫任天順可作證人。任天順現仍居趙堡鎮西辛莊
村第二組。他在六十六歲時接受王海洲的訪問說：「曾祖
父任長春，從小學拳於趙堡鎮太極拳傳人陳清平門下，後
又與太行山老道李松如切磋拳藝，成為名師。他經常外出
教太極拳，他的太極拳藝，傳長子任應吉，次子應魁，三
子應禎。又傳沁陽杜元化。」（引自王海洲、嚴翰秀合著
《杜元化（太極拳正宗）考析》第 4 頁）。

杜元化於 1935 年著《太極拳正宗》一書，時有河南

國術館館長陳泮嶺為之作的序：

「世所傳太極拳精微奧妙，名同實異者，實繁有徒，今尚有湮沒弗彰。河南溫縣趙堡鎮之太極也。余觀其拳，係師承懷慶溫縣蔣先生發。」「余酷嗜拳法，歷訪名家，冀得其精秘。不料，今得杜先生育萬所著秘而不傳的『太極拳圖解十三樣，公之同好，方覺太極拳名實相符。……其最妙者，始以天道起，中抱六十四勢，每勢練夠十三樣手法。即一圓、兩儀、四象、八卦是也。末以天道終。」

由此序證陳泮嶺親睹的杜元化拳法，是蔣發真傳，也間接證明了其師任長春，師爺陳清平所授拳法，為蔣發之秘傳，並非所說由陳有本傳授的陳氏小架。

眾所周知，任長春是趙堡太極拳的一代大師，他的學生杜元化更是一生研習趙堡太極拳，寫出了著名的《太極拳正宗》一書，較詳實的記錄了趙堡太極拳的歷史源淵與各代傳遞關係，以及趙堡太極拳的理論，被譽於趙堡太極拳的經典著作。但在此說明中《和譜》作者卻借同學之口說任長春、杜元化師徒學於陳氏可見其「用意」，但查遍抄本所有文字，找不到「太極」二字，更像是戚繼光《繼效新書》的部分摘抄，根本沒有杜元化書中相似的東西，此真可謂「真實、原始的資料」，只能說明他和任長春、杜元化沒有關係，與太極拳沒有關係，更與陳家溝與趙堡鎮之太極拳扯不上關係。

## 3、人物傳流表有變，藏譜「和式」二字卻未見

《和譜》作者從 2002 年發表的文章到 2003 出版的《和譜》，在太極拳傳流表方面即有了一些變化。如其發

表在 2002 年第 4 期《少林與太極》雜誌的「趙堡和式太極拳闡秘」一文，在列傳流表時，標題為「趙堡和式太極拳傳流表」。其中列：和兆元傳和潤芝、和敬之、黃彥升；和潤芝、和敬芝共同傳和慶喜與和慶台；接著望下和慶喜無傳人，是和慶台傳和學信，和學信傳和士英，和士英傳《和譜》作者，另外也顯示黃彥升傳王德芳、王安邦；王德芳傳王思恭，王安邦傳和學儉，王思恭傳卜社一人，和學儉傳和士賢、和士平二人。然而僅僅時隔一年左右，《和譜》作者在出版的《和譜》之傳流表中，卻有了較大的變化：

其一，是標題中去掉了「趙堡」二字，直接為「和式太極拳主要傳承表」。看來是為了極力脫離趙堡，但卻不敢直接寫成陳溝和式太極拳，和著名的陳式直接接軌。

其二，是在和兆元名下去掉了傳人黃彥升，增加了和勉芝、和慎芝，但此二人卻沒有傳人。從上述可知，黃彥升有兩個傳人，這兩個傳人，又分別還有傳人，其中王安邦傳和學儉；王思恭傳卜社；和學儉傳和士賢、和士平。和學儉與《和譜》作者之父和士英同輩，和士賢、和士平與《和譜》作者同輩，這一點《和譜》作者又非常清楚，而《和譜》作者卻偏偏去掉了這一系傳人，這是為什麼，值得探討！

其三，是在和敬芝名下去掉原傳人和慶喜與和慶台，變成無任何傳人，但從其在第五章家藏抄本的情況看和敬芝著作還較多，而和潤芝卻沒有。是不是因為敬芝功夫差，而潤芝功夫好，或許潤芝更為直系嫡傳吧！

其四，是在和潤芝名下增加了和慶文、和慶台。從上

可知原來的和潤芝、和敬之名下僅有和慶喜、和慶台。沒有和慶文。但又據我們瞭解和慶文是《和譜》作者的曾祖父，並非康氏《序》文中所說的和慶喜是和有祿的曾祖父，是不是因為是直系的原因，不管和慶文會與不會太極拳，學與沒學太極拳，都得補進和潤芝的傳人中，這一點更能於和慶文無傳人來證明之！

但又查該書對各代傳人的介紹中，和慶文「他繼承家傳的太極、醫學……子學信、學惠承其衣缽，習醫學拳」。這裡卻說得明明白白，「傳承表」卻在慶文下不續，而續給了和慶喜。這是不是因為伯父慶喜功夫太好，太有名了吧？所以又不管直系與不直系，嫡傳與不嫡傳了！

其五，把原黃彥升→王安邦→和學儉，變成了和潤芝→和慶台→和學儉。又把原和慶台的傳人劉世英，以及劉世英的傳人劉慶喜、劉火森都去掉了。可見，在《和譜》作者的筆下，歷史上的傳人都可以任意換掉或去掉，黃彥升竟能變成和潤芝，又不做任何說明，可見其一斑。

其六，把原和學儉的傳人和士賢、和士平也換成了和保龍、和保國，也未做任何說明。

其七，又將和慶台名下的一大批弟子全轉給了和慶喜（原表和慶喜無任何傳人），包括劉世英至劉火森（劉慶喜已去掉了）。由此可見，《和譜》作者對太極拳的傳人關係本來認識就是混亂的。

從《和譜》「和式太極拳主要傳承表」看，雖然大多都是和姓人物，特別是體現在和兆元→和慶喜→和學信→和士英→和有祿→和志全一系的直系、嫡傳上。但有一個

重要的情況，《和譜》作者卻也沒有忽視。那就是和慶喜的兩位著名的傳人，他們是人稱西北二鄭的大架子的鄭伯英和小架子的鄭悟清，這二人曾走出趙堡，長期定居西安，在西安乃至西北地區教下的名徒無數，的確是聲名遠播，因為他們的聲望幾乎個個都是靠高超的武功實力顯示出來的，特別是解放後至今的西安武術界無人不知，無人不曉，赫赫有名。

可以毫不誇張的說，趙堡和氏太極拳能有今天的局面，為世人所知，當首推二鄭的貢獻，當今寫出專著闡述趙堡及和氏太極拳著作的作者，也大都出自二鄭的門下或再傳弟子，如王海洲、趙增福、宋蘊華、劉瑞、鄭瑞、原寶山、鄭琛等等。相反，所謂和家的直系和嫡傳人物卻大都沒有名望，著書立說者更如鳳毛麟角，唯有和少平、《和譜》作者兄弟顯有著述。但也很少有以太極武功上的真才實學而創下自己威名的。所以《和譜》作者也必須將這些名人納入他的傳承表內，以壯其威，撐其門面。然而他卻未曾想，他今天要樹的所謂「和式」，是強加給他們的，因為他們中的大多數人，根本就不贊成叫「和式」，更不贊成他截斷陳清平源自趙堡太極拳的傳授，不可能跟著他「掐斷歷史，移根錯源」，為了名利而投在陳溝門下，以成為陳式的分支，成為陳派的二等公民。

接下來再讓我們看看《和譜》之第五章「和氏家傳老譜點注」的情況。《和譜》作者在點注前寫道：「由於歷史原因，和氏老譜的原件因時間久遠，已部分毀壞或散失在外，後由我父親根據家傳及自幼所見所聞，挖掘、整理並手輯了部分拳論。我在編著本書時，據父珍藏的老譜及

所輯拳論，進一步考析求證後編輯成冊，並重點註釋。」《和譜》作者只解釋到這裡，並沒有說清什麼是「老譜」，什麼是新譜，原件完整內容是什麼？從和兆元算到現在的《和譜》作者之徒弟輩也不過七輩人，一百來年，況且第三代、甚至有人認為是第二代的和慶喜還有人見過，更有慶喜的弟子鄭瑞於 2000 年出版的《武當趙堡太極拳小架》為證，怎麼能說「因為時間久遠」呢？「部分毀壞」的是哪些？「散失在外」的是哪些？也沒有說明。看來書中所展示的這兩部分，除了註明「以下幾篇是我父親手輯的拳論。這些內容在趙堡拳界流傳較廣」外，其餘均是由和士英「根據家傳及自幼所見所聞，挖掘、整理」的部分了，難怪我們從其扉四影印的其所謂家藏老譜看，譜名僅為《太極拳論》，而非《和式太極拳論》，署名為和士英，而非和兆元或和慶喜或什麼人！原來這可能就是《和譜》作者所指的「和氏家傳老譜」，僅僅是其父匯抄給他而矣。

　　從和士英「根據家傳及自幼所見所聞，挖掘、整理以及《和譜》作者進一步考析求證後編輯」的這部分所謂「和氏家藏老譜」的各篇論著和「注」來看：據傳為和兆元著的有《太極拳要論》、《搦手十六要》、《較手三十六病》（沈壽點校本《太極拳譜》認為後二篇為陳鑫著）、《歌訣六首》等四篇，以及和兆元、和慶喜整理的《耍拳論》；和敬芝著的有《高手武技論》以及「手錄原文」的《太極拳正宗論五字妙訣》、《撒放密訣》、《走架打手行工要言》，還有一個「和敬芝原文」《比手》。也不知「和敬芝手錄原文」與「和敬芝原文」區別在哪？

和敬芝原文好理解，那可能就是和敬芝寫的吧！而和敬芝手錄原文「可能就不是自己寫的，可能是手錄別人的。

眾所周知，大於和敬芝 22 歲的武派太極拳大師李亦畬曾於 1881 年抄贈郝為真的王宗岳《太極拳譜》全文（見郝少如著《武式太極拳》）其中也有署名為李亦畬所作的「五字訣」、《撒放密訣》和《走架打手行工要言》等三篇論著，並且武派將這些東西在《廉讓堂太極拳譜》中收錄，已於 1935 年公開出版發行。所以，這三篇東西到底是和家的、趙堡的，還是武家的，因為和家所謂的「老譜」並未註明這三篇論著的時間出處，所以在這裡顯示無法判斷。恰巧，我們在《武當》雜誌 2001 年第 6 期上找到了《和譜》作者發表的一篇文章，談的就是這件事，其題目就是結論，即「李亦畬的太極拳論源自趙堡」。

這下子我們全明白了，原標為「和氏家傳」的、「和敬芝手錄原文」的並不是和家的，而是趙堡的。若再要說和家學的不是趙堡拳，是自創的，恐怕還是說不過去。

和慶喜著的有《玩拳解》、《習拳歌》；和學信編著的有《和式太極拳九法解》（內容多是對《九要論》、《太極拳技法注講》、《論法》、《捷要論》、《天遠機論》的進一步闡釋）；和士英著的《和氏太極拳練法須知》；其餘的如《九要論》、《太極拳體用總歌》、《太極拳技法注講》、《論法》、《捷要論》、《天遠機論》等等，都是作者不詳。

從這部分「老譜」看，各論均無「和式」字樣，唯有署名為《和譜》作者之父和士英著的「太極拳練法須知」前加有「和氏」和署名為祖父和學信編著的「太極拳九法

解」前加有「和式」二字，但因為《和譜》作者在書中未提供這兩篇論著的「老譜」影印件，所以讀者不得而知是真是假！但在和學信著作名稱上出現「和式」二字是否準確，這是可以得考證的：

其一，《和譜》作者在《和譜》之「前言」中也講：「和兆元長孫第三代傳人和慶喜，為和式太極拳承前啟後作出了巨大的貢獻。1928 年，當時的政府大力提倡國術。受趙堡村人多次盛情相邀，開始收徒授藝，終使和式太極拳流傳於世。故早年人們多稱為『和家拳』或『和氏拳』」。但我們查遍和氏老譜無論是和兆元還是和潤芝、和敬芝以及和慶喜的著作，均無「和家拳」、「和氏拳」的叫法。由此可證「和式」是和慶喜之後的提法，最起碼和慶喜無此說。

其二，和慶喜的再傳弟子，即鄭伯英的愛徒趙增福在其 1995 年出版的《武當趙堡大架太極拳》一書中，對「和式」的叫法做了較為可信的解釋：

這裡對「和式太極拳」的提法，必要加以說明，因為此說首先出現於西安。1952 年 5 月，在西安青年路楊虎成公館舉辦的西北五省武術觀摩賽上，鄭錫爵老師表演了武當趙堡大架太極拳。由於趙堡太極拳當時還未被多數人認識，有人誤認為是陳氏太極拳。鄭錫爵老師學拳時，當地普遍只有「趙堡街架」的說法，為了趙堡街架與陳氏太極拳區分開來，因自己從學於和家，就說他表演的是「和式太極拳」，徒弟們以後也這麼說。鄭錫爵 1961 年去世後，其弟子公推大師兄郭士奎為代表，找到鄭悟清老師，也對和式太極拳的說法統一了口徑。後來解釋為陳清平稱

讚和兆元的拳打得好，說：「你這拳可以為和式太極拳了」，和氏傳人遂以此相稱（「趙堡街架」之說一直沿用）。此說在和氏以外的趙堡傳人中未被公認。現在看來，「和式太極拳」只是在一個特定時期、在較小的範圍內對於趙堡太極拳的習慣叫法，在五十年代之前的文獻中也無此說。除了得傳趙堡的武式太極拳、孫式太極拳之外，其他趙堡傳人的拳架基本相同，只有細節區別而已，和氏一系並沒有被趙堡傳人及社會公認為一個新的獨立門派。作為趙堡傳人鄭師門徒決無另立門戶之意，沒有把和兆元作為祖師而稱他為「和式太極拳」的創始人。

趙先生這段紀實性的解釋至少說明：

（1）「和式太極拳」的提法，首先出現於西安，第一次稱謂是 1952 年 5 月，隨後經與鄭悟清統一口徑是在 1961 年以後。那麼就是說 61 年以後「在較小的範圍內對於趙堡太極拳」才有「和式」這種習慣叫法，然而，據《和譜》可知：「新中國成立初期，因思戀故土和學信舉家遷返趙堡鎮」，1957 年去世，可見在所謂的和學信著作前加「和式」二字，一定是其後人所為無疑。

（2）為了區別於陳式太極拳而習慣成了「和式」的叫法，是可信的，這一點西安的許多人都可以證實。

（3）借陳清平之口說：「你這拳可以稱為和式太極拳了」未必可信，甚至不妥。因為稱太極拳各家為某某式，如楊式、武式、吳式、孫式、陳式、鄭式、郝式、李式、付式、常式、24 式、88 式等等，大概是解放後的叫法，如叫什麼家、什麼派還是可信的，而要在陳清平時代，從陳口中說出「你這太極拳可以稱為……」的確不可

信。即是有，是真的，那麼，我們可以想像這句話是褒還是貶？

（4）和式太極拳的提法在「和氏以外的趙堡傳人中未被公認」因為和式與「其他趙堡傳人拳架基本相同，只有細節區別而已。」所以「並沒有被趙堡傳人及社會公認為一個新的獨立門派」這都是事實。例如同為趙堡太極拳傳人的趙堡街人侯春秀（在西安與二鄭形成趙堡太極三足鼎立之勢）既持這種觀點，1984 年趙堡太極拳在西安的傳人們商討準備成立太極拳研究會時，開始有人提出叫「和式太極拳研究會」，侯春秀當然不同意，因為他們承傳的趙堡太極拳與姓和的沒有關係，最後經大家協商取得了一致，定名為「西安武當趙堡太極拳研究會」，由侯春秀任顧問，鄭悟清的弟子高峰任會長。其實，二鄭所傳太極與侯春秀所傳太極，特別是拳架，其動作大同小異，確實只是某些細節上的不同而已。連侯先生的某些太極拳稱謂與理論技法都被二鄭的弟子以及《和譜》作者所採用。

例如，侯春秀所傳趙堡太極拳全稱為「武當趙堡三合一太極拳」，不但有傳譜，也有著作問世。大家可以參看侯先生的著名弟子劉會峙先生於 1991 年出版的《武當趙堡傳統三合一太極拳》一書，此拳被稱為承架太極拳，有詞為證「太極三和一，承架傳授稀」。並在推手技法上有著名的上中下八法，即「二十四」技法理論傳世。如鄭伯英的弟子趙增福 1995 年出版的《武當趙堡大架太極拳》一書，就收錄了推手「三盤二十四技法」的全部內容，以及有關對趙堡太極拳特點描述的 192 字歌訣；鄭悟清的弟子劉瑞（曾經悟清先生授意，接受侯先生指點）出書時，

也稱其太極拳是三合一承架，也表述了推手二十四技法，僅有中八法的描述上稍有變化。接著就是大家看到的《和譜》作者也在其《和譜》中收錄侯先生的「二十四技法」理論，唯不同的是在中八法採用劉瑞的八個字和下八法做了一些調整和變化，也同樣採用了三合一的說法，因為這些技法和理論都未見於「和氏老譜」，更未見於二鄭其他弟子的著作中，如鄭伯英再傳弟子王海淵《秘傳趙堡太極拳》、鄭悟清弟子宋蘊華《趙堡太極拳圖譜》、原寶山《武當趙堡太極拳大全》以及和慶喜弟子鄭瑞《武當趙堡太極拳小架》等等。一查便知。

（5）說明「作為趙堡傳人，鄭師門徒決無另立門戶之意，沒有把和兆元作為祖師而稱他為『和式太極拳』的創始人」。這也是事實（從現在所有趙堡傳人的論著中都可以看出），因為「和氏老譜」即沒這種說法，又沒創始的緣由，更無與趙堡太極特異的理論，僅僅只是後人為了光宗耀祖，受名利之誘惑，而強加在和兆元頭上的花環，即給和兆元所承習的趙堡太極拳換了標籤而已。

另外，從和士英「手輯的拳論」看，第一篇便是採自趙堡太極，即杜元化《太極正宗》一書中的，署名為陳清平著《太極拳總論》及歌訣六首等等，第二篇是王宗岳太極拳論，以及作者不詳的《十三勢行功歌》、《十三勢行功心解》、《打手歌》、《通變歌》、《行功十要》、《行功十忌》、《行功十八傷》、《七疾》、《八字訣》、《七星運用要訣》以及《調氣練外丹圖說》，第一套、第二套、第三套等等，這些既無「和式」的標籤，又未見陳季甡、陳鑫及陳家溝的其他抄本或拳譜中。看來既

想樹立「和式」，另立門戶，又想與陳溝接軌，真可謂「欲蓋彌彰」，越抹越黑。

## 三 沽名釣譽，立竿見影

如果和兆元地下有知，不知會怎麼想，百年之後，竟有人像給陳王廷加戴光環一樣，給自己也加了一個「創始人」的名份，可真是沒想到啊！什麼「創拳」的理由也讓他捏了一堆，可人家一看全是虛詞，無證無據，他這才想，好你個「和家子孫」，你這不是拿你「祖爺」開玩笑嗎？為了你借光出名、得利，你就不怕你「先人」臉紅嗎！

### 1、《和譜》作者在《和譜》中的沽名之作：

和兆元在李棠傑的影響下，勤於實踐，對中華武學精華兼容並蓄，以易理、儒家、道家並結合醫學理論來指導，規範拳架，使理論與實踐完全結合，並且在實踐中修改了拳架中的手法、身法、步法等，在陳清平原傳拳架的基礎上增益完善，創編了一套既不失傳統又獨具特色的「代理架」。

這套拳架以《易經》之理為拳理基礎，像其形（圓），取其義（陰陽），用其理（陰陽變化），以人身比太極，太極即天地，天人合一，道法自然。

和兆元創拳時，增補不足，刪去拳架中纏繞繁瑣的動作，使整個拳架樸實無華，勢簡經捷，以體用一致為要求促進拳架、推手、散手三合為一，技理相合。

和兆元所創太極拳架及理論，比起趙堡鎮以前流傳的

太極拳有著質的飛躍。在技擊、健身、養生等方面都有著重大的進步，所以更易於被人接受。

## 2、「創拳」析

以上四個自然段錄自《和譜》第一章第一節「和氏太極拳的產生」，已基本概括了《和譜》作者為和兆元塑造創拳的環境、理由和理論以及貢獻等。

下面在我們分析之前先看一下近代武學大師、孫式太極拳創史人孫祿堂先生於 1919 年出版的《太極拳學》一書，對「太極拳」的闡述吧！

孫先生在《自序》中寫到：「元順帝時，張三豐先生，修道於武當。見修丹之士，兼習拳術者，後天之力，用之過當，不能得其中和之氣。以致傷丹，而損元氣，故遵二經（指易筋、洗髓）之義，用周子太極圖之形，取河洛之理。先後易之數，順其理之自然，作太極拳術，闡明養身之妙。此拳在假後天之形，不用後天之力，一動一靜，純任自然，不尚血氣，意在練氣化神耳。其中本一理、二氣、三才、四象、五行、六合、七星、八卦、九宮等奧義，始於一，經於九，九九又還於一之數也。一理者，即太極拳術起點腹內中和之氣，太極是也。二氣者，身體一動一靜之式，兩義是也。三才者，頭手足即上中下也。四象者，即前進後退左顧右盼也。五行者，即進退顧盼定也。六合者，即精合其神，神合其氣、氣合其精、是內三合也，肩與胯合、肘與膝合、手與足合，是外三合也，內外如一，是成為六合。七星者，頭手肩肘胯膝足共七拳，是七星也。八卦者，掤捋擠按、採挒肘靠，即八卦

也。九宮者以八手加中定，是九宮也。先生以河圖洛書為之經，以八卦九宮為之緯，又以五行為之體，以七星八卦為之用，創此太極拳術。其精微奧妙，山右王宗岳先生，論之詳矣。自是而後，源遠派分，各隨已意而變其形式。至前清道咸年間，有廣平武禹讓先生，聞豫省懷慶府趙堡鎮，有陳清平先生者，精於是技……」

相比之下，《和譜》作者為和兆元描述創太極拳定義的內容，就顯得沒有什麼新意了，這還要樹為一個獨立門派的創始者嗎？由孫先生的文字，我們更可知，太極拳為張三豐所創，而非陳家溝。陳清平承傳的正是張氏流傳下來的太極拳，而並非陳溝的或是陳清平所編的什麼陳式新架。

和兆元「在實踐中修改了拳架中的手法、身法、步法」，是哪些？能具體指出來說明嗎？

說「在陳清平原傳拳架的基礎上，增益完善，創編了一套既不失傳統又獨具特色的『代理架』」，那麼，陳清平原傳拳架又是什麼樣，有參照可以證實嗎？「增益」了什麼？什麼又算是「完善」？怎樣創編，是修改、增刪還是推翻重編擬或另起爐灶創作？不失什麼樣的「傳統」？又獨具什麼「特色」！與別的太極拳又有什麼兩樣？「體用一致，技理相合，以自然柔活之體，養體內浩然之氣」難道就是「代理架」的定義和解釋嗎？更何況哪家的太極拳又不是這樣？

「增補不足，刪去拳架中纏繞繁瑣的動作」能舉例說說嗎？已經「使整個拳架樸實無華，勢簡經捷，以體用一致」。那麼《和譜》作者為什麼還要再創編什麼「十三式」「十八式」（見《少林與太極》2004 年 6 期、《武

魂》2004 年 2 期）嗎？和家到底是和兆元為創始人，還是《和譜》作者為創始人，可以說真話嗎？

「和兆元所創太極拳架及理論，比起趙堡鎮以前流傳的太極拳有著質的飛躍」，那麼這「以前」指的是什麼以前，陳清平以前，還是張彥、張宗禹、陳敬伯、張楚臣、邢西懷甚至蔣發呢？「質的飛躍」又體現在哪兒呢？難道是現今承襲別人的「拳架、推手、散手」三合一理論和推手上中下三盤「二十四」技法（可以《和譜》作者發表於《中華武術》2002 年第 12 期「和式太極拳推手和秘要」為證，因為在這個「秘要」中壓根兒就沒有「二十四」技法）。「在技擊、健身、養生等方面都有著重大的進步」而這個「重大的進步」又表現在哪裡呢？是「打遍天下無敵手」，還是「身體健如牛」，擬或是「百歲」乃去？

如果上述這些問題《和譜》作者都拿不出證據，說不清道不明的話，那就屬於順口瞎編亂造。

其實，說白了，正像孫祿堂所說「自是而後，源遠派分，各隨已意而變其形式」。如果都是太極拳，那麼它的理認和方法都是一致的，只是拳架「形式」和演練風格上稍有區別，從而形成了太極拳的不同派別，但和氏與趙堡街的其他架式如侯春秀所傳架式幾乎沒有多大區別，足可證和氏拳就是趙堡拳，並非自創，其加在和兆元身上的不實之詞全是不切實際的。

### 3、移根錯源，碩果纍纍。

自從《和譜》作者說「辭去了工作，用了兩年的時間，把以前蒐集的資料整理出來編了一本書—《和式太極

拳譜》」，之後人民體育出版社音像部又出版了「教學光碟」後，真可謂「和式太極拳迎來了發展的春天」！這都應該歸功於《和譜》作者為趙堡太極拳更換了標籤，為趙堡和氏多代人相傳的拳藝，移根錯源重找了新的婆家，適合了堅持唐、顧觀點的口味，皈依了陳家溝的系統之下，所以受到了堅持唐、顧觀點之類人物所把持的政府武術管理部門的器重，這首先表現在很快榮獲了各種名望，如很快被「中國武術協會在全國太極拳高級輔導班中專門邀請」，「主講傳統和式太極拳」，「這在國內尚屬首次」使《和譜》作者的「《和式太極拳刀、劍、棍、推手》系列教學 VCD」列入了「中華武術展現工程」得以出版發行，並先後「參加了許多太極拳活動」，如「全國太極拳培訓班」，「焦作太極拳年會」，「河南省武協杯全國太極拳交流大會」，成立了「和式太極拳學會」，還準備「創編和式太極拳競賽套路」等等（以上情況可參見《武魂》2004 年第 3 期和《中華武術》2004 年第 7 期），真是一時名聲顯赫啊！

其次是有了如此名望後，即有了小利，如有利於武術刊物發表「和式太極拳」。如據不完全統計，僅從 2004 年的 2 月至 7 月，國內的武術刊物就相繼發表《和譜》作者及弟子的文章和論文有 15 篇之多，這種情況多年來也是罕見的。請看這些情況（以供參考）

（1）和有祿「和式太極拳十八式」（《武魂》2004 年 2 期）。

（2）和有祿「和式太極拳之三直五順」（《武魂》2004 年 3 期）。

（3）元峰「和式太極拳小史」（《武魂》2004 年 3 期）。

（4）賈澎、和東昇「和式太極拳技擊用法詳解十字手」（《少林與太極》2004 年 3 期）。

（5）賈澎「和式太極拳『金剛三大對』技擊法精解」（《中華武術》2004 年 3 期）

（6）賈澎，和定乾「『耍拳』糾編」（《武魂》2004 年 4 期）。

（7）和有祿「和式太極拳推手」（《少林與太極》2004 年 4 期）。

（8）賈澎「陰陽翻動『十字手』─和式太極拳『十字手』技擊法」（《精武》2004 年 4 期）。

（9）賈澎「『階級神明』之捷經和式太極拳『耍拳』」（《中華武術》2004 年 4 期）。

（10）和有祿「理技相合太極真諦」（《中華武術》2004 年 4 期）。

（11）和有祿「和敬芝《太極拳正宗論五字妙訣》點注及淺析」（《中華武術》2004 年 5 期）。

（12）賈澎、和東昇「攻守兼備，左右相宜─和式太極拳詳解之懶扎衣」（《少林與太極》2004 年 5 期）

（13）「和有祿簡化和式太極拳十三式圖解」（《少林與太極》2004 年 6 期）

（14）和有祿「和氏家傳王宗岳《太極拳論》校注」（《武魂》2004 年 7 期）

（15）詹秀明「和有祿，耍拳之中悟真義」（《中華武術》2004 年 7 期專文頌揚和有祿）

最後，《和譜》作者達到了目的，撈到了一「名師」和「利益」。常看武術雜誌的人恐怕不會忘記，《武魂》、《少林與太極》兩雜誌的 2004 年上半年，曾連續以醒目的大標題「和式太極拳名師—和有祿面向海內外招生」連續廣而告之（一個名不見經傳的人，突然間變成名師）。什麼面授班每期一個月，學費每人 450 元……函授 260 元……另外郵購……每套 22、28、36 元不等，海外以同金額美金計算等等。粗略估計，若一個國內學員一個月一期學完約需 500 元上，國外學員則在 500 美元，即 5000 元人民幣左右，這還不算其他生活上的花費，由此可見，出名後，《和譜》作者的收入將會是何等的豐厚啊！有名又有利，又可光耀祖宗，何樂而不為呢！但不知這是不是「和式創始人」享名得利呢？

　　現在，和有祿已有一個名不見經傳的，甚至是一個備受壓制的小人物，一下子成了大師級人物，各種榮譽加身，如中國武術七段，政協焦作委員會常委，河南大學、河南理工大學客座教授等等，不一而足，可參見《搏擊》雜誌 2010 年第 10 期「和式太極拳專輯」。

### 中下篇 康《序》與《和譜》互應且暗藏玄機

### 一 康《序》的標題是經過一番深思熟慮而設計的。

　　1、只承認「和傳」，不承認「和式」或「和派」，從而留有餘地。

　　2、僅寫為「太極拳架」與「藏譜」，而沒有寫為「和式太極拳」與「和式太極拳譜」，同樣是留有討論的

空間。

　　3、使用「引發的遐思」五個字，很巧妙。遐思即遐想。遐想就是攸遠地思索或想像，遐思聯翩、閉目遐想（見《現代漢語詞典》商務印務館 1994 年 7 月第 3 版 1355 頁）。康先生為此思考得很多，包括對這篇《序》文的用語，一定要下一翻工夫，如果牽扯到太極拳的源流，特別是如與唐、顧觀點有牴觸，乃至說不清的地方，則盡量避開不談；使《和譜》作者出書與我無關，至少沒有指示的意思。既表明曾對趙堡太極拳做過實地考察，又不能告知讀者詳情，特別是趙堡鎮人對自己「趙堡街架」太極拳歷史傳遞情況的表述；更不能明確表明陳清平的師承；但最好能和陳家溝聯繫起來等等，一便不只為之作序，又能和自己堅持的唐、顧觀點統一起來，這恐怕就是康先生作序時的真正心態。

　　說實在的，康先生作《序》的文字手法之運用的確很巧，既達到了自己的真實目的，又不明確表白和式太極拳就是陳溝太極的分支（怕激怒趙堡太極拳傳人），讓只瞭解陳式而不瞭解趙堡太極拳的人一看，自然會認為和式太極拳就是陳家溝太極拳的分支無疑，因為他們只瞭解陳家溝太極拳與陳清平（受唐、顧觀點及國家官方宣傳上的影響）關係，而不瞭解陳清平從學於趙堡太極拳第六代宗師，人稱神拳張彥的這一層。這自然即與《和譜》形成了遙相呼應之勢，還可以給《和譜》作者以人情。可以說，此二者的配合幾乎到了完美的程度。

　　但俗話說「紙包不住火」，實事是無法掩蓋的。下面就將允許我們對康先生這篇《序》文，進行一番粗略的分

析，一看究竟。

## 二 康《序》的手法－掩蓋與誘導種種

### 1、非「電告」而知

康《序》開首寫到「日前，河南省溫縣趙堡鎮和有祿先生來電告知，他以家傳拳架及藏譜為基礎，結合自身習傳拳技的心得體會編著成的《和式太極拳譜》，將在近期內由人民體育出版社出版。我為和先生高興，也為太極拳的發展高興。乘興隨筆，寫出初識和氏家傳拳架及藏譜時的一些感想，權作回應有祿先生的邀序之作。」

這篇《序》作於 2003 年 2 月 10 日，從這段文字看，和出書是「來電告知」書名及出版社等信息，同時也是「乘興而作」，沒什麼準備。其實，當我們稍留意看一下該書的《前言》和《後記》時，便會發現事實並不是這樣！

《和譜》「前言」道：「**2001 年 3 月，我率隊參加中國武術協會在三亞舉辦的『首屆世界太極拳健康大會時』，又見到了國家武術研究院的康戈武教授。康先生鼓勵我編一本介紹和式太極拳的書。」

《和譜》後記又道：「……又經過近兩年的歸納、整理，撰成書稿。攜書稿到北京請康戈武教授指點並聯繫出版事宜。康戈武教授閱後對書文提出了幾點要求與建議，他說這本書是和式太極拳要發行的第一本書，很有價值。價值應體現在……」

事實上很明確，《和譜》作者出書是康建議的，內容是他「指點」過的，出版社也是他幫為聯繫的，「來電告

知」僅僅只是「近期」出版社要印刷發行而已，並不能表明他以前不知道《和譜》作者要出書，或是與《和譜》作者出書沒什麼關係，並非「乘興隨筆」，而是有準備而作，這才是實情。

## 2、熟知趙堡，隱瞞清平以前傳人

康《序》接著在第二、第三自然段寫道：「1991 年11 月中旬，我專程到河南溫縣趙堡鎮考察，瞭解當地太極拳的發展狀況和歷史沿革。此行給我留下了諸多記憶：與趙堡太極拳研究會的同仁座談，走訪太極拳名家之後和有關人士，向太極拳傳人求教，抄錄和複印太極拳譜抄本；還得和有祿先生引導，游永安寺遺址，訪小留村村民，觀看有祿弟兄演練祖傳拳技和推手過招，翻閱有祿先生收藏的拳譜和族譜；夜宿關帝廟改建成的集市客店，窗風破凌，被寒燈昏……。經過幾天的實地考察，當地的風土人情，拳架著法，各家談論，多種抄本，漸漸地匯聚一塊，相互比較，互相融通，理清了一些思路，也產生了一些聯想。其中，初次見識的和氏家傳拳架及藏譜引起了我的關注。和氏家傳拳架之所以值得關注，是拳技的傳承性告訴人們的常識。從太極拳在河南溫縣趙堡鎮的發展沿革看，人們習慣於將本鎮陳清平（1795-1868）傳留的拳架，稱為太極拳趙堡架（趙堡街架），也稱為趙堡太極拳。現今傳習此系拳架者，其師承多能敘至和有祿的曾祖父和慶喜（1857-1936）先生。慶喜拳技經其父潤芝（1836-1916）得自祖父和兆元（1810-1890）。和兆元師從鄰里陳清平，是清平門下的大弟子。鑒於這種傳承關

係，不少傳習者將源自和氏家傳拳架的練法體系稱為「和式太極拳。」

從上述情況看，康先生初次去趙堡鎮專程考察是在1991年11月中旬，並且當時也有《和譜》作者親自陪同，那麼，當時《和譜》作者為康先生介紹趙堡太極拳的情況是什麼呢？康先生雖不願在此《序》中詳論，但我們也有份資料可以證實：這就是《和譜》作者與戚建海先生合作撰寫的題為「趙堡太極拳與陳氏新架探析──兼評顧留馨『創新架』說」一文，這篇論文曾於1991年10月中旬餽贈眾拳友，其中寫到：「趙堡太極拳是由張三豐→雲遊道人（數傳至）→王宗岳（諱林楨）→蔣發→邢喜槐→張楚臣→陳敬柏→張宗禹→張彥→陳清平所傳（詳見《武當趙堡太極拳探源》1988年第8期《中華武術》）。在承傳中，有陳敬柏和陳清平兩位陳姓，但這兩人並不是陳家溝人。陳敬柏是在其祖父陳文舉時，由陳伯莊遷居趙堡，是聞名遐邇，威振四方的武林風雲人物；陳清平是文武兼備的一代名師。二人雖不是陳家溝人，但都屬陳氏家族。按當時的宗法習俗，是以光宗耀祖為榮的。二陳何以不言太極拳是陳家始祖陳卜或九世陳王廷所創呢？竟敢違反習俗『數典忘祖』，卻要說太極拳是由王宗岳傳蔣發，蔣發傳趙堡鎮邢喜槐的呢？如此看來，蔣發把太極拳傳入趙堡鎮和陳家溝的歷史，在當時是盡人皆知的客觀事實。文章最後還得出結論說：「綜上所述，趙堡架、陳氏新架、楊架、和架、武架、吳架、孫架等北派太極拳源於趙堡鎮，是陳敬柏在清乾隆年間傳給陳溝陳正如的拳架，當今海內外流傳的陳氏新架，仍屬趙堡太極拳的分支，陳有

本、陳有平和陳清平都未創編新架。三陳所習拳架均屬武當趙堡太極拳」。這個時間與康先生考察時隔僅一月左右，可證《和譜》作者為康先生介紹趙堡拳的「歷史沿革」時，這才是事實。

又根據康《序》中所提到的幾個地名，如「永安寺」、「小留村」、「關帝廟」等，都和趙堡歷代太極拳傳人的武功軼事有關，例如「小留村」就是趙堡太極的首傳人蔣發的故鄉，「關帝廟」可能就是相傳「打死山東客，累死陳敬柏」的地方；「永安寺」可能就是神拳牛發虎練功的地方等等，所以《和譜》作者等人，當時陪康先生遊這些地方，不是沒有道理的。

另外，康《序》也表明當時「走訪」、「座談」了趙堡太極拳「名家之後」和「有關人士」，並且「抄錄和複印」了他們的「太極拳譜抄本」，由此可以肯定康先生已是熟知趙堡太極拳「歷史沿革」的實情無疑。

但是，康先生到此卻「理清了一些思路，也產生了一些聯想……」，眉頭一皺，計上心來，當年唐、顧二先生不是為了定陳王庭創太極拳，不是也找了一個明朝文官（盧龍縣人，遼東巡按御史兼監軍御史）陳王庭嗎？並以他的功勞和影響力合併於陳溝陳王庭身上，而造聲勢、充理由（被人揭發後，顧留馨不得不糾正錯誤，見其《太極拳術》443 頁）；為了切斷與陳溝無任何關係之太極拳，如宋書銘所傳太極拳，而武斷說宋是「必定學了楊式大架」、「根據楊式大架編出來的」（見唐豪《太極拳的發展及其源流》），但卻沒說宋的功夫是不是也是編出來的）；為了說趙堡太極拳也是陳式拳，硬編出一個「有本

的門徒族侄青萍，也創造了一套架式……因為青萍婿於趙堡鎮，遂在那裡教拳，所以又稱趙堡架（見顧留馨《太極拳術》356頁）嗎？好！咱也這麼幹——截斷陳清平在趙堡以前太極拳的承傳關係，不講陳的恩師張彥，以及張彥以上趙堡鎮五代的傳人，這樣以來既無人知曉趙堡太極的真正歷史，又能使人們將趙堡太極拳與和氏太極拳聯繫於陳溝的分支之下，這不正好吻合於唐、顧以及自己在「全面梳理太極拳發展脈絡」中的主張嗎？真是天作之美，於是乎，這才有了順理成章的「從太極拳在河南溫縣趙堡鎮的發展沿革看，人們習慣於將本鎮陳清平……」而不提及清平以前的情況。

### 3、趁機進一步讓和氏太極與陳溝掛勾

康《序》在第四和第六自然段又進一步提了兩筆，即「和有祿先生收藏的拳譜，既有和氏先輩的手跡，也有陳溝早年拳家的墨寶」、「進而問之，和有祿注《九要論》云：『在趙堡太極拳界有東頭《九要》，西頭《十章》的說法』陳家溝與趙堡西頭鄰近，陳鑫手抄的……」。這裡有意兩次與陳溝掛勾，不瞭解詳情的人真會誤以為和氏拳就是陳溝太極的分支，豈不知《和譜》作者在《和譜》中收錄的陳溝二陳抄本與和氏太極毫無關係，更因為二陳的抄本與太極拳也毫不沾邊，是長拳類拳械的純文字轉抄；而「東頭」「西頭」更與陳溝扯不上關係，因為據說趙堡街自古即有稱西頭和家東頭張家或東頭和家西頭張家（指張宗禹、張彥、張應昌、張汶、張金梅、張敬芝這一系）的習慣，這是眾人皆知的事情。

### 4、「難得資料」並會「產生積極的影響」

康《序》在最後的兩個自然段裡，才真正表明了自己的目的。即「如果多一點關注，多一點思考，一定會有更多的收益」，「也是進行太極拳等專項研究和對武術進行宏觀研究的難得資料」，「必將對太極拳的普及與提高，對太極拳研究的深入，產生積極的影響」。

其實，這裡的「難得資料」只能是針對康先生而言的，因為，這樣以來，使得他更加完善了唐、顧的論調。由關心、關注、遐想，思考、與陳式掛勾而有了「更多的收益」，由此而高度評價《和譜》作者對「太極拳的專項研究」，「對武術進行宏觀研究」，特別是對天下太極拳出陳溝的源流論和宏觀控制太極拳的創始及發展，產生了不可估量的、「積極的影響」……。由此可見，《和譜》光宗耀祖堪比陳鑫，名利互補技高籌；耀祖兆元已得利，作序互需巧安排之運用手法非同一般。

### 5、《陳氏太極拳志》（原載）傳表的排序已為

陳王廷（創編太極拳）——陳有本（創小架，稱「略」）——陳清萍（改小架，稱「圈」）——和兆元（創和式），已分明成了陳氏發展的支系。

## 下篇　《和譜》的實質與貢獻

## 一　《和譜》迫切想把和式太極拳在全國樹立起來

和有祿是溫縣趙堡鎮人，年輕，有幹勁，他迫切想把

和式太極拳在全國樹立起來，成為繼陳、楊、武、吳、孫之後第六大太極拳派，自己也成就一番事業。有出人頭地的願望，有厚重的名利思想，作為普通人，這都很正常，也可以理解，問題是實現這些目標的方法和手段卻是值得研究。

要把和式太極拳搞起來，要使自己成為大師，正確的路子應該是把注意力和精力集中在發展拳法拳理上，集中到普及推廣上，集中到人民大眾的需求和喜愛上。想做大師，應該是把精力放在學百家之長，刻苦鑽研拳功，認真研究拳理，加強武德修養，加強個人綜合素質的提高，而不是想方設法走捷徑，走一條上層路線，求一方土地，出一本書，成立一個學會，參加幾次所謂的全國武術活動，糊弄幾個獎盃、榮譽證書之類的就可以成就事業了。

要知道，歷史上陳、楊、武、吳、孫等式太極拳的成名，沒有一個是靠皇帝賜封，官方下文命名的，而是由數代先賢的努力，使拳派風格獨特，習練者眾多，社會影響大，才被人民群眾約定俗稱的。人們常說幹事情要道法自然，要尊重事物發展的內在規律，急功近利走捷徑，常常會弄巧成拙。與《和譜》作法相反，趙堡太極拳目前泛波海內外，呈欣欣向榮之勢，靠的是什麼？靠的是鄭悟清、鄭伯英、侯春秀等一代宗師傳下的真功，靠的是他們的優秀弟子劉瑞、李隨成、紀昌秀、宋蘊華、趙增福、王海洲、吳忍堂、原寶山等數十年在海內外辛苦奔波；傳徒授藝的結果。文化的發展、學術的進步是市場說了算，人民說了算，只要時代需要，她們就有廣闊的發展空間和美好的前景（參見鄭德「護法衛道 弘揚國粹——就和有祿狀

告張傑、武當雜誌社一案訪武當雜誌社社長、主編劉洪耀」）。

## 二 難以割斷趙堡太極拳的歷史和脫離趙堡太極拳

嚴格意義上說，和式太極拳實際上是趙堡太極拳的一個主要分支，實質上就是趙堡太極拳，它是明代武當太極由山門向外泛傳的北向主枝，其脈係為張三豐……王宗岳→蔣發→邢喜槐→張楚臣→陳敬柏→張宗禹→張彥→陳清平和張應昌等。該拳古樸傳統，內涵精深，養生和實戰技擊性都很強。該拳傳承脈絡清晰，歷代名家輩出，近代鄭悟清、鄭伯英、侯春秀在西安廣授門徒，現在其優秀者又在海內外傳拳授藝，撒籽播種，目前習者甚廣。在《和譜》出版之前，1991 年陝西科技出版社出版了宋蘊華《趙堡太極拳圖譜》；劉會峙出版了《武當趙堡三合一太極拳》；1995 年，廣西高教出版社出版了劉瑞的《武當趙堡和氏太極拳》；1995 年、1997 年，陝西科技出版社、世界圖書出版公司分別出版了趙增福的《武當趙堡大架太極拳》、《中國趙堡太極拳》；1996、1999 年，廣西人民出版社、人民體育出版社分別出版了王海洲、嚴翰秀的《趙堡太極拳械合編》、《杜元化〔太極拳正宗〕考析》；1999 年，世界圖書出版公司出版了原寶山《武當趙堡太極拳大全》；2000 年，人民體育出版社出版了鄭瑞、譚大江的《武當趙堡太極拳小架》等。與此同時，國內許多公開發行的刊物，也多次發表了有關趙堡太極拳功理功法方面的文章。對照這些書刊，可以說《和譜》並沒有多少新內容，更不是和氏家裡獨藏的資料，有的只是為

了自己所願，按自己意圖取捨材料和換個「和式太極拳譜」的名稱而已。其實，這一拳種，從蔣發下傳的輩代很多都稱之謂「武當趙堡太極拳」、「趙堡太極拳」。而和兆元之後及其後代傳人，稱自己為和式太極拳原本也是說得過去的。但由於人們認為，此類太極拳因為歷代傳人較多，分支較多，總以「趙堡」為好，所以現在叫趙堡太極的多了。既使叫趙堡太極拳，人們也會永遠尊敬和肯定和兆元先師在趙堡太極發展過程中的歷史功勳（參見鄭德「護法衛道 弘揚國粹—就和有祿狀告張傑、武當雜誌社一案訪武當雜誌社社長、主編劉洪耀」）。

## 三 《和譜》的貢獻

1、有人經過對比發現陳仲甡《拳譜》，即是洪洞通背拳譜。

2、陳鑫《辨拳論》真實不虛，更有利的說明：

陳鑫原先是承認趙堡前有邢西懷、張宗禹，後有陳清平、牛發虎等太極大師的。

從「前明有父女從雲南至山西，住汾州府汾河小王莊，將拳棒傳與王氏。河南溫東劉村蔣姓得其傳，人稱僕夫。此事容或有之。」這段文字上可知，蔣發得山西王氏所傳之事，在陳家溝一直是有流傳的，而且到陳氏十六世陳鑫一代還在流傳，這與趙堡流傳關於蔣發學藝於山西王宗岳是一致的，而且更詳盡。

從末句：「陳必顯不摸原由，謂學於蔣氏大為背謬」。可知當時陳家溝的陳必顯也說是蔣發傳陳家溝的太極拳。

陳長興之曾孫陳發科在北京教拳時，其徒沈家楨也著書說是張三豐創太極拳，後由王宗岳傳蔣發，蔣發傳陳家溝，當時陳發科未反對，是默認這一種傳承關係的。

3、揭露了吹捧「陳王廷是中國太極拳創始人」的謊言：

其實，早在 1928 年前後，陳家溝村人以陳必顯為代表，盛傳「蔣發是陳王廷學習太極拳的老師。」陳鑫為了掩蓋歷史事實，寫出《辨拳論》，把太極拳傳入陳家溝的時間提前到元朝末年，與明末的蔣發無關。其主要內容是：前明山西王宗岳傳河南溫縣劉村蔣發「此事容或有之，至言陳氏拳法得於蔣氏，非也。陳氏之拳不知仿自何人？自陳氏遷溫帶下，就有太極拳。後攻此藝者代不乏人，如明之奏廷（王廷）……」。

此語明確表明：陳氏太極拳是不知仿自何人！不是陳家溝的創造！陳王廷是後攻此藝者，而非創始人！這是白紙黑字，誰敢睜眼說瞎話！

然而，就是這兩段話，卻恰恰載於康先生審定的《和式太極拳譜》（人民體育出版社 2003 年出版）第 271 頁。這就說明，康先生明知陳王廷不是太極拳創始人，偏偏造謠吹捧「陳王廷是中國太極拳創始人」。

### 結篇　「和傳」升為「和式」仍然掩蓋不了真史

### 一　《搏擊‧太極拳專輯》是康氏扶持到鼎盛時期的標誌

《搏擊》2010 年第 10 期是和式太極拳的專輯，除了

康先生的文章外，其餘內容主要是宣揚和式太極拳的特點，並著重宣傳和兆元姐夫李棠階對和氏的儒家指點。並把不懂太極拳的李棠階拔高為「理學大師」。甚至毫無根據地說，武禹襄拜陳清平為師的一個多月裡，也得到李棠階的指點。卻隻字不提趙堡太極拳歷代先師的授受功勞。其實，所謂「和式太極拳」就是趙堡街架的「代理架」。據趙增福著《武當趙堡大架太極拳》第 31 頁闡述：

「邢喜懷將趙堡太極拳演變成代理、領落、騰挪三種架子。其後，和兆元以代理架為最；張應昌以領落架擅長；李景顏以騰挪家冠其首。」

說明和兆元是將邢喜懷至陳清平傳下的代理架，略加改進，而非創造。更不是康先生在「專輯」中所說「將趙堡街架（包括三種架）昇華為和式太極拳」。這些言論企圖把道家傳下的太極拳，變成和兆元侵吞趙堡太極拳歷史功績的「替罪羊」。

## 二 所謂和兆元的《太極拳要論》另有出處

在《和氏家傳老譜》中，第一篇就是「和兆元」的《太極拳要論》。事實的真相如何？所謂和兆元的《太極拳要論》，經社會檢驗，是抄襲陳清平的《太極拳論解》改換標題而成。

陳清平的《太極拳論解》，早已在 1999 年原寶山編著的《武當趙堡太極拳大全》一書中，公開披露。和有祿的《和式太極拳譜》，就是抄襲原寶山書中的陳清平拳譜。因為和兆元沒有這樣的著作能力，他的《要拳論》還是依靠孫子和慶喜代筆完成，這些問題可能與康先生有意

拔高和兆元的形象有關。

## 三 明代王宗岳真實不虛

太極拳聖王宗岳是開創北派太極拳的奠基人，其豐功偉績深受歷代太極拳名家的推崇。吳式太極拳名家徐致一先生在 1927 年著《太極拳淺說》一書中說：

「**三豐之後，得其真傳者，始以山右王宗岳見稱。王氏述三豐遺論，著《太極拳論》、《行功心解》等多篇，說理精妙，言簡意賅。今所流傳者，實宗其說。**」

楊式太極拳名家陳微明先生、武式太極拳名家李亦畬先生、孫式太極拳創始人孫祿堂先生等，對王宗岳都有極高的評價。王宗岳的歷史功績和歷史地位，是任何人都不能否定的。康先生為了樹立清初陳王廷為「中國太極拳創始人」，就必須全盤否定明代王宗岳。

在 2007 年著《解讀溫縣被命名為中國武術太極拳發源地》的論文中，公然宣稱：王宗岳只是《太極拳論》的一個符號，根本就沒有其人。

近幾年來，在山西省新絳縣劉曄挺先生的深入考證下，已經把王宗岳的籍貫，生卒年代、生平事蹟，師承傳人、家族後代等基本查清。劉曄挺先生是王宗岳的家鄉人，與王宗岳的現代裔孫王武辰有深交，又是宗岳太極拳在山西的現代傳人，調查結果已為本縣政府認可。

2010 年夏，劉曄挺先生與筆者及西安李萬斌先生結為朋友。在網上充分交流和討論，取得一致意見。初報已由李萬斌先生撰文，發表於《太極》雜誌 2010 年第五期。內容摘要如下：

王宗岳字林楨。明嘉靖四年（1525）出生於山西絳州府（今新絳縣）西北五里的思賢裡王莊村，萬曆三十四年（公元 1606 年）卒於家鄉絳州。十歲左右曾是絳州州學的生員，除學文外兼學拳械。因品學兼優，留任州學書院掌教。嘉靖二十六年（1547 年），雲遊道人（張三豐弟子劉古泉之再傳弟子）來到絳州，下榻於會仙樓附近，正是宗岳經常練拳的場所。機緣使宗岳和老道漸漸熟識，後經宗岳引薦，道人在三官廟落足佈道。經過長期觀察，道人深知宗岳為人，知書達理，恭敬謙遜，辦事踏實，乃收為俗家弟子，將三豐祖師的太極拳（古稱「十三勢」）悉數傳授。經過長期培養，宗岳功夫爐火純青，雲遊道人授予宗岳張三豐的八首拳訣和四篇要論。囑宗岳將八首拳訣，譜寫為通俗的拳論以利傳世。這就是功垂千秋的「王宗岳拳譜」。

王宗岳之父王祖通一生經商。宗岳有長兄王宗行，堂兄王之屏，堂弟王之翰。宗岳無子，撫養孤侄臣直過繼，女兒王薇精太極拳。嫁本縣世族韓武繩，生三子：韓雲、韓霖、韓霞。韓雲和韓霖都精太極拳，除得母授外，兼得外祖父宗岳指點。後來，韓霖將太極拳授予友人傅山（傅青主），傅山太極拳至今在山西仍延續流傳。

王宗岳的後代連綿不斷，其中一支按輩份傳承是：王臣直、王五興、王谷維、王豐慶、王登科、王學恭、王進才、王子平、王乃讓、王正順、王武辰（1939 年出生，仍健在）。（以上情況參見《太極》雜誌 2010 年第五期，拙著「太極拳史研究的最新突破——明代山西王宗岳家族譜系被發現」一文）

宗岳在中年以後，離教經商客居太谷。來往於太谷至鄭州之間，萬曆24年（1596年），從太谷赴鄭州，途徑陽城，再到趙堡投宿，機緣湊巧，晚年乃收蔣發為徒，授藝七年，造就了蔣發成為承前啟後的一代祖師，創建了最早的趙堡太極拳派。經歷四百餘年傳播，太極拳席捲全國，形成了六大派和其他各派，繼而傳出海外風靡世界。

## 四 實用主義的投機取巧是會受到唾棄的

和氏當代子孫現默認是陳王廷的傳承，是被人牽著鼻子走，是犯見利忘義的錯誤，是會給祖先和兆元抹黑的，對祖先的羞辱啊！

康先生樹立陳王廷為「中國太極拳創始人」，導演的「陳家溝是中國太極拳發源地」的鬧劇，是不受國人支持的弄虛作假宣傳。其又招降納叛，誘導和氏太極拳傳人承認陳王廷的傳承，否定張三豐、王宗岳、蔣發的傳承，是很不得人心的。

今天，希望和兆元的子子孫孫不忘祖訓，擦亮眼睛。用自己的努力發展和式太極拳的隊伍，不能依靠所謂的學術「權威」，這個靠山遲早是靠不住的（後台再硬、權力再大，總有倒台的時候），實用主義，投機取巧是要付出代價的！

尊師重道 **正本清源** │ 太極拳研究之匡正源流〈上〉

卷五
———
趙堡和氏及
忽雷架太極拳淵源研究

# 本是一脈傳　何來自創拳

## ——從比較中鑑別和氏與忽雷太極拳架的淵源

　　筆者曾於上世紀九十年代撰寫過一篇《陳氏「新架」與「趙堡架」太極拳源流研究》的論文，此文亦曾榮獲西安市雁塔區 98 年學校論文評比一等獎，西安市第八屆學校體育論文報告會二等獎，其研究《結論》是：

　　所謂陳氏「新架」之陳有本、陳青萍、陳有平、陳長興等創編之說，不僅缺乏根據，而且陳青萍「贅婿」於趙堡，遂在那裡教拳，所以「又稱趙堡架」之說更無道理。陳鑫一系所傳架式與趙堡杜元化所傳架式實乃一脈之傳，均出自趙堡，其具體傳入陳溝的時間大約在清乾隆年間，為趙堡的陳敬柏傳陳溝陳秉旺和陳公兆，陳公兆傳陳仲甡，陳仲甡傳陳鑫，所以，才有上述我們看到的陳鑫架（陳溝「新架」）與杜元化（趙堡架）酷似孿生兄弟的情況，追其源，實乃宗師蔣發之傳無疑。

　　李師融先生發表在《武當》雜誌 2006 年第 1 期上的「陳敬柏傳拳陳溝考」也有類似的研究，如文中講到「乾隆時代，趙堡太極拳的掌門陳敬柏擁有全套完整的王譜」、「陳繼夏與陳敬柏為族兄弟，關係親密」、「授陳繼夏、陳公兆以太極內功，並授全套王譜」、「故陳溝的王譜確由趙堡陳敬柏傳入無疑。」

# 一 和氏忽雷，真實歷史，源自趙堡，肯定傳承

對於趙堡太極拳的研習吾也有近 30 年的光景了，對其淵源傳承關係還是比較清楚的，尤其是對陳清平的恩師張彥及他的愛徒和兆元、李景延所傳承的古老的，由蔣發、邢西懷、張楚臣一系傳下來的趙堡太極拳，於上世紀八、九十年代就比較瞭解。除了師輩的講述、拳譜著作的學習，還基於和少平、和有祿兄弟及張滿宏先生對趙堡和氏拳和忽雷架的多篇文章和論著的介紹。如：和少平「太極拳探源——兼談和式太極拳源流」（見《武當》雜誌1991 年第 2 期）、和有祿 和定乾「趙堡和式太極拳源流特點及傳人」（見台灣《太極拳》雜誌第 116 期，約1998 年）、張滿宏「太極奇葩——『忽雷架』」（見《少林與太極》1991 年第 1 期）、「也談陳清平與趙堡太極拳——兼與李濱先生商榷」（見《武魂》1994 年第11 期）、「坦蕩無私揚太極藝理俱精德高潔——寫在太極拳大師陳清平誕辰二百週年之際」（見《武當》1996年第 5 期）、「正本清源話「忽雷」——一兼與《太極拳中之奇葩——忽雷架》的作者商榷」（見《武當》2000年第 2 至 3 期）等等。他們的觀點一致，認為陳清平的業師是張彥，其傳承的乃是趙堡太極拳。

例如，和少平在「太極拳探源——兼談和式太極拳源流」一文中講：

據和式太極拳傳人抄本所知，有一段師承記載：「蔣先師太極受山西之師傳，於萬曆末年授吾鎮邢公喜懷，喜懷為人殷勤，蔣師樂之，始得此拳，邢將此術傳本鎮張楚

臣，張又傳陳敬伯，敬伯有驍勇之名，義憤打死山東強客之舉，陳公傳張宗禹，張傳其後張彥，張彥乃拳林高手，曾披錢裕獨創山東，大鬧僧寺，留下神手威名，王圪墻小村陳清平，自小酷愛拳腳，久慕張公功夫絕倫，為學此術，遂遷居吾鎮，拜張為師，得其真諦，陳公乃是吾恩師也。」

和有祿、和定乾在「趙堡和式太極拳源流特點及傳人」一文的開始，即開宗明義的講：

河南省溫縣趙堡鎮是近代太極拳發樣地之一。太極拳傳入趙堡鎮近四百年，代代承傳：由武當山張三豐輾轉傳至山西王林貞（字宗岳），文武兼備，學識淵博的王宗岳繼承了張三豐的太極拳經典，學而後化，創作了著名的《太極拳經》等理論。到明朝萬曆中葉，由王宗岳將太極拳傳給溫縣小留村人蔣發，再由蔣發將太極拳傳給趙堡鎮的邢西懷。以後邢西懷→張諸臣→陳敬柏→張宗禹→張彥等繩繩不絕歷經近二百年。趙堡鎮王圪墻村人陳清平，久慕張彥先生「拳藝非凡」，號曰「神手」，遂遷居趙堡拜師學藝（趙堡素有非趙堡人不傳之門規）。清平勤奮好學，經張彥悉心傳授，有繼承、有發展，成為趙堡鎮一代太極拳名師。他打破舊俗，因才施教，除傳子景陽外，還教了和兆元、李景彥、李作智、任長春、武禹襄等一大批武林佼佼者，為後來太極拳的傳播和發展付出了辛勤的勞動，他的功績為後人所尊崇。

張滿宏在「太極奇葩──『忽雷架』」一文中講：「忽雷架」是清末的李景彥先生在陳清萍先生所傳趙堡太極拳的基礎上，創編的一種獨特太極拳。

接著張先生又在「坦蕩無私揚太極，藝理俱精德高潔——寫在太極拳大師陳清平誕辰二百週年之際」一文之「真實的身世與確切的師承」中，進一步講：

　　陳公清平，生於 1795 年，卒於 1868 年，享年 73 歲。祖籍溫縣陳家溝，從其父祖輩始遷入趙堡鎮經商定居，曾一度為趙堡鎮資產豐厚頗有名望的商賈大戶，精太極拳，師從於趙堡鎮太極名師張彥，獨得其藝理真傳，也曾受到陳家溝太極拳小架名師陳有本的指點傳授，對陳氏小架亦有所得。（以上請參閱拙作《也謾陳清平與趙堡太極拳》（武魂）94 年 11 期）

　　然而不無遺憾的是，由於種種原因，陳公這些有據可查，經得起考證的身世與師承卻很少為外界所知，而一些諸如陳公「入贅」趙堡，否定其師張彥等既有違於史實又損於陳公人格尊嚴的無稽之談，至今仍在以訛傳訛的誤傳，如先師有靈不知對此有何感慨。

　　張先生還於「正本清源話「忽雷」——兼與《太極拳中之奇葩——忽雷架》的作者商榷」中明確：

　　關於陳清平的身世與師承，由於以前個別拳史研究者未能深入調查研究，聽取一面之說，武斷地認定陳清平是在陳家溝隨陳有本學習陳式太極後，又招婿於趙堡並在那裡傳拳。這種錯誤宣傳，導致在很長一段時間裡，人們對陳清平先生的生平事蹟有種種誤解。近些年不少有識之士對此提出異議。筆者也曾多次對陳清平的身世、師承、拳藝流傳等進行過考查研究。根據陳清平先生後代提供的有關資料，如陳清平弟兄三人當年三分家產的「分單」記載內容，近年挖掘發現的陳清平之父的墓誌碑以及陳清平先

生後代及傳人的一些口頭資料，完全證明陳清平先生最晚是從其父輩就從陳家溝直接遷入趙堡經商定居。再根據陳清平再傳弟子杜元化《太極拳正宗》及陳家溝著名拳師陳子明的《陳氏世傳太極拳術》兩書記載和陳清平各地傳人的歷代口傳情況的分析考證，又充分證明陳清平先生所承練的是受山西師傳的蔣發宗師在趙堡傳下的、並在趙堡世代相傳的趙堡太極拳。陳清平的太極拳業師為趙堡太極拳第六代傳人張彥先生。

## 二 遮掩真傳，宣揚「創拳」，轉變態度，偽心虛宣

情況的變化始於 2003 年，是年 6 月和有祿在人民體育出版社出版《和式太極拳譜》一書。書中對陳清平的上述真實師承卻隻字未提，僅僅講到：兆元公（1810～1890）是河南省溫縣趙堡鎮人「**師承本鎮太極拳名師陳清平，是陳清平的大弟子**」。但更多的是講兆元公如何如何創拳，如：

和兆元在李棠階的影響下，勤於實踐，對中華武學精華兼容並蓄，以易理、儒家、道家並結合醫學理論來指導、規範拳架，使理論與實踐完美結合，並且在實踐中修改了拳架中的手法、身法、步法等，在陳清平原傳拳架的基礎上，增益完善，創編了一套既不失傳統又獨具特色的「代理架」；

和兆元所創拳架，體用一致，技理相合，以自然柔活之體，養體內浩然之氣，故稱「代理架」；

這套拳架以《易經》之理為拳理基礎，像其形（圓），取其義（陰陽），用其理（陰陽變換），以人身比太極，太極即天地，天人合一，道法自然。《易·繫辭》曰：「是故易有太極，是生兩儀，兩儀生四象，四象生八卦。」宇宙有天地、四季、四立二分二至。日月經天，山水行地，四時八節運行。人體有左右肩、胯四大節，肘、手、膝、足八小節。拳架動作有圓、上下、進退、開合、出入、領落、迎抵。與理相合，即：一圓即太極，上下分兩儀，進退呈四象，開合是乾坤，出入綜坎離，領落錯震巽，迎抵推艮兌。一勢之中一圓、兩儀、四象、八卦俱現。人體結合太極之理，以「圓」為運動之基礎，以陰陽之自然運行表現太極拳的技法。一動周身無不是圈，各有陰陽變換，圓活靈動，毫無滯機。如一棵大樹掛滿無數圓環，風擺樹動，環環皆轉，如軸如輪。周身圓轉無處受力，臨敵因勢應變，圓切線引進落空，身旋氣轉離心拋擲，內勁渾圓松活彈發，表現出滑如魚、黏如膠、軟如棉花、硬如鋼的技擊特色；

和兆元創拳時，增補不足，刪去拳架中纏繞繁瑣的動作；

和兆元所創「代理架」的治病健身之理法也源於《周易》之理；

和兆元所創太極拳架及理論，比起趙堡鎮以前流傳的太極拳有著質的飛躍；

和兆元一生涉獵很廣，精通太極拳、中醫、儒學之易理等，尤以武學造詣最深；

他精心鑽研太極拳，廣交武林同道，勤於實踐，博採眾長，對趙堡原來流傳的拳架進行了全面改革，增補不足，刪其繁瑣，使拳架融老莊之道、醫家之學、《周易》《中庸》等理，創編了一套體用一致、理技相合、既不失傳統又獨具特色的「代理架」，即「和式太極拳」，使太極拳的技理有了質的飛躍；

於此相應的，亦採用同樣手法的張滿宏先生，也於2010年11月在人民體育出版社出版《忽雷太極拳》一書，也又僅僅述至陳清平，也更多的是講李景延如何如何創拳：

忽雷太極拳為清末太極拳大師李景延所創。他在師傳拳法的基礎上，對拳架動作、練功層次、勁法變化及推手方法等進行系列性改革創新，形成了一個風格獨特的太極拳；

在太極拳的故鄉河南懷慶府，即現在的焦作地區，當地人最早是根據該拳的主要運勁特點俗稱為「軟捶」或「軟架」。也有根據其拳勢及技法組成俗稱為「十三勢」。還因為該拳長時間在陳家溝流傳而俗稱為「陳溝捶」。以及還有一些混合稱呼如「陳溝軟捶」「軟十三勢」等；

雖然在客觀上一個新的流派已經產生，但李景延所處的時代還是一個比較封建落後的社會，人們的思想比較保

守。當時太極拳才剛開始走出懷慶府一隅之地，並未興立派命名之風，以姓氏稱派還未出現。況且李景延創新拳法的目的主要是為了提高功效，增強技擊效果，並不是為了稱門稱派。儘管在他改革的不同功法層次中，已經有了具體的命名如形架、惡形架、功夫架、圈架、勁架、身轉架、圪節架、方圓架等數十種之多，但在其生前並未給自己創新的系列拳架功法定一統一拳派名稱。受當時武林舊習俗的約束，他也不會對外自封為「李氏太極拳」之類的名稱，以免受人非議、指責，招惹麻煩；

由於李景延所創拳法風格迥異，確實與眾不同，在當地又傳播日廣，影響較大，因此在未能統一定名的情況下，人們為了與其他拳術區別，就取了許多不同的別名俗稱，其稱呼之多可謂太極拳各家之最。如：因李景延為該拳初創者，其乳名「李盾」在武術界又叫得較響，所以最早有「李盾架」之稱；有因李景延為著名鏢師，在江湖上人稱「鐵胳膊」，所以又有「鏢師架」和「鐵胳膊架」之稱；有因該拳功法系統、內容豐富、層次全面，就又有「囫圇架」之稱；有因該拳的功法層次中以「方圓架」最為奇特典型，在傳人中有「方圓太極」之稱；有因該拳流傳有一種利用傳統八卦與人體對應定位，使練拳與八卦相結合的方法，於是在傳人中有「八卦太極拳」之稱；李景延之後，他的大弟子楊虎承其衣鉢，將拳術不斷髮展壯大，於是在楊虎傳播過的地區及眾弟子中又有「楊虎架」之稱；該拳有的層次功成後，周身抖擻，似烈馬抖鬃，如顫抖然，有人據此稱為「圪顫架」；而有的高層次功成

後，身敏勁靈，圈小勁短，變化神速，「一動一忽靈」門內傳人稱為「忽靈勁」，又將該拳稱為「忽靈架」。還有人因李景延幼時曾學過陳式小架，而後又主要得藝於趙堡架宗師陳清平，所以又將該拳誤稱為「陳式小架」和「趙堡架」。除了以上諸多稱呼之外，在當地流傳最廣、影響最大的則是「忽雷架」的稱呼；

隨著該拳的不斷傳播，人們就習慣地將由李景延創編傳下的拳架系列稱為「忽雷太極拳」或俗稱「忽雷架」。

為此，吾上網搜索時，再次檢索到有關的兩篇碩士論文，均來自華南師範大學，也均受一位張志勇教授的指導，顯示的時間都在 2007 年 5 月，分別是：安獻周《陳鑫與杜元化太極拳技術及拳論的比較研究》、張立新《忽雷架考》。這兩篇論文都顯示與其導師是一個觀點，即認為：

陳派太極拳主要包括：大架、小架、忽雷架、和式架四種基本的拳勢。

和式架是河南溫縣趙堡鎮拳家和兆元在繼承陳青萍所傳陳派太極拳技術基礎上，結合個人的實踐和經驗將原有拳架進行改造，所形成的陳派太極拳中的一種，約定俗成以和兆元的姓氏命名為和式架。

忽雷架乃是由河南溫縣趙堡鄉陳新莊的李景炎在師承陳青萍太極拳術的基礎上，不斷發揮創造而形成的一種技術風格迥異的太極拳技術。

## 三 比較鑑別，一脈相傳，同根同源，未見創編

在次，人們不僅要問，為什麼突然一下子會有如此大的 180 度轉折呢？人常說沒有調查就沒有發言權，有比較才會有鑑別，那我們就查查、比較比較吧！

在這裡，我們首先選取其頗具代表性的幾部著作，一是 2014 年 8 月台灣逸文武術文化有限公司出版的《武當趙堡太極拳技擊秘訣》一書中由侯春秀先生生前所演練的、被稱為是趙堡太極拳的繼承架（也包括 1991 年由陝西科學技術出版社出版的侯春秀先生的弟子劉會峙著《武當趙堡傳統三合一太極拳》之推手部分圖示），此與陳溝架、和氏架、忽雷架都沒有任何傳承關係；二是 1935 年開封石印本，杜元化著《太極拳正宗》；三是 1933 年版，1995 年 9 月上海書店出版社出版的陳鑫著《陳氏太極拳圖說》；四是 2003 年 6 月，由人民體育出版社出版的和有祿著《和式太極拳譜》，自稱為「和兆元所創拳架」；五是 2010 年 11 月，由人民體育出版社出版的張滿宏著《忽雷太極拳》，又被稱為是「李景延所創」。

## 拳架及推手比較圖

| 陳鑫架 | 杜元化架 | 侯春秀架 | 和有祿架 | 張滿宏架 |
|--------|----------|----------|----------|----------|

圖 001

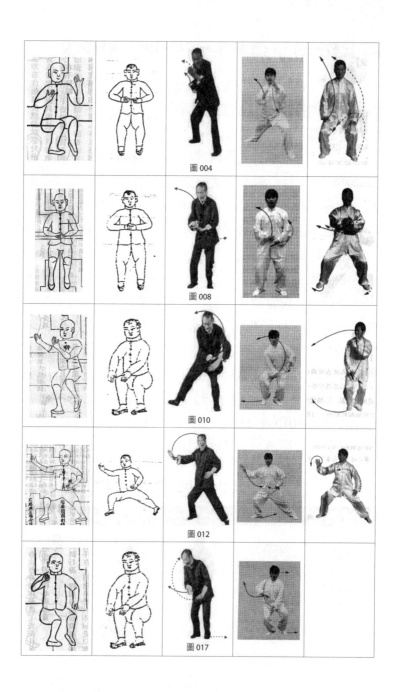

圖 004

圖 008

圖 010

圖 012

圖 017

圖 019

圖 021

圖 025

圖 026

圖 032

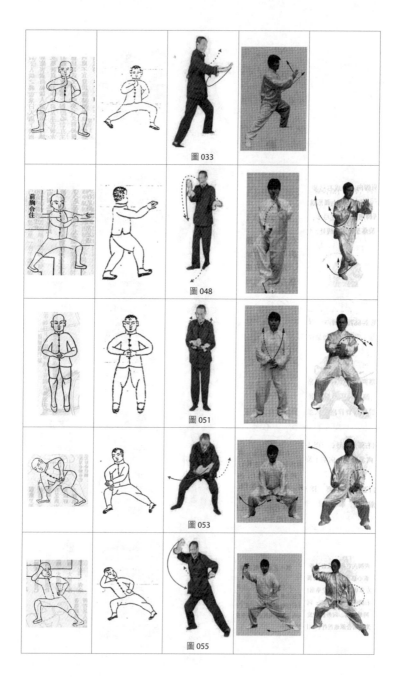

圖 033

前胸合住

圖 048

圖 051

圖 053

圖 055

圖 056

圖 057

圖 058

圖 059

圖 060

圖 061

圖 069

圖 074

圖 076

圖 078

圖 080

圖 082

圖 085

圖 087

圖 092

圖 096

圖 098

圖 099

圖 101

圖 102

圖103

圖105

圖107

圖110

圖113

圖 114

圖 119

圖 121

圖 122

圖 126

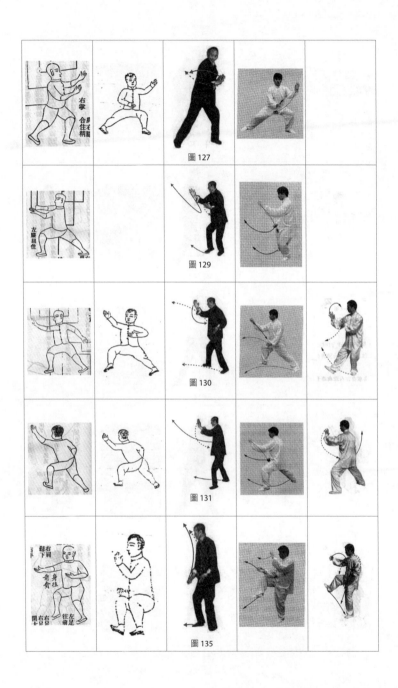

圖 127

圖 129

圖 130

圖 131

圖 135

圖 130

圖 138

圖 141

圖 143

圖 146

圖149

圖155

圖156

圖159

圖161

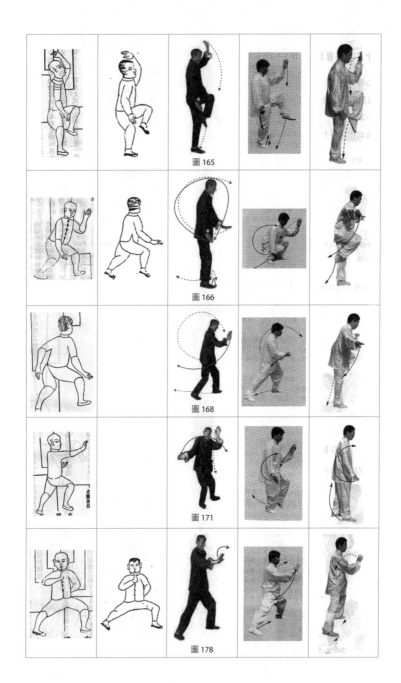

圖165

圖166

圖168

圖171

圖178

圖 184

圖 187

圖 181

圖 197

圖 200

圖 205

圖 208

圖 209

圖 214

圖 217

圖 219

圖 223

圖 225

圖 226

圖 227

圖 228

圖 231

圖 234

圖 238

圖 242

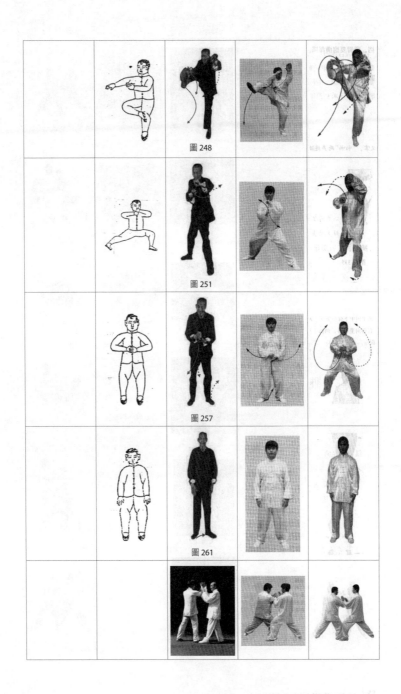

圖248

圖251

圖257

圖261

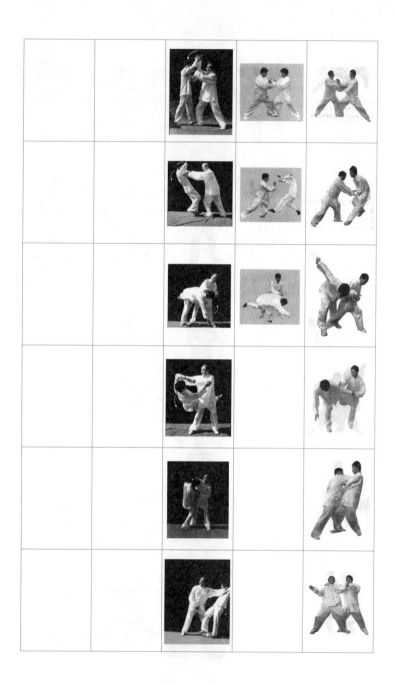

**尊師重道 正本清源** │ 太極拳研究之匡正源流〈上〉

　　從以上的比較可以明顯看出，此五個架式是為同根同源，屬於同一派系。也說明張立新、安獻周的一些研究還是比較實際的。如：張立新在《忽雷架考》中，將趙堡與陳溝的拳術「透過技術的比對，可知它們在技術上乃是同根同源，其源流、傳承方面必定有著極為密切的關聯」；安獻周亦透過《陳鑫與杜元化太極拳技術及拳論的比較研究》，也認為陳鑫與杜元化的趙堡太極拳在「比較結果，可以說兩人所承太極拳屬於同一派系，在發展過程中也必然有關聯，即兩人所承太極拳屬於同源異流。可以歸為一個太極拳流派，只是風格上略有差異，練習方法上各有偏重。」

　　然而，要說和兆元、李景延分別創造了什麼什麼架，也實在是看不出來。李景延的拳術由於後來演練的風格差異較大，還可以勉強認為是「**逐漸發揮創新**」，而和兆元卻無從談起。只是經過長時間的傳承，練習強調的側重點不同以致風格方面略有差異，其拳架同源異流。

　　安獻周的調研也查到了趙堡太極拳的真實師承，他講

到：

　　「至於趙堡鎮所流傳太極拳的傳承，從杜元化《太極
拳正宗・太極拳溯始》可知，太極拳是由蔣發傳拳於趙堡
鎮，蔣發於明萬曆二十四年赴山西跟隨王林禎學拳七年。
王學拳於雲遊道人，雲遊道人又學拳於張三豐。蔣返鄉
後，傳授此技。因此，現在的趙堡太極拳家均視蔣發是趙
堡太極拳宗師，繼而，二傳邢喜懷，三傳張楚臣，四傳陳
敬柏，五傳張宗禹，六傳張彥，七傳陳清平。這就是有名
趙堡太極拳七代單傳。陳清平又傳給其子陳景陽及本鎮人
張應昌、和兆元、牛發虎、李景彥、張作治、任長春、張
敬芝。任長春又傳沁陽人杜元化。」

　　安先生還進一步明確的講：

　　「值得注意的是，關於太極拳的傳遞人物中，在陳氏
家乘《陳仲甡傳》中還記述：「季甡字仿隨，武庠生，傳
其學者曰陳同，曰陳復生，曰陳垚聚，曰李景延，曰任長
春，然皆不及仲甡」。和有祿著《和式太極拳譜》中附錄
有「大中華民國十七年歲次戊辰九月初二日，是年閏二
月，退邑歲貢生行年八十二歲品三陳鑫抄」的《拳譜》，
中有「辨拳論」一摘，其文曰：「前明有父女從雲南至山
西，住汾州府汾河小王莊，將拳棒傳於王氏。河南溫東劉
村蔣姓得其傳，人稱僕夫。此事容或有之。至言陳氏拳
法，得於蔣氏非也。陳氏之拳不知仿自何人，自陳氏遷溫
帶下就有太極拳。後攻此藝者，代不乏人。如明之奏廷，
清之敬柏，季甡好手不可勝數。後有趙堡邢西懷、張宗
禹，又後陳清平、牛發虎皆稱名手。陳必顯不摸原由，謂
學於蔣氏大為背謬。」陳鑫在這裡提到了蔣發、陳敬柏、

邢西懷、張宗禹、陳清平、牛發虎、李景延、任長春等人，說明在當時太極拳界是承認這些人是太極拳名家的。而今天的陳派拳系很少提及，只有趙堡太極拳系甚是尊崇。這一現象，疑與陳派後來認同「陳王庭創拳說」不無關係。」

張立新先生在《忽雷架考》講：「**忽雷架是太極拳的一個小分支，流行於河南溫縣一帶，有著極為特別的技術風格。**」這個「**極為特別的技術風格**」，就是指演練起拳架來顫抖為「疙顫」發力，如「響雷閃電」，比陳溝太極發力更為猛烈，也更不像其他派別的太極拳。所以，張立新先生又講：

「此拳拳名在民間比較隨意，有稱「忽雷架」、有稱「疙顫架」，後來為了比賽的需要，才正式定名為忽雷架。據原溫縣體育局局長原福全的《隨中央電視台採訪雜記》中說：「此架原先並沒定什麼具體名稱，人們根據其動作表現，有稱『疙顫架』，有叫『忽雷架』（在溫縣一帶，稱顫抖為「疙顫」，稱響雷閃電為「響忽雷」）。1992 年，溫縣開始舉辦國際太極拳年會，鑒於此拳在溫縣的發展，評分時，為了便於與其他太極拳區別，縣裡才將「忽雷架」定為太極拳比賽的正式名稱。」

張立新先生並說，為了弄清「忽雷架」的由來，溫縣體育局相關領導曾經做過幾次專門的訪談，召集一些老拳師在陳家溝（地點在陳家溝武術學校）開座談會，以確認忽雷架的源頭。經過兩次的認證，陳家溝的拳師並沒有人練這樣的拳法，最終認定「忽雷架」乃是陳新莊的李景炎所創。1994 年，體育局、縣誌辦主任程齊、趙懷傑等人

親自考察核對，也認定忽雷架不是陳家溝所有，乃是由李景炎所創。

由以上可以清楚證明，不管是和氏架還是忽雷架，的確源自趙堡太極，也不說其是否創造了一個新的拳架或新的學派，充其量只能算作是趙堡太極拳的分支，與陳溝沒有關係。

### 四 究其因果，互惠互利，遵從定調，名利雙收

其實，歸根結底不外乎這麼幾個原因：一是為自己祖先爭光，即光宗耀祖，或為創始某一種特殊拳術風格的宗師爭光；二是為了發揚光大而尋求有力的和有效地支持；三是時間短見效快，宣傳效果好；四是自然與經濟利益分不開。和氏也罷忽雷也罷，直至上世紀末，幾乎都未能達到這四個目的，原因是堅持了真實的傳統的趙堡太極拳源流觀，即認為和氏架、忽雷架都源自陳清平學於趙堡太極張彥之傳的史實。而現在的變化可以迎合官方的口吻與支持，與國家武術主管部門的權威定調相配合，目的自然就可以實現了。

下面請看康戈武在《全面梳理太極拳發展脈絡》中的定調：「有本的弟子、族侄陳青萍在有本所傳拳架的基礎上創造了兩套架式。其中一套小巧緊湊，動作緩慢，練會後逐步加圈，由簡入繁，逐步提高技巧。另一套，注重技擊，常在周身一起轉圈的過程中突然發勁，勁快而猛烈，有似旱天炸雷。前者，青萍傳於陳家溝北鄰的趙堡鎮，人稱趙堡架，後者流傳於陳家溝東鄰的王屹墰村，人稱『訖擋顫架』或稱『忽雷架』」。

目前的現實就是很好的證明，自從康戈武為和有祿《和式太極拳譜》寫序之後，和式太極拳確實得到了快速的發展，有《搏擊》雜誌 2010 年第 10 期的「和式太極拳專輯」所顯示的內容為證，可以說光環很多，非常耀眼，盛況空前啊！

　　發揚光大、光宗耀祖、力求發展、造福人民，自然是對的，絕沒有錯，而為達目的，不擇手段，貪圖一時的快慰，只顧眼前的利益，甚至出賣祖宗，欺騙後世，確實不是君子所為！

尊師重道 正本清源 │ 太極拳研究之匡正源流〈上〉

卷六————
趙堡與陳溝兩地
太極拳關係研究

# 陳氏「新架」與「趙堡架」
# 太極拳源流研究

　　陳氏新架太極拳說，始於唐豪先生。1930 年他在陳氏族人陳子明的陪同下去陳家溝訪問，撰寫了「太極拳的發展及其源流」一文，其中講：

　　陳溝新架十三勢的編者是陳氏十四世陳有本，他和陳長興同輩。這個上承老架而又發展為新架的傳拳世系如下：

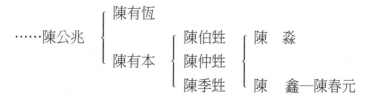

　　表中的陳春元就地查出，其餘諸人在《陳氏家譜》上都注有拳師等字樣。

　　這裡唐豪先生即沒有說明陳有本編新架的依據和理由，也沒有提到還有何人創編新架，但時隔僅僅四、五十年的工夫，新架的編者又相繼出現了陳長興、陳清萍、陳有平等多人，這究竟是怎麼回事？為了弄清太極拳的源流，「新架」的繼承和發展，本文將作一考察，以求教於方家。

## 一　「新架」編者說

　　1、新架據說是陳有本所創，架式與老架一樣寬大，逐漸揚棄了某些高難度的動作。陳家溝人稱為「略」。有本的門徒族侄青萍，也創造了一套架式小巧緊湊，動作緩慢，練會後逐步加圈，在不改變套路的原則下，由簡到繁，以至極為複雜，逐步提高拳藝的技巧難度。陳家溝人稱為「圈」，因為青萍贅婿於趙堡鎮，遂在那裡教拳，所以又稱趙堡架（見顧留馨《太極拳術》上海教育出版社1982年9月第1版356頁）。

　　2、陳氏新架套路有兩種，一種是陳有平（陳長興同時代人）編造，架式較老架小，取掉原有某些高難動作，陳家溝人稱「小圈架」（老架子稱大圈架）。後傳至有本族侄陳鑫。另一種是有本的弟子，陳清平創編的……（見《武當》雜誌1988年第2期顧留馨「五式太極拳」）。

　　3、陳式新架太極拳系由河南溫縣陳家溝陳氏十九世太極拳名師陳長興，在陳式「老架」太極拳的基礎上，去其剛烈、跳躍等動作創編而成。陳式新架太極拳架式寬大低沉，動作柔和平穩，尤其適合年老體弱者習練。後來，陳之族姓陳清平又在新架的基礎上另創一套小巧緊湊的拳架，為陳式「新架」中的「小架」。又因陳青萍入贅於趙堡鎮，故於稱之為「趙堡架」（見郝心蓮編《中華武術實用百科》北京體院出版社1991年第1版262頁）。

　　關於陳長興是否創編了「新架」，他的一脈承傳人陳照奎（陳長興的玄孫）先生在其《陳氏太極拳體用全書》（1）中，給了明確的回答——「有人將陳發科所傳之拳

架稱為新架，陳老師認為這是不對的」。陳長興、陳耕耘、陳延熙、陳發科、陳照奎一脈相傳的只有陳氏老架83式太極拳和71式炮捶。

對於陳有平編造「新架」的問題，至今我們還查無實處，現找遍陳氏拳械所有的出版物、拳譜、歌訣、《陳氏家承》以及顧留馨先生於82年出版的《太極拳術》和以前出版的《陳式太極拳》、《太極拳研究》或陳氏太極拳傳遞表之類，均找不到陳有平其人，以及編造陳氏「新架」的蛛絲馬跡。

由此看來，顧先生晚年很可能又犯了一個錯誤。因為以前亦曾錯把遼東巡按御史兼監軍御史陳王庭之功名，張冠李戴於陳溝陳王庭名上。後來顧先生不得不於1980年6月9日《體育報》上以題為「太極武蹤小探讀後」對誤合兩個陳王庭作了糾正（2）。

儘管唐豪先生80年代僅提陳有本創編「新架」，而沒有說明創編的理由，但是陳有本、陳仲牲、陳鑫一脈相傳的拳架還是可以找到的，這就是陳鑫用了12年時間所著的《陳氏太極拳圖說》一書的拳架。

陳青萍是否為陳有本的門人，是否也編了另一套「新架」以及是否為「贅婿」於趙堡鎮，是否教出了「趙堡太極拳」等問題，我們將在後文進行分析。

## 二 陳鑫架與杜元化架的比較

上從上述的分析，以及唐豪先生的觀點來看，現在只有陳鑫的拳架可以代表陳氏「新架」，陳鑫架現在儘管無人會練，但在他的《陳氏太極拳圖說》中，卻給我們留下

了文字和圖形的記錄，已不難考查。那麼，被顧先生命名為陳氏「新架」的另一套架子，即所謂陳青萍編的「圈」架，也不難考查，這就是陳青萍、陳景陽、任長春至杜元化一系，載於杜元化《太極拳正宗》中的拳架。此不但有圖解，而且還有該拳之源流說明（現在的趙堡傳人也都在練）。

本世紀初，陳家溝人陳鑫為闡發祖輩練拳經驗寫成了《陳氏太極拳圖說》一書（以下簡稱《圖說》）。1932年，在河南省國術館館長陳泮嶺資助下，1933年在開封出版，公開了陳氏「新架」太極拳的內容。

與此同時，在河南省國術館任教的沁陽義莊人杜元化（字育萬），撰成《太極拳正宗》一書（以下簡稱《正宗》），陳泮嶺館長特為此作序，於 1935 年春在開封出版，首次公開了部分趙堡太極拳的內容。

30 年代出版的這兩本書，是陳氏「新架」太極拳和趙堡太極拳較為原始的記錄，為我們研究和探索陳氏「新架」太極拳和趙堡太極拳理法及其淵源關係，提供了極為可貴的、最為直接的史料。

這兩本書中所繪製的拳勢圖都極為相似，尤其是金剛搗碓、單鞭、白鵝亮翅、摟膝拗步、野馬分宗、閃通背、倒捲肱、掩手肱捶、鋪地錦、十字腳等拳勢動作則完全相同。唯不同的是《正宗》公開了，「背絲扣」理論，《圖說》出現了「纏絲精」的新概念。

# 《太極拳正宗》與《陳氏太極拳圖說》勢名對照

| 《正宗》太極拳目錄 | | 《圖說》太極拳十三勢分佈 | |
|---|---|---|---|
| 第一節 | 金剛搗碓，懶擦衣單鞭、變金剛搗碓 | 第一勢 | 金剛搗碓 |
| 第二節 | 白鵝亮翅、摟膝拗步、斜行拗步、建前堂 | 第二勢 | 攬擦衣、單鞭、金剛搗碓 |
| 第三節 | 披身捶、合手、出手、肘底看拳、倒捲肱、白娥亮翅、摟膝拗步 | 第三勢 | 白鵝亮翅、摟膝拗步 |
| 第四節 | 閃通背、單鞭、雲手、高探馬 | 第四勢 | 初收、斜行拗步 |
| 第五節 | 左側腳、右側腳抱月蹬根 | 第五勢 | 再收、堂拗步、演手肱捶、金剛搗碓 |
| 第六節 | 青龍出水、二起、杯中抱膝、踢一腳、蹬一根、掩手捶、抱頭推山、單鞭 | 第六勢 | 披身捶、背折靠、肘底看拳、倒捲肱、白鵝亮翅、摟膝拗步 |
| 第七節 | 前照、後照、勒馬勢、野馬分宗、探馬勢、玉女穿梭、背折靠 | 第七勢 | 閃通背、演手捶、攬擦衣、單鞭 |
| 第八節 | 單鞭、雲手、跌叉 | 第八勢 | 上雲手、高探馬、左右插腳、中單鞭、下演手、二起腳、獸頭勢、踢一腳、蹬一根、演手捶、小擒拿、抱頭推山、單鞭 |

| | | | |
|---|---|---|---|
| 第九節 | 更雞獨立、朝天蹬倒捻後、白鵝亮翅、摟膝拗步 | 第九勢 | 前招、後招、野馬分宗、單鞭、玉女穿梭、攬擦衣、單鞭 |
| 第十節 | 閃通背、單鞭、雲手、變高探馬 | 第十勢 | 中雲手、擺腳、一堂蛇、金雞獨立、朝天蹬、倒捲簾、白鵝亮翅、摟膝拗步、閃通背、演手捶、攬擦衣、單鞭 |
| 第十一節 | 十字腳、單擺腳、指襠捶、金剛搗碓 | 第十一勢 | 下雲手、高探馬、十字腳、指襠捶、青龍出水、單鞭 |
| 第十二節 | 懶擦衣、鋪地錦、挽刺行、回頭探花 | 第十二勢 | 鋪地錦、上步七星、下步跨虎 |
| 第十三節 | 單鞭、鋪地錦、上步刺行、卸步挎弧、轉臉擺腳、當頭炮、還原 | 第十三勢 | 擺腳、當頭炮 |

　　《正宗》13 節，共 64 勢，《圖說》13 勢（亦稱十三勢分節）共 66 勢。兩個拳架僅為分節化法和個別名稱有差異，整體上從頭至尾是一脈相承，酷似孿生兄弟。除此請再看《圖說》與《正宗》拳勢圖的比較，便會一目了然。

# 《圖說》與《正宗》拳勢比較

| 『正宗』拳勢圖 | | | | |
|---|---|---|---|---|
| 金剛搗碓 | 單鞭 | 白鵝亮翅 | 摟膝拗步 | 掩手捶 |
| 倒捲肱 | 野馬分鬃 | 鋪地錦 | 十字腳 | 蹬腳 |
| 『圖說』拳勢圖 | | | | |
| 金剛搗碓 | 單鞭 | 白鵝亮翅 | 摟膝拗步 | 演手捶 |
| 倒捲肱 | 野馬分鬃 | 鋪地錦 | 十字腳 | 蹬腳 |

　　由此已不難看出，《圖說》陳有本至陳鑫架，《正宗》陳青萍至杜元化架，實宗一師之傳無疑，正如太極拳

史學家吳文翰先生所指出「可證明他們是同出一源」
（3）。

## 三 陳清萍與陳溝、趙堡兩處太極拳的關係

陳清萍是太極拳史研究中的關鍵人物，因為他雖不是
陳家溝人，但卻屬陳氏家族，是和陳長興齊名的一代太極
拳宗師，並傳拳給武禹襄，武氏又創始著名的武式太極
拳。

### 1、陳清萍和陳溝太極拳的關係

（1）從上述唐豪先生 1930 年去陳溝調查後所列出的
「這個上承老架而又發展為新架的傳拳世系」中，看不出
陳有本傳陳清萍。

（2）被顧留馨先生譽為「陳氏太極拳源流最可考信
之直接史料」的《陳氏家譜》（4）中，唯獨赫赫有名的
陳清萍既不見其名、又不見其注。請看顧先生下面原文部
分：

……三十六頁十三世秉士、秉旺旁註：拳手可師。十
四世長興旁註：拳師。十五世耕耘旁註拳手。四十五頁十
三世公兆重註：拳手可師、大家。十四世有恆旁註：拳手
大家。有本旁註：拳手最高，教侄出眾。十五世伯牲、仲
牲、季牲、旁註：此三人拳術最優，仲牲、季牲旁合注神
手二字。十四世巽旁註：拳手可師。四十六頁鵬旁註：拳
手可師。五十一頁十五世仲牲旁註：武生，文武皆全；季
牲旁註：拳手神妙；二人名下又合注拳師神妙。十六世垚
旁註：武生。淼、垚下合註：拳師最優。鑫旁註：文武皆

通。末有「我高曾祖父文兼拳最優。森批」。字樣
（5）。

此處就根本找不到森批陳青萍的情況。

（3）顧留馨在其《太極拳術》中，曾根據《陳氏家
譜》和《陳鑫陳氏家乘》稿本，列出了《陳家溝陳氏拳家
世系簡表》（6）和「附註」（7）其中雖將陳青萍列於陳
有本名下（僅有陳青萍一人），但並沒有「注以Ｘ符號」
（顧先生在「附註」中曾云：「本表稱《陳家溝陳氏拳》
世系簡表」者以陳氏後裔浩繁，自陳王廷創造太極拳後，
族人累代習其拳，無分男女，譜中凡拳技著名者，始傍注
拳手、拳師、拳手可師、拳最好等字樣，表中注以Ｘ符
號）。

（4）唯一能見到陳青萍為陳有本門人的只有陳鑫所
著《陳氏家乘》。其中講：「有本習太極拳，尤得驪珠。
子侄之藝，皆其所成就。風度謙沖，常若有所不及。當時
精太極拳者率出其門。有本門人陳青萍、陳有倫、陳奉
章、陳三德、陳廷棟均有所得。青萍傳趙堡鎮和兆元、張
開、張睪山。

但是，根據今人的研究結果（8）可證，陳鑫《陳氏
家乘》的可信程度極小，因為它是「陳鑫在《陳氏家譜》
之外，為了撈取太極拳「陳家傳」的功名而有意加編」的
其理由大致如下；

第一、《陳氏家譜》與《陳氏家乘》的重大差別在於
有無太極拳一詞。陳氏家譜是1930年唐豪去陳家溝調查
太極拳源流時得之於陳氏族人陳槐三家藏，當時陳槐三已
亡故。陳槐三（淮三）即陳淼，同治六年（1867）禦賊中

陳亡。他是陳鑫的堂兄弟。《陳氏家乘》是陳鑫根據《家譜》編寫的，是與《陳氏太極拳圖說》同時編寫的，時間當為 1908 年至 1919 年或者更晚一些。

**《陳氏家譜》：**

陳王庭，陳氏拳手。陳繼夏，拳手可師。陳敬伯，拳手可師。陳鵬，拳手可師。陳長興，拳師。陳耕耘，拳手。陳有恆，拳師。陳有本，拳師。陳衡山，拳最好。

**《陳氏家乘》：**

陳王庭，精太極拳。陳繼夏，精太極拳。陳敬伯，好太極拳。陳鵬，習太極拳入妙。陳長興，傳其父學。陳耕耘，能世其業。陳有恆，精太極拳。陳有本，精太極拳。陳衡山，精太極拳。

《陳氏家譜》是陳溝陳氏族人按期接續的，稱謂「續家譜」，非出自陳鑫之手。陳衡山曾參加咸豐三年（1853）柳林之役的戰鬥，據此推算，續到他這裡，按三十餘年一代人習俗，約在 1855 年前後。這時陳鑫是個六週歲的娃娃，不可能參與此事。

對比兩者，我們就發現一個非常奇怪的現象：由歷代陳氏族人接修的《家譜》，對陳王庭等人均注為「拳師」、「拳手可師」、「拳手」、「拳最好」等字樣；而《家乘》中這些小注一古腦全改成「精太極拳」、「善太極拳」、「好太極拳」、「太極拳入妙」等字樣。可見《家乘》提供的是偽證，不可信。

第二、陳鑫不善太極拳而著《陳氏太極拳圖》說（9）

陳鑫編寫《圖說》的時間是從光緒三十四年（1908）

年到民國八年（1919）年，歷時 12 年。這時，他從 58 歲到 70 歲。陳鑫曾說過，他即不會太極拳，也不會炮捶（10）。這在他的《自序》中講得非常明白，他說：「我先大人命我先兄諱垚習武，命愚習文。習武者武有可觀；習文者文無所就，是誠予之罪也。夫所可幸者，少小侍側，耳聞目見燻蒸日久，竊於是藝，管窺一般。雖未通法華三昧，而於是藝僅得枝葉，其中妙理循環，亦時覺有趣。迄今老大已七十有餘。苟不即吾之一知半解，傳述於後，不且又加一幸哉。」

他說現在已七十多歲了，只是一知半解。這不是謙詞，實際如此。這種情況，在《圖說》中，到處都有暴露。陳鑫即然不習武，編寫《圖說》必須有人幫助他，而對此他忌諱莫深，絕口不提。證明陳鑫的族系城府之深（有人撰文說杜元化「並為陳鑫編著了《陳氏太極拳圖說》一書（11），我們認為不是編著而是幫助）。

第三、《圖說》的理論核心「纏絲精」是反經絡學說的（12）。

《圖說》的理論核心是所謂「纏絲精」。這是陳鑫根據他對「河圖」、「洛書」的理解，提出來的新概念。

陳鑫並不精醫術，這在南陽張嘉謀為其寫的《墓銘》中講得十分清楚。然而，他在《圖說》中不惜篇幅，大量抄錄原理的目的是為了表明他的拳與經絡學說的關係。他列出了十二正經和奇經八脈之四，與拳沒有任何聯繫，讓人墜入五里迷霧之中，陳鑫在經絡之外，提出了「精」的概念，他這個「精」，不循經絡而運動，卻穿經跳絡在人身上纏來繞去（亦看不見，摸不著），有如游絲，於是命

名為「纏絲精」。這可是一大「發明」。

其實「纏絲精」，陳鑫不是從「河圖」中悟出來的，乃是從長拳 108 式《拳經總歌》中「諸靠纏繞我皆依」得來的啟示，套到「河圖」上去的。

陳鑫說：「太極拳纏絲法也。」他把「纏絲」擴大到整個太極拳。這是一偏蓋全，對太極拳的到退。太極拳的動作，如曲伸、開合、吞吐、收發、進退、顧盼、走化、鬆彈等等，都不能用「纏絲」概括。怎麼能說「太極拳纏絲法」也。

陳鑫杜撰的「纏絲精」完全破壞了人體經絡系統，不循經絡運行，而從一個經系跳到另一個經系，跳來跳去。試問，氣血不循經絡運行，那麼循的是什麼路線？經絡是科學而不是迷信。

「纏絲精」是什麼呢？它貌似是符合經絡學說，也確實不惜篇幅抄了一大堆經絡學說的原理，但是，它實質是反經絡學說的偽說，欺人之談。

第四、陳鑫遠沒有理解《易》的本質，去《易》遠矣，緣何能說他「以易理說拳理」（13）？

《易》的原理是辨證法。《繫辭下》說：「易之為書也，不可遠；為道也屢遷。變動不居，周流六虛，上下無常，剛柔相易，不可為典要，唯變所適。」說《易》這本書不是永遠不變的，《易》作為法則一直在變，不拘形式，變通在爻之間，上下兩卦變化無常，剛柔相變換，不可作為死教條，只有隨著變化採取適當的對應措施，這正是太極拳的指導思想。

王宗岳《太極拳論》有：「懂勁後，愈練愈精，默識

揣默，漸至從心所欲。本是舍己從人，多誤捨近求遠，所謂差之毫釐、謬以千里，學者不可不詳辨焉。」陳鑫把三千年前的卜辭當作固定不變的教條，硬往太極拳上套，完全違背了《易》理。

由上述情況，可以認為陳鑫在《陳氏家乘》中，有意列陳青萍於陳有本門下，並為第一人，也是為了製造趙堡太極拳「陳家溝傳」的假史，與他加編《陳氏家乘》之目的是一致的（同時，所謂陳王庭「遺詞」也很有可能出於陳鑫偽造）。

## 2、陳清萍和趙堡太極拳的關係

（1）《正宗》載，趙堡鎮原來就有太極拳名師，其歷代傳承大系是，蔣發──邢喜槐──張楚臣──陳敬伯──張宗禹等。

《正宗·武當太極拳溯始》說，趙堡鎮邢喜槐從蔣發學而傳同盟弟張楚臣。「張楚臣先生，原籍山西人也，初在趙堡鎮以開鮮菜鋪為業，後駿發，改作糧行，察本鎮陳敬伯先生人品端正，凡事可靠，所以將此術全盤授之。

其後，陳先生欲擴張此術，廣收門徒至八百餘，能得其一技之長者一十六人，能得其大概者八人，能統其道者，唯張宗禹先生一人，其後，傳給其孫張先生彥。彥先生又傳給陳先生青萍。青萍先生傳給其子景陽及歷代傳人很多……不能備載」。

（2）趙堡太極拳不但由來已久，而且經久不衰。

趙堡太極拳由來已久，它始源於明末清初，時王宗岳

去鄭州經商路過趙堡之永安寺而收蔣發為徒，帶至山西學藝。蔣發從山西學成拳藝歸里首傳邢喜槐，之後邢又傳張楚臣，張又傳陳敬伯，陳又傳張宗禹，張又傳張彥，彥先生又傳給陳青萍，共計傳了七代。

之後，陳青萍又傳給陳景陽、和兆元、任長春、武禹襄等人。任長春、張敬芝則又傳杜元化等人，近、現代又有陳應銘、候春秀、和敬芝、和慶台、陳學忠、候占國、劉會峙、鄭伯英、鄭悟清、和學信、和學儉、任之義、張宏道、鄭瑞、鄭鈞、王慶升、劉小凱、趙策、宋蘊華、王海洲、戚建海、劉瑞、李隨成、王喜元、候轉運等一大批頗有名望的趙堡太極拳傳人。

早在清康熙年間，四皇子胤禛（雍正皇帝）曾慕名來到趙堡，為褒揚趙堡太極拳技，特為趙堡之關帝廟題寫了「乾坤正氣」四個大字。

尤須提及，邢公喜槐，天資聰穎，敏而好學，久練拳藝，深悟其理，將趙堡太極拳練達爐火純青境地，遂將趙堡太極拳演變成三種架子—代理、領落、騰挪。後，張彥將此三種架子悉心傳授於兒子張應昌和高足陳青萍。青萍傳和兆元、李景顏等人。張應昌以領落架最為擅長，和兆元以代理架為最，騰挪架以李景顏而冠其首。

候春秀、鄭悟清、鄭伯英等先後在西北地區，尤其在陝西省省會西安市傳授趙堡太極拳藝，從學者遍及海內外，脫穎而出者不可勝計。

鄭悟清之高足宋蘊華在 1991 年 5 月出版了專著《趙堡太極拳圖譜》，劉瑞於 95 年出版了《武當趙堡和式太極拳》。候春秀之高足劉會峙亦出版了《武當趙堡傳統三

合一太極拳》一書，張洪道之高足王海洲也出版了《秘傳趙堡太極拳》、《趙堡太極拳械合編》，趙增福出版了《武當趙堡大架太極拳》和《中國趙堡太極》，尤其是王海洲已成為全國十大太極拳名家之一（14）。

### （3）陳青萍並沒有自創「圈」架，這是不知實情人的誤會

顧留馨先生以架式小巧緊湊，動作緩慢，練後逐步加圈的拳藝特徵，認為陳青萍創編了「趙堡架」。這實際上又是一個誤會。

由《正宗》和上述情況可知，陳青萍沒有創編「趙堡架」，他所演練的是張彥傳授的趙堡太極拳。

初學趙堡太極時，拳架開展大方，速度較快，重點練著熟的勁路及活動筋骨，待拳架定型後，隨著功夫的純熟，年令的增長，可適當地減緩速度，縮小拳架，由外帶裡，由內達外，在不改變原套路的原則下，按照蔣發秘傳《總歌》（一圓即太極，上下分兩儀，進退呈四象，開合是乾坤，出入綜坎離，領落錯震巽，迎抵推艮兌），拳架中每勢練夠十三個字（一圓、上下、進退、開合、領落、迎抵）亦稱十三樣手法。

逐層加深，當練至第八層「背絲扣」（又稱連聯）時，「背絲扣」順逆Ｓ型太極圖，在全身各大關節自然呈現，即所謂無極而太極，此時拳架極為複雜，是為登堂入室之徵象也。旁觀者，以為「練後加圈」。

看來顧留馨不知趙堡尚有蔣發太極拳《總歌》及「背絲扣」理論的秘傳，便以陳青萍當年走架風韻與眾不同為

依據，誤以為陳青萍創造了新架——趙堡架。

### （4）陳青萍贅婿於趙堡鎮一說與史實不符

陳青萍是溫縣陳家溝陳卜第 15 世孫，其父錫輅在其祖父萬拔、叔祖父萬選時，因故移居陳家溝東鄰王圪壋村。

當時，趙堡鎮較大，商業較繁榮，又是交通中心，南來北往的客商大都在趙堡鎮落腳做生意。陳青萍的父親錫輅，便在趙堡鎮租了一個地方做起了糧食生意。其父下世後，青萍繼承父業，接著做糧食生意。由於他對遠來近到的商販、鄉親，老不欺，少不瞞，生意便興隆起來。於是便在趙堡鎮關帝廟，逐漸置地、建築房屋 60 餘間，在其周圍購置田地 200 餘畝。這樣，他就在趙堡鎮定居下來。陳青萍下世後其子河陽、漢陽，繼續在趙堡經營糧行，現家中仍放著當時用的方斗。

在封建社會裡，禮教是相當嚴酷的，在那個社會中，贅出去的人，倒嫁是要更名換姓的（現在的農村許多地方仍是這樣），並且在原籍家中的家譜上不再延續子孫。

陳青萍一是沒有改名換姓，二是其子孫後代一直在陳氏一脈的家譜上延續，陳青萍直系十九代後人陳運通、陳中祥、每年春節都要到王圪壋村祭祖拜年，團聚敘談。

另一方面，在當時被贅出去的人，都是家境貧寒者，娶不上妻子，方才做上門女婿，而陳青萍家產豐厚，娶了三房妻室（朱氏、候氏、王氏）。眾多事實都說明了陳青萍不是贅婿趙堡（15）。

### （5）並非陳青萍到趙堡後趙堡才有了太極拳──趙堡架

從眾多趙堡太極傳人的傳譜、秘譜、抄本、論譜以及杜元化《太極拳正宗》等材料證明，陳青萍以前，太極拳在趙堡已傳了六代。

現先以陳敬伯的有關資料為證，陳敬伯家譜記載，陳敬伯家尤其祖父陳文舉從陳伯莊遷入趙堡，家譜中有《敬伯公傳》曰：「陳堪，又名敬伯，字長青，生於康熙丁亥年（1707年），卒於乾隆辛亥（1791年），理精太極，已達妙手神化境也。」可證陳青萍以前趙堡有太極拳。陳敬伯已是一代宗師，這是盡人皆知的史實。

後以《武當》雜誌在九八年第八、九兩期連載的王震川獻稿、譚大江校評，題為「孤本殘卷秘典、隱世歷劫重光──記評趙堡太極拳歷史文獻的重大新發現」的重大消息（16）為證，更可說明問題。這次發掘出的古本趙堡《太極秘術》殘本，使人「不看不知道，一看拍案叫」，因為這本古籍秘本不可辯駁的說明它是趙堡太極拳極其珍貴的一份歷史文獻，它填補了趙堡太極拳歷史資料的關鍵空白，為研究趙堡太極拳的源流和有關人物與理論著述，以及與陳式太極拳的關係等問題，提供了極為難得而有力的證據。

因為第一《太極秘術》殘本之「原序」的作者王柏青，在開篇第一句便說：「余從師於溫州張楚臣。」其中又言到「余秘而習之已歷四十餘載」，落款是「雍正六年冬月，愚叟王柏青留示」。雍正六年即公元1728年，「愚叟」之自稱，表明作序的王柏青當時已是七、八十歲

的老人，他的生年則應在公元 1653 年左右，即清順治十年左右。這時正是清朝的最初時期，王柏青為趙堡太極第四代傳人，以他的生年往前推三代（張楚臣、邢喜懷、蔣發），推至蔣發的生年明朝萬曆二年（傳統一貫的說法），即公元 1574 年，其間有八十年左右，三代間隔平均時間是二十七、八年，這非常吻合於蔣發生於明萬曆二年這個時段事實。

這一史料證明了趙堡太極傳人對於蔣發生平年代歷來的說法，毫無疑義是正確無誤的。

第二《太極秘術》殘本，保存下來了第二代傳人邢喜懷的《太極拳道》、《太極拳說》二篇，第三代傳人張楚臣的《太極拳秘傳》一篇，第四代傳人王柏青的《太極丹功義詮》、《太極丹功要術》二篇。這些太極拳經的新發現，使趙堡太極的理論體系與承傳關係得到了進一步的充實和完善。

第三，趙堡太極的歷史傳承，既不是保守的，也不是單傳的。王柏青在《太極秘術》序中明確言道：「余從師於溫州張楚臣。老師曰：是術得之於道門，精微□□□不可言傳之妙。德不修者不與之，名利重者難成之，才不足□□□之。故擇者不易，爾宜慎密勿惰。」此段敘述說明王柏青和陳敬伯一樣，同為張楚臣的入室弟子。現在所知，一代蔣發曾傳藝給陳溝陳王庭，三代張楚臣傳藝給王柏青，四代陳敬伯傳藝給陳溝陳秉旺、陳公兆（17），六代張彥傳張應昌和陳青萍，七代陳青萍傳和兆元與永年人武禹襄等均非單傳。

第四《太極秘術》的留世是得自於非太極門派的醫

家，它保證了該史料來源的真實可靠性。

### （6）陳青萍學的是趙堡太極，傳的也是趙堡太極，並非什麼「陳氏新架」

這一點現今陳青萍當年一脈相傳下來的眾多門徒，均可以得到證明，不管是鄭悟清、鄭瑞的《武當趙堡和式太極拳闡秘》、宋蘊華的《趙堡太極拳圖譜》，還是王海洲的《秘傳趙堡太極拳》、和少平的《和式太極拳七十二式圖說》，以及張彥、張應昌、張汶、張金梅、張敬之、候春秀一脈相傳至劉會峙的《武當趙堡傳統三合一太極拳》，無不表明陳青萍學的是趙堡拳，教的也是趙堡拳。

如果說陳青萍在趙堡傳的是陳溝太極（史實是沒有），那麼，為何陳青萍在趙堡傳拳時不將趙堡之說推倒，而立陳卜（始祖）、陳王廷（九世祖），為太極拳創始人呢？反而還要傳其徒武禹襄說太極拳始自張三豐（18）；傳門人說蔣發學拳於山西王宗岳呢？陳青萍又未另立門戶，自己所傳為什麼不稱為陳氏太極拳或陳氏什麼架，而稱武當派？武術中所分門派歷史已久，卻甘願作趙堡太極拳的一代傳人。

再者，古來武林中最重師承，既然楊祿禪學於陳溝門中，陳溝在傳授太極源流時是怎樣說的呢？如陳長興傳楊祿禪「陳卜」或「陳王廷」是太極拳的創始人，楊師決不會違師所傳，而尊「張三豐創太極拳」。雖然在拳藝上獨具風格可自成一派，但都承認師傳，決不會數典忘祖，違背歷史事實。

這樣看來，陳長興是根據歷史傳授——張三豐是太

極拳的創始人，王宗岳傳蔣發，蔣發再傳陳王庭，後至陳長興、楊祿禪。不僅如此，而且這也表明，陳長興以前也是承認上說這一歷史的（19）。

### （7）陳發科時代亦未見陳青萍或陳溝創（編）太極拳說

1928 年許禹生將陳溝太極拳掌門人陳發科請去北京教拳的時候，正是太極拳聲名顯赫的時期，並且陳發科的武功亦非同一般，這是當時北京武術界盡人皆知的事。但唯獨沒有陳發科講太極拳乃陳家所創和陳青萍編趙堡架一說，這在他當時教過的許多學生的言詞和態度中，便可以看出一斑。

譬如著名的太極拳家、陳發科的學生沈家楨所說「太極拳為張三豐創造」，承認太極拳是王宗岳傳蔣發，蔣發傳陳溝。請看下面引證：

日本《武術》雜誌 1986 年第1期曾刊載日本學者撰寫的「顧留馨老師訪問追記」一文（20）。此文中顧留馨講：

……曾引起了很大的爭論。爭論是從太極拳起源引起的，有些人說太極拳由張三豐創造，與我合作編書的沈家楨先生，比我年高，學識淵博，亦主張太極拳為張三豐所造之說，我則堅決反對……

沈家楨、顧留馨同為陳發科的學生，此足以證明陳發科並沒有講過太極拳為陳溝或陳氏家人所編（創），對於傳統的張三豐、王宗岳、蔣發源流說至少是默認的。

（8）陳青萍和趙堡太極拳傳人均擁有王宗岳《太極拳譜》，而陳溝卻無

第一、陳青萍和趙堡太極拳傳人擁有王宗岳《太極拳譜》，現已得到當今趙堡太極拳協會，和氏太極拳第六代傳人和有祿珍藏的太極拳古秘抄本的證實。因為其中有：《太極拳論》附「長拳者如長江大海，滔滔不絕也……原注云此係武當山張三峰老師遺論，欲天下豪傑延年益壽，不徒作技藝之末也」。《太極拳經》（附註山右王宗岳遺著）、《十三勢歌》、《十三勢行功心解》、《打手歌》、《太極拳正宗論五字妙訣》、《撒放密訣，擎引鬆放四字》、《走架打手行功要言》及陳青萍作《太極拳架六要及歌訣六首》等與武氏抄本對照，可明顯看出武氏及其傳人對其進行了修改、潤色和補充的淵源關係。

第二、陳青萍曾傳王宗岳《太極拳譜》於武禹襄這一史實，亦可以得到現今武式太極拳傳人的證實。著名的武式太極拳傳人喬松茂、薛乃印曾發表「武式太極拳的源流及特點（21）」「武式太極拳見聞淺錄」（22）等文章，公開說明這一情況，現照錄於下，以證史實：

武式太極拳是由清代永年人武河清在原趙堡太極拳的基礎上加以改創，尤其外甥李亦畬進一步完善。

武式太極拳始祖武河清，字禹襄（1812—1880），永年廣府城內東街人。長兄澄清，字秋瀛，官任河南舞陽縣知縣。次兄汝清，字酌堂，清刑部員外郎。兄弟三人自幼從父習洪拳，家頗富有，並於永年廣府城內東西兩街各開茶莊一處，後將兩茶莊合併。騰出西街市房租給河南溫縣陳家溝陳姓經售藥材，店名太和堂，禹襄和其兄見其店

夥計均習太極拳，輕靈巧妙與己所習迥然不同，遂以客東之誼求授。雖習數年，而奧妙難終曉悟。素聞河南趙堡鎮陳青萍拳藝精湛，禹襄乃於赴兄任所之便訪而從學。正值陳師有售出土地未撥丁名之憂和受人誣告入獄殺身之難，禹襄通過在舞陽當知縣的兄長武秋瀛，代為奔走而解之。陳師甚感其恩，隨傾心授藝相報，體示口解，備極詳盡。

陳師所授拳技與禹襄從太和堂學得的拳架大不相同，禹襄邊學邊練，並將所學拳理、拳訣作出札記，晝夜研習（四十餘日），悉得其髓，理法盡知。復將陳師所贈的王宗岳《太極拳論》、《太極拳勢概要圖》、《拳論》一併抄繪攜歸。與其甥李亦畬、李啟軒（如獲至寶）一同研習，兩年後技藝驟進，理法大明，竅要盡能施於身（復在原拳架的基礎上加以改創，輾轉三載，方成今貌）。

由上述情況看，李亦畬當年在「跋」中講，王宗岳《太極拳譜》得自於舞陽鹽店，現在看來可能是個託詞，因為並沒有說清鹽店的確切位置和詳細地址，誰也不可能找到。可想而知，武、李這樣做的目的也正是好心保護陳青萍，不至於給他帶來麻煩！

第三、武氏一脈傳人郝少如先生所著《武式太極拳》一書，「附錄一」有「李亦畬先生於 1881 年抄贈郝為真的王宗岳《太極拳譜》全文」的題名，而非命名「武氏《太極拳譜》全文」，這足以證明《太極拳譜》內文應為王宗岳所傳流（對照郝和珍藏本的影印件，亦不難看出）。

第四、陳溝除了得王宗岳的《打手歌》不全外，其餘王宗岳《太極拳譜》的內容，也都未曾得到。如唐豪先生

在「廉讓堂本《太極拳譜》考釋」中說：「陳溝無王宗岳《太極拳論》及《太極拳釋名》亦無《十三勢行功歌》」。

以上足以說明，陳青萍是得趙堡之傳，而非陳溝。既沒有贅婿，也沒有創趙堡架，更沒有教授什麼陳溝「新架」。所有強加於陳青萍頭上的不實之詞，均出於別有用心之人的附會和捏造（這和「誤合」兩個陳王庭，以撈取功名，和虛張陳溝聲勢是一個手法）。

## 四 陳氏「新架」太極拳源於趙堡

近代太極拳新流派，新拳架（能形成一套理論）的產生，有其時代背景和特殊環境相配合，一般都要具備兩個條件：

第一、新流派創始人的功力與智慧是超人的，多為文武兼備的一代名師，是公認的傑出人物。

第二、出師後，善交各門派名流，能博採眾長，為己所用。對本門拳術的創新和發展有獨特貢獻，被傳人奉為一代宗師，是推崇備至的人物。

陳有本、陳青萍僅具備上述第一條。二陳作為傑出的名師被當時鄉人所推崇。可是，他們久居陳溝、趙堡，長期守在父輩或名師身邊，受封建倫理門規的制約及師兄弟的羈絆，要創編新架也難以實現。

與此相反，近代太極拳各流派的創始人如楊祿禪投師於陳溝陳長興，創楊氏太極拳於北京；和兆元拜師於趙堡陳青萍，創和氏太極拳於北京；武禹襄從師於陳青萍，創武氏太極拳於永年；吳鑑泉從父學藝於北京、廣交拳界朋

友，創吳氏太極拳於上海；孫祿堂拜郝為真為師，集形意、八卦之長，創孫式太極拳於北京。著名的內家拳，形意拳和八卦掌新流派的誕生，基本上也都具備上述兩個條件。

因此，我們認為，所謂陳有本、陳青萍創新架之說，既不具備上述的兩個條件，又無任何根據，只能是某些人的道聽塗說和主觀臆想而已。

趙堡太極拳傳至清乾隆年間，陳敬伯的確是出類拔萃的人物，他鞏固、振興了趙堡太極拳的地位，並將其推向鼎盛時期。被認為是趙堡太極拳的奠基人。

據杜元化《太極拳正宗》記載：「張楚臣先生，原籍山西人也，初在趙堡鎮以開鮮菜鋪為業，後駿發，改作糧行。察本鎮陳敬伯先生，人品端正，凡事可靠，所以將其術全盤授之。其後，陳先生欲擴此術，廣收門徒800餘人，能得一技之長者16人，能得其大概者8人，能統其道者，唯張宗禹先生1人。」《敬伯公傳》也記其「生於康熙丁亥（1707）年，卒於乾隆辛亥（1791）年，理精太極，已達妙手神化之境也」。

日本武術學者松田隆智也在其著《中國武術史略》一書中又講：「陳敬伯12世，字長青，乾隆初人，精太極。去山東做保鏢，僅18歲即任撫憲官，多次立功。在青洲府曾打敗少林派著名拳師王定國，與山東名手幾次比武，均未敗北，從而名聞遠近。」

從上述記載可以看出，陳敬伯在乾隆年間，是位赫赫有名、威振四方的人物，太極功夫已達妙手神化之境，以「蓋山東」而聞名遠近。為弘揚趙堡太極拳，數十年廣收

門徒 800 餘人。有關陳敬伯的奇聞軼事，至今在趙堡、陳溝都傳為佳話。

陳敬伯生於康熙 45 年，乾隆初已入而立之年，卒於乾隆 55 年，享年 84 歲。屬乾隆初人應無異議。眾所周知，趙堡與陳溝乃屬近鄰，這位威振四方的太極妙手，所處特殊環境，業已構成其將趙堡太極拳傳入陳溝的可能，原因如下：

1、據陳氏家譜反映，乾隆年間陳王庭所傳的架子，在陳溝未出現較著名的拳師。時逢陳王庭一系人才斷層，出現了低谷，這就促成了陳敬伯太極拳傳入陳溝的良好契機。

2、古人最重師承，趙堡鎮的張楚臣是陳敬伯的恩師，邢喜懷是陳的師爺。應當說陳敬伯是清楚的，在當時也是人所共知。在太極拳歸宗認祖問題上，趙堡與陳溝是一致的，彼此亦能和睦相處。這一點已得到 1930 年唐豪先生在陳溝調查時的證實「……果如村人所言，蔣為奏庭之師」（23）。同時證明，趙堡太極拳傳入陳溝這一事實，在陳王庭即有先例。「蔣發，河南溫縣趙堡鎮小留村人，生於明萬曆二年，即公元 1574 年，曾赴山西太谷縣（有說為山西晉陽縣）隨王宗岳（諱林禎）學藝，得太極拳真傳，技藝超群，名聞鄉里。明萬曆三十二年（1605），蔣發把武當太極拳始傳於趙堡街的邢喜懷，後傳給陳家溝人陳王庭」（24）。據陳溝人陳小旺講：「陳王庭約生於 1600 年」（25），陳鑫筆記又講：「九世祖陳奏庭為康熙（1692—1672）時人」（26）。都可以看出蔣發傳陳王庭無誤，也說明趙堡太極拳傳陳溝是有歷史傳統的。

3、陳敬伯與陳溝人又是同宗同族，他的門徒桃李滿溫縣（800 百人中，不可能沒有陳溝人），現據《精武》1997 年第 8 期張傑先生所述，其深入趙堡調查，從陳鑫所著《太極拳圖畫講義‧序》（原稿）所記陳家溝之陳秉旺（陳長興之父）及陳公兆（陳鑫之曾祖父）得陳敬伯之傳，促進了陳氏太極拳的中興（27）。然後，陳公兆又傳其子陳有恆、陳有本；陳有本復傳陳伯甡、陳仲甡、陳季甡，又再傳陳垚、陳鑫。於是便印證了前文唐豪先生所列的「傳拳世系表」和陳鑫《圖說》中與趙堡杜元化《正宗》中一脈相傳的「孿生」拳架。

據此，我們認為，陳溝無人創編新架，所謂陳氏新架就是陳敬伯在清乾隆年間，將趙堡太極拳傳入陳溝陳公兆的拳架。雖經 200 餘年承傳演變，傳至本世紀初，杜元化《正宗》與陳鑫《圖說》記載的拳架套路拳勢名稱，幾乎完全相同，酷似孿生兄弟，是為證明。陳鑫著述 12 年，《圖說》所繪拳勢圖解僅限此一套，未將炮捶 108 勢等收入書內。可見，該架也一直沿襲著趙堡太極的傳統，也正是陳鑫架源於趙堡的有力佐證。

## 結 語

陳溝本無老架、新架說，事實上陳溝最早只有蔣發傳給陳王庭的部分太極拳理法（王庭太極拳架是蔣發在陳王庭傳習戚繼光《拳經》32 勢，彙編成長拳 108 勢的基礎上「去其不合，刪其繁鎖，增加了部分武當太極拳勢，定架而成」）的架子，王庭一系後來的某個傳人又將該架與炮捶合練，名曰「一路太極，二路炮捶」，兩路互相配

合，演變成今日快慢相間，剛柔明顯，獨具風格的架子。所謂陳氏「新架」之陳有本、陳青萍、陳有平、陳長興等創編之說，不僅缺乏根據，而且陳青萍「贅婿」於趙堡。遂在裡那教拳，所以「又稱趙堡架」之說更無道理。

陳鑫一系所傳架式與趙堡杜元化所傳架式實乃一脈之傳，均出自趙堡，其具體傳入陳溝的時間大約在清乾隆年間，為趙堡的陳敬伯傳陳溝陳秉旺和陳公兆，陳公兆傳陳仲牲，陳仲牲傳陳鑫，所以，才有上述我們看到的陳鑫架（陳溝「新架」）與杜元化（趙堡架）酷似孿生兄弟的情況，追其源實乃宗師蔣發之傳無疑。

## 附註

本文參照引用了戚建海、和有祿「趙堡太極與陳氏新架探析」、于志鈞「陳家溝陳氏祖傳拳考證」「《陳氏太極拳圖說》考證」，以及李濱「陳青萍與趙堡太極拳」等文，首先特此致謝。

（1）《陳氏太極拳體用全書》陳照奎講授，馬虹整理，河北教育出版社 1989 年 10 月 第 1 版；

（2）顧留馨著《太極拳術》443 頁；

（3）《少林與太極》雜誌 1998 年第 4 期吳文翰「一條與陳溝武術有關的史料」。

（4）《陳氏家譜》唐豪於 1932 年 1 月訪陳家溝時，於陳森「字槐三」處得《陳氏家譜》一冊，封面題「同治十二年癸酉（1837 年）新正潁川氏宗派」。內自始祖至十九世止。凡配偶、予嗣、流遷、仕宦、拳家、均有注；

（5）顧留馨《太極拳術》360頁；

（6）同（5）見 357、358 頁；

（7）同（5）見 357、358 頁；

（8）《武當》雜誌 1993 年第 3 期，于志鈞「陳家溝陳氏祖傳拳考證」；

（9）《武當》1993 年第 4 期，于志鈞「《陳氏太極拳圖說》考證」；

（10）《太極拳之研究》吳圖南講授、馬有清編著 1984 年 7 月商務印書館香港分館出版；

（11）《武當》1994 年第 5 期；

（12）同（9）；

（13）同（9）；

（14）《武當》雜誌 1994 年第 5 期張傑「趙堡太極拳之概況」；

（15）《少林與太極》雜誌 1994 年第 2 期陳青萍後人陳慶雷、陳慶國合寫「話說陳青萍」；

（16）《武當》1998 年第八、九期；

（17）《精武》1998 年第 11 期原寶山、李師融「太極宗師蔣發小傳」

（18）武禹襄高足李亦畬作於同治六年（1867 年）的《太極拳小序》首名曰：「太極拳始自宋張三豐，其精微巧妙，王宗岳論詳且盡矣」。武禹襄孫武萊緒在其《先王父廉泉府君行略》中亦曰：「太極拳自武當張三豐後，雖善者代不乏人」；

（19）《武當》1986 年第 1 期，澄史，求實，「淺談趙堡太極拳的源流及流傳」；

（20）日本《武術》雜誌 1986 年第 1 期；

（21）《中國太極拳》雜誌 1993年第 1 期和《中華武術》雜誌 1994 年第 4 期喬松茂「武式太極拳的源流及特點」；

（22）《武林》1993 年第 3 期薛乃印「武式太極拳見聞淺錄」；

（23）唐豪、顧留馨著《太極拳研究》人民體育出版社 1992 年 9 月第 2 版 148 頁；

（24）《武當》1992 年第 3 期劉會峙、屈馬龍、李萬斌「太極拳源流新探」；

（25）陳小旺著《世傳陳氏太極拳》人民體育出版社 1985 年版；

（26）唐豪、顧留馨著《太極拳研究》1964 年版 163 頁；

（27）《精武》1997 年第 8 期。


此文曾獲西安市雁塔區 1998 年學校論文評比一等獎，西安市第八屆學校體育論文報告會二等獎。

亦見《武當》雜誌 2003 年第 1、2 期 羅名花「陳式太極拳新架子與趙堡太極拳源流考」

參見 李萬斌 羅名花著《武當趙堡承架太極拳闡秘》人民體育出版社 2019 年 1 月版

# 導引養生功

全系列為彩色圖解附教學光碟

張廣德養生著作　每冊定價 350 元

疏筋壯骨功　導引保健功　頤身九段錦　九九還童功　舒心平血功

益氣養肺功　養生太極扇　養生太極棒　導引養生形體詩韻　四十九式經絡動功

# 輕鬆學武術

二十四式太極拳　四十二式太極拳　八十六式太極拳　三十二式太極劍　四十二式太極劍　二十八式木蘭拳

三十八式木蘭扇　四十八式木蘭劍　太極拳　太極拳　太極拳　太極拳

太極劍　太極劍

# 太極跤

太極防身術　擒拿術　中國式摔角　太極角

# 彩色圖解太極武術

# 歡迎至本公司購買書籍

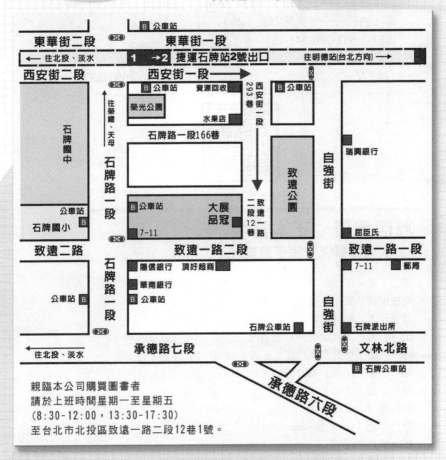

親臨本公司購買圖書者
請於上班時間星期一至星期五
（8：30-12：00，13：30-17：30）
至台北市北投區致遠一路二段12巷1號。

建議路線
1.搭乘捷運
　　淡水信義線石牌站下車，由月台上二號出口出站，二號出口出站後靠右邊，沿著捷運高架往台北方向走（往明德站方向），其街名為西安街，約80公尺後至西安街一段293巷進入（巷口有一公車站牌，站名為自強街口，勿超過紅綠燈），再步行約200公尺可達本公司，本公司面對致遠公園。

2.自行開車或騎車
　　由承德路接石牌路，看到陽信銀行右轉，此條即為致遠一路二段，在遇到自強街（紅綠燈）前的巷子左轉，即可看到本公司招牌。

國家圖書館出版品預行編目資料

尊師重道　正本清源：中國傳統太極拳研究之匡正源流〈上〉
／李萬斌、羅名花著.
——初版——臺北市，大展，2020 [民 109.04]
面；21公分—（武學釋典；40）
ISBN　978-986-346-289-7（平裝）
1.太極拳
528.972　　　　　　　　　　　　　　　　　109001322

【版權所有・翻印必究】

# 尊師重道　正本清源
## 太極拳研究之匡正源流〈上〉

著　　者／李萬斌、羅名花
責任編輯／艾力克
發 行 人／蔡森明
出 版 者／大展出版社有限公司
社　　址／臺北市北投區（石牌）致遠一路2段12巷1號
電　　話／（02）28236031，28236033，28233123
傳　　真／（02）28272069
郵政劃撥／01669551
網　　址／www.dah-jaan.com.tw
E-mail／service@dah-jaan.com.tw
登 記 證／局版臺業字第2171號
承 印 者／傳興印刷有限公司
裝　　訂／佳昇興業有限公司
排 版 者／菩薩蠻數位文化有限公司
初版1刷／2020年（民109）4月

定價／（上）380元
　　　（中）250元
　　　（下）500元

●本書若有破損、缺頁請寄回本社更換●

大展好書　好書大展
品嘗好書　冠群可期

大展好書　好書大展
品嘗好書　冠群可期